教育管理案例教学：
理论与实践策略

姚松 著

Case Teaching
in Educational Management

Theory and Practical Strategies

中国社会科学出版社

图书在版编目（CIP）数据

教育管理案例教学：理论与实践策略 / 姚松著.
北京：中国社会科学出版社，2024.8. -- ISBN 978-7
-5227-3887-1

Ⅰ. G40-058
中国国家版本馆 CIP 数据核字第 2024XJ0186 号

出 版 人	赵剑英	
责任编辑	黄　晗	
责任校对	罗婉珑	
责任印制	张雪娇	
出　　版	中国社会科学出版社	
社　　址	北京鼓楼西大街甲 158 号	
邮　　编	100720	
网　　址	http://www.csspw.cn	
发 行 部	010-84083685	
门 市 部	010-84029450	
经　　销	新华书店及其他书店	
印　　刷	北京明恒达印务有限公司	
装　　订	廊坊市广阳区广增装订厂	
版　　次	2024 年 8 月第 1 版	
印　　次	2024 年 8 月第 1 次印刷	
开　　本	710×1000　1/16	
印　　张	18	
插　　页	2	
字　　数	286 千字	
定　　价	98.00 元	

凡购买中国社会科学出版社图书，如有质量问题请与本社营销中心联系调换
电话：010-84083683
版权所有　侵权必究

前　言

研究生教育在培育创新人才、提升创新能力、服务国家经济社会发展、推进治理体系与治理能力现代化方面发挥着重要作用。2020年，教育部、财政部等多部委联合出台的《关于加快新时代研究生教育改革发展的意见》指出，优化培养类型结构，大力发展专业学位研究生教育。教育硕士作为专业学位研究生的重要组成部分，伴随着总体改革的深入推进，其无论从数量供给方面还是结构调整方面，都在发生着显著的变化。教育硕士的学位获得者需要具备扎实的教育理论功底、较强的教育实践能力与优秀的教育职业素养。这种专业特性决定着其培养目标既非"学者型"的教育理论研究者，也并非纯粹"工匠型"的知识输出者，而是厚植教育基本理论知识和实践知识、融合学术与教育工作的专业型人才。但从当前的培养现况来看，"浅表化的教育理论+有限的教育实践"培养模式制约着教育硕士的培养质量。而课程教学作为教育硕士培养链条中的关键环节之一，理论与实践相脱节更是其长期存在的突出问题。因此，创新教育硕士的课程教学方式、提升教育硕士的培养质量，有着迫切的现实需求。

案例教学作为一种重要的教学模式，能够有效弥合教育理论与实践之间的沟壑，在优化教育硕士培养过程、提升人才培养质量方面，提供了新思路、新路径与新工具。案例教学自20世纪20年代由美国正式推广以来，随着在工商管理、医药、法学领域的广泛应用及推广，在全世界范围内受到理论和实践领域的高度关注和积极应用，产生了巨大的影响。当前，这一教学模式在基础教育、中小学管理及教师教育等教育领域，也已引起相关学者及实践工作者的积极关注。教育管理的理论与技能是教育硕士专业素养的重要组成部分。如何根据教育管理的特点，开发适合的教育管理教学案例并有效应用这些案例，已被提上教育硕士培养的议事日程。在教育管理案例教学中，借助教育管理案例这一形式，将蕴含教育管理理论与实践"养料"的内容引入某一特定主题的教学或管理情景之中，引导学习者通过不断的探讨、对话与辩论，来澄清和梳理相关知识内容。借助案例教学这一载体，教育管理的理论与实践之间能够架构起一道坚实的桥梁，学习者在教育管理理论与实践的时空之中可以更加自由穿梭，促进自身实践理性与理论自觉的双向成长。同时对于教育硕士而言，他们通过讨论各类教育管理案例所涉及的学校管理制度、班级管理、教师专业发展、学生管理、家校协同等各种各样的疑难问题时，也在逐渐学会如何去分析这些"结构不规则型"问题。面对特征各异的学校管理情境或问题，借助教育管理案例教学的引导，教育硕士要能够把握如何应对，从哪些方面入手，不断练就对这些问题进行批判性反思的能力。面对学校管理的不确定性情景，教育管理案例教学实际上也发挥着一种"做中学""合作中学"的作用。通过从教育管理案例所呈现的经验与活动中，整合"不确定性"的知识，增加教育硕士解决问题的能力。通过实施教育管理案例教学相关一系列过程，教育硕士专业能力提升也就有了坚实的支撑和有效的载体。

正是基于上述的认识与考虑，并结合自身在高校长期承担教育管理理论与实践、教育管理案例分析等研究生课程，在各类校长、教师班开设学校管理系列专题讲座以及在多所中小学开展合作研究的经验基础上，我对于如何深度认识教育管理案例教学的理论内涵、价值定位与行动模式进行了系统思考，并在此基础上对如何进行教育管理案例分析进行持续的探索。在这些前期成果积累的基础上，我结合实践探索与理论研习，从实际需求出发，撰写了《教育管理案例教学：理论与实践策略》一书，以期为高校教育管理专业研究者、专业课教师、教育硕士，以及中小学管理者、教师等提供借鉴及参考。本书主要聚焦和分析现代教育管理案例教学的理论阐释与分析范例应用。基于教育管理学科的典型特征，在综合分析和吸纳国内外案例教学理论成果的基础上，围绕着教育管理案例教学的核心内容、关键环节及实践应用进行构架与撰写。全书共分为上下两篇。上篇聚焦教育管理案例教学的理论性阐释，对教育管理案例教学的意义价值、内涵特征、理论基础、价值定位、教学准备、组织实施以及案例开发撰写等要素进行逐一探讨。下篇聚焦教育管理案例的分析与应用。围绕精选的学校管理关键活动场景，分专题进行案例呈现。基于教育管理的特定理论，深入分析和研究案例发生的背景、形成的原因及事件处理方式的总结分析，并得出针对性的教育管理对策。

  本书在撰写过程中几经修改，尤其得到了河南教育家书院合作研究员、中原名师流动站的名师们的大力支持。正是得益于他们充分发动和组织其工作室的成员，以及自身单位的教师力量，才汇集了大量内容丰富、生动翔实的第一手教育管理案例。在整体内容撰写过程中，这些中原名师也给予了一系列极富有针对性的建议。同时，在书稿前期案例的汇总与资料整理过程中，我的学生侯丁瑶、位文宇、杨晨晓、武晓鸽、宋玲玲、许威蝶、麻怡青、余若水参与相关工作。在最终的书稿撰写与修订过程中，我的学生顾烨洋（上篇第三章、下篇专题一），王繁博（上篇第四、第七章），刘婉晴（上篇第六章、下篇专题二），杨自猛（下篇专题三、四）投入了大量的时间与精力。北京师范大学程凤春教授、楚江亭教授，以及华东师范大学宁本涛教授对书稿的完善提出了诸多宝贵的改进建议。中国社会科学出版社黄晗编辑对于本书的修改与完善提出了一系列详细的指导建议，并为最终的书目定稿进行了严谨细致的编辑工作。在这里一并表示诚挚的谢意！

姚　松
2023 年 12 月 23 日

目 录

上篇 教育管理案例教学的理论阐释

第一章 教育管理案例教学的现实意义与价值 …………………… (3)
  一 案例教学是适应和满足教育硕士培养需要的必然选择 ……… (4)
  二 教育管理的独特性决定了案例教学在教育管理课程中的
    重要价值 ……………………………………………………… (7)
  三 案例教学为融合教育管理理论与实践提供了独特的路径 …… (10)
  四 案例教学能够引导教育硕士形成教育管理复杂性思维 ……… (13)
  五 案例教学可以有效地培养教育硕士的管理素养与实践
    技能 …………………………………………………………… (15)

第二章 教育管理案例教学的内涵与特征溯源 ………………… (19)
  一 案例教学的内涵与特征 …………………………………… (19)
  二 教育管理案例教学的内涵与特征 ………………………… (31)

第三章 教育管理案例教学的理论基础 ………………………… (42)
  一 教育管理案例教学的基础理论 …………………………… (42)
  二 知识分类与教育管理案例教学 …………………………… (53)
  三 学习理论与教育管理案例教学 …………………………… (55)

第四章 教育管理案例教学的价值误区与澄清 ………………… (63)
  一 教育管理案例教学价值取向的现实误区 ………………… (63)

二　教育管理案例教学价值取向的澄清与转向……………………（72）

第五章　教育管理案例教学的认识与准备……………………（81）
　　一　教育管理案例教学的特点与系统………………………（81）
　　二　教育管理案例教学中的教师角色………………………（85）
　　三　教育管理案例教学中的学生角色………………………（88）
　　四　教育管理案例教学的教师准备…………………………（90）
　　五　教育管理案例教学的学生准备…………………………（101）

第六章　教育管理案例教学的组织与实施……………………（104）
　　一　教育管理案例的引入与呈现……………………………（104）
　　二　教育管理案例的小组讨论………………………………（108）
　　三　教育管理案例的集体辩论及小结………………………（112）
　　四　教育管理案例教学的课程反思…………………………（116）

第七章　教育管理案例的开发与撰写…………………………（122）
　　一　教育管理案例开发的意义………………………………（122）
　　二　教育管理案例开发的不同定向…………………………（123）
　　三　教育管理案例的基本结构………………………………（125）
　　四　教育管理案例的撰写……………………………………（132）

下篇　教育管理案例的分析与应用

专题一　学校领导与决策的案例分析与实践…………………（143）
　　王校长的无为而治……………………………………………（143）
　　一项有争议的人事聘用………………………………………（148）
　　教师总是请假，你到底管不管！……………………………（153）
　　一墙之隔，为何一校两制？…………………………………（159）

专题二　学校德育管理的案例分析与实践 …………………… （166）
　　校园欺凌谁之过？ …………………………………………… （166）
　　"顶撞老师"事件引发的思考 ……………………………… （172）
　　课间打闹"是非"多 ………………………………………… （179）
　　小小"苔花"何以绽放？ …………………………………… （185）

专题三　教学与科研管理的案例分析与实践 …………………… （193）
　　陆校长的改革为何行不通 …………………………………… （193）
　　手写教案该不该被抛弃？ …………………………………… （199）
　　"双减"之后，学生真的减负了吗 ………………………… （205）
　　李校长的苦恼和困惑 ………………………………………… （212）

专题四　教师专业发展的案例分析与实践 ……………………… （220）
　　青年教师专业发展几多愁 …………………………………… （220）
　　新手班主任修炼手册 ………………………………………… （227）
　　互联网究竟教会了老师什么？ ……………………………… （233）

专题五　中小学班级管理的案例分析与实践 …………………… （240）
　　迥异的班级，照搬的文化？ ………………………………… （240）
　　座位风波 ……………………………………………………… （246）

专题六　家校协同育人的案例分析与实践 ……………………… （254）
　　家校协同育人创新实践中的喜与忧 ………………………… （254）
　　真是手机惹的祸？ …………………………………………… （261）
　　如何在家校协作中转化"后进生" ………………………… （267）

参考文献 ……………………………………………………………… （274）

上篇

教育管理案例教学的理论阐释

第一章

教育管理案例教学的现实意义与价值

自2010年以来，全日制硕士研究生教育的改革力度不断增强。作为全日制硕士教育的重要组成部分，教育硕士学位研究生（以下简称"教育硕士"）①无论从数量供给方面还是结构调整方面，都发生了显著的变化。着眼于服务中小学教育教学与管理的高层次应用人才培养需要的战略定位，不断优化教育硕士专业学位规模与结构，持续提升教育硕士专业的人才培养质量，既是对当前基础教育现实需要的及时回应，也是从深层上促进基础教育阶段教师专业能力提升的重要措施。从整体培养过程来看，课程设置与实施是影响教育硕士培养质量的核心环节之一。然而，理论与实践两相割裂是教育硕士课程实施过程中饱受批评的重要问题。②而案例教学则能够有效弥合教育理论与实践之间的沟壑，在教育硕士的人才培养过程中发挥重要作用。案例教学自20世纪20年代由美国正式推广以来，随着在工商管理、医学、法学领域的广泛应用及推广，在全世界范围内受到理论和实践领域的高度关注和积极应用，产生了巨大的影响。当前，这一教学模式在基础教育、中小学管理及教师教育等教育领域，也已引起相关学者及实践工作者的积极关注。教育管理的理论与技能是教育硕士专业素养的重要组成部分。如何根据教育管理的特点，开发适合的教育管理教学案例并有效应用这些案例，已被提上教育硕士

---

① 注：为便于表达，后文所述的"学生"一词同样代指"教育硕士"。
② 陈勇：《"卓越培养"视域下全日制教育硕士实践教学现状调查与对策研究》，《西华师范大学学报》（哲学社会科学版）2022年第5期。

培养的议事日程。鉴于此，为提升教育硕士培养的针对性与实效性，积极将在工商管理界、法学界、医学界等其他领域已获得广泛认可、效果显著的案例教学引入教育硕士的课程教学，有着迫切的现实需要和积极的应用价值。

一 案例教学是适应和满足教育硕士培养需要的必然选择

从培养定位来看，专业学位是根据社会相关职业方向的特定要求，针对性培养具有较强的行业实践能力和专业素质，能够较好地从事实践工作的高水平应用型人才而设置的一类学位。从1908年哈佛大学设置工商管理硕士学位以来，专业学位人才培养已历经了百余年的发展过程。改革开放以来，特别是自20世纪90年代起，我国开始积极布局和推进专业学位教育。在起始阶段部分研究型高校侧重招收教育硕士、工商管理硕士等专业学位研究生，生源主要以在职工作人员为主，定位于弥补其学历层次的不足，满足这一目标群体在职专业能力提升、在岗学习的发展需要。从某种意义上讲，这一阶段的专业学位实际上是被视为成人教育，创收性较强，因而研究型高校开展此类专业学位培养活动的积极性也较强。在2009年之前，国家专业学位的体量较小，侧重于对非全日制研究生的培养。随着经济社会的不断发展，高层次应用型人才的需求日益旺盛。为积极应对和适应这种需求变化，自2009年起，在教育部及国务院学位办的总体统筹安排下，各相关高校开始扩大应届专业学位研究生的招生规模，并开始向全日制培养倾斜。对于专业学位的总体定位，也从解决学历需求问题转变为更加明确的人才培养。在这一阶段，专业学位的层次更加立体化，专业设置也更加丰富多样，授权点的数量也相应不断增加，办学规模日益扩大，总体影响也在逐渐增强。随着专业学位规模的不断扩张，地方院校开始相继获批专业学位点，具备招收专业学位研究生的资格。对于地方院校而言，能够开展专业学位研究生的培养工作，意味着学校办学层次的提升，也扩大了其影响，因此办学积极性很高。但是，这类地方院校多是1999年之后由专科升为本科的院校，总体师资水平较为薄弱。它们长期以来主要从事本科教学工作，相对缺乏专业学位研究生培养的师资配置与办学硬件支持。更为关键的是，教师队伍较为薄弱，指导研究生的经验严重不足，再加之实践经验有限，因此对于专业学位研究生的指导也难尽人意。因此，保障地方院校的专业学位研究生培养质量面临着较大的挑战。从性质来看，专业学位着眼于培养高水平的应用型人才，强调专业实践这一属性，注重将实操性、应用性与学术性充分结合，确保其职业素质对于社会的适应性培养。2013 年出台的《教育部 人力资源社会保障部关于深入推进专业学位研究生培养模式改革的意见》明确指出，专业学位研究生培养"以职业需求为导向，以实践能力培养为重点"。① 有效提升专业学位研究生实践能力，既是培养目标的核心所在，也是专业学位研究生发展的最终必然归宿。然而，从现实来看，不仅仅部分地方院校专业硕士培养存在问题，一些研究型高校同样存在学术研究生与专业学位研究生同类培养、专业课时设置不到位、内容安排缺乏实践性等突出问题。② 总体来看，"职业性缺失导致的专业学位学术化、应用型实践性缺乏导致的人才培养模式同质化"等相关问题严重影响着专业学位研究生培养活动的有效实施。③ 针对上述问题，2015 年出台的《关于加强专业学位研究生案例教学和联合培养基地建设的意见》强调，案例教学是助推专业学位研究生人才培养模式改革、融通教学与实践，提升专业实践能力的重要载体。④ 可见，无论是从促进人才培养方式的有效转型的角度，还是从适应现实需要的角度，国家都高度重视和强调案例教学在优化专业学位研究生人才培养过程中的关键作用。专业学位研究生的培养亟待通过案例教学的形式，加强专业性和实践性。

具体到教育硕士这一类型，作为专业学位研究生培养的重要组成部分，其侧重培养适应中小学阶段教育教学及各类学校管理工作需要的高水平应用型人才，对教育工作背景有一定的要求，专业性和实践性均不

---

① 《教育部 人力资源社会保障部关于深入推进专业学位研究生培养模式改革的意见》，https://www.gov.cn/gongbao/content/2014/content_2567185.htm。

② 李术才、蒋红光、朱太锐、郑彬、郎剑锋、刘国亮：《综合性大学专业学位研究生教育发展的困惑、困境与出路》，《学位与研究生教育》2022 年第 5 期。

③ 王莉：《我国专业学位研究生教育政策的演进与发展趋势》，《高等教育研究》2021 年第 7 期。

④ 《教育部关于加强专业学位研究生案例教学和联合培养基地建设的意见》，http://www.moe.gov.cn/srcsite/A22/moe_826/201505/t20150511_189480.html。

可或缺。教育硕士的学位获得者需要具备扎实的教育理论功底、较强的教育实践能力与优秀的教育职业素养。这种专业特性决定着其培养目标既非"学者型"的教育理论研究者，也并非纯粹"工匠型"的知识输出者，而是厚植教育基本理论知识和实践知识、融合学术与教育工作的专业型人才。但从当前的培养现况来看，"浅表化的教育理论＋有限的教育实践"培养模式制约着教育硕士的培养质量。[①] 而课程教学作为教育硕士培养链条中的关键环节之一，更是存在突出的问题。具体表现在：教育硕士课程体系的"本科化""学术化"色彩浓厚，与本科、学术型硕士的授课内容区分度不高；各学校间教育硕士培养目标趋同化，特色不突出，可操作性不强；理论性课程比重过高，与中小学教师的职业要求、学校管理的实际相脱节；课程以讲授为主，学生参与性不强，难以充分调动学生学习的积极性和主动性；课程评价以终结性评价、单一主体评价为主，缺乏过程性评价和多元主体参与。[②] 面对上述问题，创新教育硕士的课程教学方式、提升教育硕士的培养质量有着迫切的现实需求。鉴于此，教育硕士的课程改革势在必行。案例教学作为一种重要的教学方式，能够为革新教育硕士的教学模式提供新思路、新路径与新工具。实施案例教学，并非仅仅是简单应用一种教学方法或某种教学技艺，而是一场涉及整体课程实施的深入变革。它是能够促进师生在经典的教育理论思想指引下，对各类复杂多变的教学过程、学校管理活动进行持续追踪、关注与反思的教学方式，也是引导教师与学生共同朝向多元参与、实践体验及经验内化等方向发展的课堂教学模式，能够有效适应新的发展环境下对教育硕士的教学需求。在教育硕士培养过程中，特别强调理论性与实践性的充分结合。从知识类型的角度来看，这意味着既要在课堂上注意陈述性知识的生成，更需要将相关知识合理糅合至各类中小学教学或管理的实践之中，以各类生动形象的教育案例呈现，通过案例分析、模拟讨论、现场探究等形式，使教育硕士能在探究和解决各类问题的不断

[①] 华春艳、占小红、邹佳晨：《全日制教育硕士教学实践能力培养的实践探索与路径革新——基于H大学的调查分析》，《教师教育研究》2022年第2期。

[②] 刘思琪：《全日制教育硕士专业学位课程体系优化研究》，硕士学位论文，西南大学，2015年，第26页。

探索中，逐渐构建起自身的程序性知识体系。这从客观上要求教育硕士的培养需要以教育理论知识的构建、教育实践情境认知的氛围营造、和谐的师生关系形成为基础，综合运用案例分析，构建教育行动者的情景结构与行动逻辑，在各类丰富的教育管理实践情景应用中，理解、激活和应用各类教育相关知识。

案例教学秉承理论与实践相结合的宗旨，以案例为导引，将教育硕士引入一个特定教育事件的真实情景中，通过对案例的组织实施、对话讨论以及师生之间、生生之间的互动，以培养教育硕士发现、分析与解决学校教育教学过程出现的各类问题的能力。在教育硕士培养中引入的案例本身就是具有丰富教育实践信息的活动和事件，它能够作为一种在生动、鲜活实践背景下的情境式教学过程中师生共同构建的类仿真环境，出现在课堂教学之中。案例教学能够反映陈述性知识在实践场域中运用方式的真实化情景，充分提供各类接近于教育实践的模式化道路，能够根据各类教育现实问题，使教育硕士在逼真的应用情景中，通过任务设置、角色扮演、情景体验等环节，形成其认识复杂教育情景和解决教育实践问题的能力。可见，案例教学是一种典型的基于实践理性的探究型教学模式，其目的是通过案例提供模拟化的教育冲突场景，引导教育硕士在解决案例所体现的矛盾与挑战过程中，实现教育理论与中小学实践的有机结合。基于情景化和实践化的双重维度，促进教育理论知识不断内化至教育硕士的知识结构体系之中，从而不断优化教育硕士的教学成效，是有效培养教育硕士实践能力的重要载体与途径。

二 教育管理的独特性决定了案例教学在教育管理课程中的重要价值

教育硕士培养所涵盖的各类知识体系中，教育管理类知识是重要的组成部分，是奠定教育硕士教育管理素养和技能的重要理论基础。从知识本身特性来看，教育管理知识是集"实在性、理解性和批判性"于一体的综合化知识体系。① 基于批判理论范式来看，传统的教育管理理论将

---

① 安世遨：《知识观的嬗变与教育管理变革》，《教育理论与实践》2015 年第 10 期。

实证主义和逻辑实证主义作为整体理论的基础,过度强调量的研究、数据分析,盲目相信教育管理研究可以做到完全的价值中立。这就将教育管理理论与教育管理实践中富有生机、极为关键的部分——道德、伦理与价值的向度区分开来,也忽视了教育场域中人的生存状态及教育公平。实际上,在批判理论范式看来,教育管理领域的相关理论应该富有强烈的批判性,必须正视和处理各类道德两难问题。比如教师在学校中到底应该拥有多大程度的自主权?学校应定位于基本技能、高阶能力培养抑或是社会性技能的培养?学生评价究竟应该以综合评价为主还是以标准化测试为主?诸如此类的问题,需要形成一种反思的态度,基于道德科学的思维方式,在具体的情景中来思考和解决此类两难问题。因此,教育管理知识是基于经验的、阐释的和批判的三个维度所形成的有机体。[①]相较于自然科学知识,教育管理知识与个人的体悟、经历、机遇以及具体情景具有密切联系。这种基于不断变动情景下的组织和人的动态发展所构成的知识体系,更加复杂,非结构化的特征也更加突出。管理学家巴纳德则指出,关于组织管理的知识体系,一般存在三类可相互补充的类型:关于特定情景下的具体行为知识、关于特定组织的实践方面的知识,以及有关超越具体组织的一般性通用知识。[②] 基于上述论述,至少可以得出以下判断:一方面,普通的教育管理知识可以通过传统的讲授法进行持续的强化和不断的相互印证。但讲授法之所以能够在教育管理类课程中占据主导性地位,并非天然如此。这一地位的形成与人们对抽象化、普适化的教育管理知识具有路径依赖的特征密切相关。另一方面,具体教育管理行动和特定教育管理的知识依赖于组织行动者的直觉、体悟和经验,具有典型的个性化特征,很难通过讲授法完全讲解清楚,因而易被讲授法忽略或拒之门外。面对这种情况,案例教学在形成具体教育管理行为和特定的教育管理知识方面拥有广阔的使用空间。在教育硕士培养过程中,教育管理案例教学是以满足学生特定实践需求为目的,秉持源于丰富教育管理情景实践、增加对不同复杂化教育管理情景的理

[①] 张新平:《教育组织范式论》,江苏教育出版社2001年版,第60页。

[②] [美]切斯特·巴纳德:《组织与管理》,詹正茂译,机械工业出版社2016年版,第32页。

解，激发个体的实践理性及经验理性的价值取向。在实施过程中，教育管理案例教学以各种类型的案例为载体，案例之中蕴含着特定的知识与矛盾冲突场景，在这种矛盾冲突场景中囊括了一个或多个教育管理疑难问题以及解决这些疑难问题的可能性方法或举措。在案例教学过程中，学习者模拟进入案例所描述的教育管理场景现场，身临其境地综合运用所学理论、个人经历、价值倾向、观念态度等因素进行分析和判断。在诸如教师专业发展、学校领导决策、学校治理、家校协同等各类实践活动议题中，对教育管理的各类理论所抽象概述的理性认知如何在真实的现实世界中还原、碰撞与融入，进而将理性的觉知和实践的体验进行有效的联结。正是因为案例教学重视在实践中深度反思，将在协作中有效对话贯穿于教育管理知识学习的全过程，所以能为教育硕士在课堂上把握具体的教育管理行为、体悟特定的教育管理理念提供了有效的载体与途径。

另外，从知识体系的构成来看，教育管理学作为一门典型的交叉学科，在学科发展历程中大量吸收了诸如教育学、管理学、经济学、心理学、哲学、政治学等多个学科的理论与方法。从教育管理学的课程知识体系来看，包括了基本的教育管理理论和实践问题两个层次。教育管理学的基本理论知识，无论是微观的学校内部结构的研究，还是外部关系的宏观研究，都涉及诸多学科。通过不同学科赋予的多维视角，研究者才能够更好地把握教育管理的本质内涵、功能及价值，更好地理解教育管理内外关系规律。教育管理学所涉及的现实问题同样离不开多学科的视角。例如，学校内部的领导与决策问题离不开政治学相关知识，教育管理的规划与经营离不开经济学理论的支持，教育组织的结构与功能离不开社会学的视角，学校组织成员的激励离不开心理学的视角，学校管理活动的价值追求和活动规律离不开哲学思想的指引。从上述角度出发，教育管理的课程知识内容呈现典型的多学科交叉、涉及范围广、内容丰富的特征，但教育硕士的课程教学时间是极为有限的。在有限的课程教学时间里，案例教学更易于呈现教育管理的丰富内容，体现多个学科、多重视角研习教育管理理论与实践问题的特点。因为从案例教学本身的特点来说，一方面案例教学中的案例较之一般的举例说明，内涵更加丰富。这些案例往往来自学校管理或区域教育管理事件中的典型问题或曾发生的历史事件，具有完整的事件发展过程与详细的细节描述。相较于一般的事件描述，教育管理案例教学中的案例能够更加聚焦值得关注的管理问题，能够给学习者带来更为深入的学习体验和更加丰富的习得知识。一个优质的教育管理教学案例能够提供多样的学科视角，学习者通过研读与讨论，基于各自的知识基础和实践经历，可以引申出多重问题，获得不同的知识内容。另一方面，在教育管理案例教学中，各类教育管理的案例分析与解决过程较为复杂，既需要学习者具备教育基本理论知识及相关教育管理知识，同时还要基于实践理性审时度势，权衡应变，不拘泥于单一视角或片面答案的束缚，灵活处理不同的教育管理问题。正是因为案例教学兼具内容丰富性和分析复杂性的双重特征，能更好地契合教育管理的内容体系特征。通过案例教学，将学校管理中的典型事件与现实问题作为素材，有机引入多学科的知识内容，基于学习者的学科背景、实践经历及知识储备的差异，在教师的引导下，基于跨学科视角发现和解决问题。因此，案例教学的较强综合性能够与教育管理的内容丰富性相契合，发挥着独特的育人效果。

三 案例教学为融合教育管理理论与实践提供了独特的路径

在教育硕士的培养过程中，虽然一些学习者可能有一定的实践经历，理论上讲更容易将所学的教育管理理论与自身经历更好地结合在一起，实现理论与实践的自然对话。但是，长期以来教育管理理论与实践之间游离甚至互斥的关系极大降低了这种可能性。在教育硕士学习教育管理课程知识的过程中，学习者要么觉得习得的各类教育管理理论迂阔辽远，与其自身经历或感受的教育管理现实严重脱节；要么觉得所接受的教育管理理论知识平淡肤浅，深刻性与指导性相对不足。教育管理的理论与实践之间常面临着令人尴尬的对立冲突矛盾的困扰。面对这些问题，通过积极使用教育管理案例教学，能够让我们看到超越这种困境的可能性。教育管理案例教学并非用"二元对立"的非此即彼思维来讨论与解决教育管理理论及实践之间的关系，也并非简单地用案例教学来一劳永逸地解决这一问题。实际上，教育管理案例教学更多是借助案例这一形式，将蕴含理论与实践"养料"的内容引入某一特定主题的教学情景之中，引导学习者通过不断的探讨、对话与辩论，来澄清和梳理相关知识内容。随着教育领域各类改革的深入推进，学校面临的内外部环境都发生快速变化，新的挑战带来的各种议题层出不穷。人工智能背景下的学校管理会发生什么样变化？基于人工智能驱动的智慧课堂和学习评价究竟该如何开展？人工智能时代教育工作者的作用会被削弱吗？治理体系和治理能力现代化背景下，区域教育如何实现管、办、评分离？学校内部治理体系如何搭建？"双减"背景下中小学的课堂教学如何有效提高质量？课后作业如何在学业要求与政策规限之间有效平衡？"双减"背景下学校教育如何提质增效？新时代中小学如何发挥好党组织的作用？校长和党委书记如何分工和配合？类似上述的问题或挑战层出不穷。在这种不断变革的环境中，教育管理工作者在进行决策和实施管理时所要承受的压力和挑战可想而知。面对重重困难和挑战，对于教育管理工作者而言，如果要想有所作为，就必须具备开放的胸怀、丰富的理论知识、先进的教育理念，同时具备娴熟处理各种复杂教育问题的管理技能，能够及时认识并精准分析环境变化，把握时机形成富有创新性的规划并付诸实施。针对上述管理素养的现实需求，案例教学对于培养未来教育管理工作者能够发挥重要的作用。当然，有人会认为案例教学中出现的各种案例并不能完全代表教育管理的现实，从根本上讲仍属于一种"图纸作业"或"纸上谈兵"。但必须看到的是，案例其实是对教育管理实践的高度模拟化、仿真化。在这样的虚拟仿真环境中，学习者可以跳出教育管理实践者所面对的现实制约与困扰，能够更加开放、自由地进行理论透视与深度反思。借助案例教学这一载体，教育管理的理论与实践之间能架构起一道坚实的桥梁，学习者在教育管理理论与实践的时空之中更加自由穿梭，促进自身实践理性与理论自觉的双向成长。当然，汲取案例中的营养，并非意味着要取代教育管理理论的讲授或者实践中的深入体察，而是从另一种截然不同的情景中为更好地处理教育管理理论与实践的关系，开辟出一条崭新的道路。

进一步而言，在沟通理论与实践的过程中，案例教学能够极大缩短教育硕士的学习情景与实践管理情况的差距。无论是何种形式的专业教育，都存在一个类似的诉求，即受教育者能够学会像某种特定的专业人员那样思考。在教育领域同样也不例外。在教育硕士的培养目标中,培育教育硕士的教育管理素养是重要的内容。像学校各级管理者如何去思考、分析和解决问题,往往是教育硕士的传统性课程难以涵盖的领域。因为这些课程往往有特定的知识定向,有着自身的逻辑体系、规则原理及内容模块构建。教育硕士学习这些知识固然有着重要的作用,如弥补原有基础理论知识不足,夯实理论大厦。但是,理论讲授的书本世界与现实的教育有着很大的差距。学校管理现实往往是综合的,并不像学科之间那样泾渭分明;学校管理往往是问题驱动的,并不是来自理论的"逻辑自洽式推演"。"实践的过程是使理论经过一系列中介转化为现实化、物质化的过程。"[①] 案例教学自身即蕴含着基于理论推演,再到实践转化的逻辑环节。在教育硕士的学习过程中,更容易看到的是课程学习知识某一片段或某一个局部。而通过案例将一些能够充分反映教育管理现实的问题展现在教育硕士面前,引导他们尝试像一个成熟的教育管理者那样做出判断和反应,也即是给他们提供了像成熟的教育管理者一样去思考和决策的实践机会。各类反映学校管理现实的案例能够在一定程度上打破现有教育管理学科的知识界限和藩篱。虽然这些案例很少能提供什么特定的、精准化的答案,但无疑可以助力教育硕士逐渐习惯教育管理实践的复杂性、两难性及不确定性,也就相应增强了他们应对教育管理实践的意识和技能。同样,在使用教育管理案例的过程中,由于案例来源于真实的教育管理情景,结构规整的教育管理理论知识未必能有效地被组织运用到这一情景中来。比如某案例讨论,学校硬性要求教师必须手写教案,否则将给予处分。那么站在学校的角度是一种见解,但站在教师的角度,可能又是另一种见解。那么究竟哪一种看法是合理的?如何平衡学校管理者和教师之间的需求差异?又如某案例讨论生育政策调整下的学校请假制度。某学校为了应对教师生育高峰导致的人力不足,要求统计教师信息,并根据积分"排队"生孩子。我们该如何看待这种看似显然存在问题的管理措施?如何使尊重教师生育权和维持学校正常教学秩序之间保持一个平衡?诸如此类的学校管理议题比比皆是,各类学校管理问题也是变动不居,解决的方法也难以有恒常不变的

---

① 杨继亮、杨立瑜:《中介论》,山西人民出版社2007年版,第52页。

"一招鲜"。教育管理的课堂可以说是这样一种领域，教育管理、教育学、管理学、心理学等方面的知识最多能够提供基础性知识背景，还需要涉及多个学科、多种维度的跨界知识体系。除上述基础知识之外，社会学、人类学、哲学、经济学等学科均有涉及，国家、社会、社区、家庭、学校及班级等各维度层层组合或叠加，难以将它们有机融合在一起。教育管理的课堂是多变的，多次课堂几近完全相同的情景很难出现。基于这种情况，教育管理知识的学习固然很有必要，但仍然远远不够。在教育管理知识学习的基础上，如何更好地提供真实管理情景就使得案例教学应运而生。通过案例教学的应用，一方面充分展示非结构性的教育管理问题情景，另一方面也能将教育管理教学转变为一种特定形式的探究性活动。通过教育硕士课堂上师生之间、生生之间的相互探讨，可以对教育管理案例进行较为深入的精细化分析。实际上，现实情景中教育管理领域的问题多是弱结构化甚至是非结构化特征，案例作为沟通教育管理学习与实践的桥梁，无疑能够促进学习者更好地适应这种学习的挑战。

四 案例教学能够引导教育硕士形成教育管理复杂性思维

随着大数据、人工智能的快速迭代及全球化的深入推进，公共管理活动面临着极为复杂的环境与挑战。作为公共管理的重要组成部分，教育管理也呈现一种前所未有的复杂状态。由于教育管理的系统内部与外部环境都存在大量的变量，对复杂的教育管理现象进行学习和研究，就不能用封闭化、直观化、线性化的思维模式，而是应该充分考虑各类影响因素，立足于复杂性的视角来观察和分析学校各类管理议题。从复杂性理论来看，复杂性包括了不确定性、非线性、自组织性、不可还原性等典型特征。① 这些特征在教育管理系统中也不同程度地存在。甚至可以说，教育管理的典型特征之一是不确定性。因此，教育硕士在学习教育

---

① 尹超、和学新：《复杂性理论视阈下的教育研究及其变革》，《教育理论与实践》2017 年第 25 期。

管理课程知识时，会经常发现其中存在大量的难以定论或精确把握的地方。例如，教育领域之中诸如教育目标、学习投入及组织氛围等，往往没有达成广泛共识的定论，这就致使教育管理工作者无法有效地将这些内容转化为能够切实推进的行动方案。这和企业管理有着明显区别，工厂企业的生产目标通常是明确的，这些目标的实施方案通常也是可以落实和达成的。又如，教育是以培养人为核心的特殊性活动。作为教育管理主体和教育管理对象的"人"本身具有不确定性。虽然我们通常说人的发展具有顺序性、阶段性、不均衡性、差异性，但是这些特征通常用来描述集体中的"人"所具有的一般性发展特点。不同个体存在很大的差异，而且其发展过程中受到遗传、环境、教育等多重因素的交织影响。这就导致教育管理很多方面都无法完全做到精准的量化，特别是关于学生的评价、教师的绩效考核这些方面，通常存在很大的争议和分歧。同时，教育是一个价值高度涉入的领域。因此，教育管理活动也经常会遭遇其他管理活动中并不经常出现的道德伦理及价值观冲突等问题。从某种意义上讲，学校是社会各种类型多样、内容迥异的价值观念中心。① 这种复杂性特征必然决定着各类教育管理活动不是一种简单的技术性问题。例如，教育管理的重要职责之一是有效配置各类教育资源。但这种分配很难简单照搬企业的行为方式。企业的资源配置往往侧重考虑效率问题，而教育资源的分配则更多依据的是统一与公平原则。为更好体现教育机会均等理念，国家通常会将大量的教育资源配置给条件薄弱的学校，而不是配置给条件好的学校，即使前者的成绩及升学率远远比不上后者。

  教育管理的这种复杂性特征必然要求教育硕士在学习这些知识的时候逐渐形成复杂性思维。而案例教学可以将他们引入学校管理实践者所面临的各种矛盾处境，充分把握和体会教育管理的复杂性，防止对教育管理问题做出片面化、简单化的解读。案例教学与讲授法的一个显著区别即是它能够将教学情景与实际教育管理情景进行最大程度的连接。在案例教学中，教育硕士所讨论的各类问题主要源于学校实际管理活动中

---

① 张夏青：《教育中的价值冲突：实质、类型与解决》，《华东师范大学学报》（教育科学版）2018 年第 1 期。

产生的各类疑难问题。这些疑难性问题的真实性基本可以得到保证，只是特定的时空环境有可能在叙事中产生一定变化。教育硕士面对各类教育管理问题时，能够通过分类梳理、成因归纳、方案形成等一系列过程，充分理解和认识学校管理实践的高度复杂性，从而充分领略教育管理研究的价值与魅力。从某种意义上讲，教育管理工作者在处理各类问题时，管理复杂观能否形成具有重要意义，因为这与管理成效密切相关。但教育硕士在学习教育管理知识时，囿于理论储备的不足与认识的有限性，往往缺乏这种复杂观，要么将教育管理视为一种简单明了的技术或技巧，要么视为某种外部组织给予的控制性力量。在这样的视域下，教育管理就容易异化为线性化、片面化、简单化和权术化的活动。面对这些问题，案例教学可以帮助学习者跨出这类思维的"陷阱"。在案例教学过程中，教育硕士通过代入性和换位性思考，要深入案例中，洞悉各类事件中所出现的主人公管理思维和行动方式，同时要了解其他参与人的见解与观点。在案例讨论过程中，学习者通过模拟扮演学校管理者的决策角色，能够在案例营造的情景中感受源于不同利益相关者观点分歧与决策差异带来的压力，体会学校管理者在解决各类问题时的艰辛与不易。在教学过程中，质量上乘的教育管理案例能够使教育硕士感受到复杂情景下教育管理过程中不断出现的两难性问题。总之，教育管理案例教学的一个重要价值是助力教育硕士在体会教育管理两难性问题中逐渐成熟起来，更能深入地理解教育管理的不确定性、非线性、自组织性等复杂性特征，逐渐由单一化的管理思维演进至复杂化的管理思维，为未来成为合格的教育管理工作者奠定坚实的认知基础。

五 案例教学可以有效地培养教育硕士的管理素养与实践技能

古典管理理论的奠基人泰勒指出，管理最主要的任务是促进合作而非对立与冲突。科学管理无论对于企业还是对于工人，都是一场"心理革命"。在泰勒看来，科学管理的基本特征是促进各主体间的协调，而并非加剧不同主体间的对立冲突。"资方和工人的紧密、亲切和个人之间的协作，是现代科学或责任管理的精髓。"① 管理的本质在于协调，这种协调的达成与否，离不开对人与人之间、人与集体之间的协调。没有彼此的合作与信任，这种协调也就无从谈起。组织管理学的集大成者巴纳德也指出，组织管理的实质是"有意识地协调两个以上的人的活动或力量的一种体系"。② 正式组织作为协作性的系统，无论规模大小还是层次高低，都需要具备以下几点特征：愿意彼此进行协作的意愿、拥有共同的行动目标、能够进行信息的共享与交流。③ 但需要正视的是，在现实管理世界之中，各行动主体要达成共识并非轻而易举，也不是通过简单直接的讲授即能获得。一般而言，组织各成员间所形成的有意识的协作能力，是通过成员们应对组织各类具体的工作事务，通过长期协作而逐渐形成的一种默契与共识。与之相应，案例教学的性质与特征必然离不开学习者的有效协作，这就使案例教学的内在特质与学习者的管理素养形成自然而然地联系起来。通常来看，个人所拥有的主动表达自身的见解并能够坚守观点的能力、说服别人的能力、耐心倾听的能力以及与其他人共同合作探寻新思路等方面的能力，都可以借助组织有效的案例教学而逐渐形成起来。在教育管理案例教学实施过程中，教育硕士自身不可或缺的合作品质与能力能够有机地发展起来，他们可以组建合作小组，进行教育管理案例的解读、分析、呈现、讨论及达成共识。在这一过程中，一种彼此协作、相互支持的组织氛围在逐渐形成，这种氛围下的组织性学习效果显然要比个体独自学习的成效更好。学习者在共同研判各类教育管理问题、揣摩教育管理的不同情景、体悟多方案解决问题的途径等方面，更易获取来自组织协作力量给予的支持。在教育管理案例教学所创造的组织学习氛围中，学习者既要关注自身的成长、努力提升自己主动性学习的能力、增强自身在组织中的智慧贡献，还要学会与其他学习者有效协作、合理分工、努力为其他人的学习作出贡献。总之，通过这

---

① [美]弗雷德里克·泰勒：《科学管理原理（修订版）》，马风才译，机械工业出版社2021年版，第5页。

② [美]切斯特·巴纳德：《组织与管理》，詹正茂译，机械工业出版社2016年版，第35页。

③ [美]切斯特·巴纳德：《组织与管理》，詹正茂译，机械工业出版社2016年版，第42页。

种案例教学的形式，学习者既要学会合作，更要学会共享责任，在理解与认同中促进共同成长。

另外，正如美国学者格柯在论述案例教学时所指出的那样，案例之所以在教学中运用，是因为智慧不是经由别人直接告诉而得到的。① 这句论断所隐含的观点是，既然在各种教学与管理活动中，人们经常面对的是独特且不断发展变化中的情景，那么片面掌握固定性规律知识的效果就变得极为有限了。相较而言，积极接纳新的变化情景、提升创造性解决问题的思维与能力，对于个体而言，就显得极为重要。教育管理案例教学的着眼点之一就是培养教育硕士的创新能力以及实际解决教育管理问题的能力，而不是通过案例学习获取固定的教育管理基本理论与规则。这不是认为教育管理的知识基础无足轻重，相反更重要的是如何通过更加有效的方式（不仅是理论讲授、专题讲座）获得各类教育管理知识。对于教育硕士而言，他们通过讨论各类教育管理案例所涉及的学校管理制度、班级管理、教师专业发展、学生管理、家校协同等疑难问题时，也在逐渐学会分析这些"结构不规则型"问题，同时培养了对这些问题进行批判性反思的能力。从某种意义上讲，无论是在知识学习中，还是在学校管理实践中，并不存在这种逻辑：只要阅读的书目多一些，掌握的理论更丰富一些，就可以很好地解决更多的疑难问题，具有更多的解决学校管理问题的技能。面对学校管理的不确定性情景，案例教学实际上发挥着一种"做中学"的作用。通过案例所呈现的经验与活动整合"不确定性"的知识，提升解决问题的能力。这些知识与能力在教育管理案例教学过程中，逐渐形成了教育硕士问题解决水平提升的重要支撑。进一步而言，通过教育管理案例教学的实践过程，教育硕士具有较好的自主权，充分参与讨论和交流能够激发与培养其反思能力，进而提升其对教育管理实践进行批判性思考的能力。实际上，案例教学就是对案例所呈现的各类教育管理问题的产生及解决过程的分析、反思与评价的活动。这种分析过程很好地蕴含着反思性教学的内涵。这种反思能力的培育对于教育硕士未来，有效地解决各类教学与管理的问题，有着重要的

---

① Gragg, C. I., "Becacuse Wisdom Can't be Told", In McNair, M. P. (ed), *The Case Method of Teaching Human Relations and Administration*, 1951.

发展性意义。美国心理学家波斯纳提出了教师专业发展的公式：经验＋反思＝成长。案例教学实际上也是促进教育硕士基于自身经验，借助案例教学创设情景进行积极反思，进而促进其专业成长的重要载体。因此，案例教学在教育硕士的创新与反思品质、实际解决问题的能力等方面，有着广阔的适用空间。

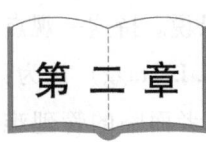

第二章

教育管理案例教学的内涵与特征溯源

作为对客观事物本质的一种反映,概念构成了人们思维大厦最基础的建筑单元。它往往通过抽象化的形式,提取某一类事物的共同特征,在构建人类知识体系方面发挥着重要作用。为了更加科学系统地了解教育管理案例、教育管理案例教学,有必要从案例、案例教学的内涵、特征及历史渊源入手,在此基础上对教育管理案例教学的内涵、特质等相关内容进行解读与分析。

一 案例教学的内涵与特征

(一) 什么是案例?

案例教学最为突出的特征之一是在实践教学中应用案例,这也是显著有别于其他形式教学的关键所在。案例这一概念源于英文"case"一词,本义为状态、情景、某一事例等。这一术语在医学领域多被译为"病例",法学领域则被译作"案例或判例",在工商管理领域以"个案""案例"指称。在对案例教学进行分析之前,需要对案例本身进行解析和诠释。对于案例内涵的理解,立足不同视域,理解与表达各有不同。具体来看,主要呈现以下四类观点:(1)特定情景说。持这一观点的学者认为,案例主要是对具体情景的一种详细化描述。如有学者指出:"所谓案例,是着眼某一教学目标,围绕课程重点拟解决的问题,以事实为基础，编撰而成的某一具体情景的描述。"① （2）事务记录说。持这一观点的学者认为，案例是关于管理事务的记录。如格柯（C. I. Gragg）认为："案例是一种对事务的具体记录。这种记录包括了管理者面临的管理难题、形成的决策以及决策所依据的事实基础、观念都会在记录中有所体现。基于这一记录，可以向案例学习者提供详细的细节，引导学习者就各类管理问题进行讨论，并思考应采取何种决策行为。"② （3）故事说。持这一见解的学者认为，案例是包括了各类要素在内的故事。如理查特（A. E. Richert）认为："案例勾勒的是各类教学实践。它能够通过丰富的叙述形式向人们呈现包括教师与学生的典型思想、行为及各种冲突在内的故事。"③ （4）多重含义说。持这一观点的学者多认为案例往往蕴含着多个层面的内容。如托尔（A. R. Towl）认为："一个高质量的案例，是教师与学生基于某一特定事实互相作用的结果；高质量的案例，往往是以学校内外教育情景中出现的事实为基础，充分开展的课堂讨论。它是对教育问题进行学理性探讨的支撑点；它是关于某种复杂教育情景的记录。"④ 基于上述论述可知，基于不同的视角，对案例的内涵定义不尽相同。但是，这些概念存在的共识之一即是案例不能使用虚构的故事来取代现实问题，也并非用概述性言语来取代丰富的事实。这两类形式在某种意义上讲更接近于小说的表达方式。从这一角度引申的话，仅仅从某些公共报道中寻找特定学校或教师的教育教学行为作为研究的对象，虽然也有可能激发热烈的讨论，但并不能称为案例。综合各类相关论述，案例是指基于特定的教育目标，围绕着拟解决的某一个或若干问题，立足于事实对问题特征及其解决过程的客观性描述。

从案例特点来看，在内容呈现上具有以下四点鲜明特征。（1）动态发展的事件。案例呈现的是一个又一个的事件，这种事件并非对事物的

---

① 郑金洲编著：《案例教学指南》，华东师范大学出版社2000年版，第2页。
② Gragg, C. I., "Becauses Wisdom Can't be Told", In McNair, M. P. (ed), *The Case Method of Teaching Human Relations and Administration*, 1951.
③ Richert. A. E., "Case Methods and Teacher Education: Using Cases to Teach Teacher Reflection", In Tabachnich, B. R. et al. (eds.), *Isues and Practices in Inquiry - Oriented Teacher Education*, 1991, p. 130.
④ 郑金洲：《案例教学：教师专业发展的新途径》，《教育理论与实践》2002年第7期。

静态化呈现，而应充分体现出事件的推演过程。（2）事件中要充分蕴含富有挑战性的难题或博弈冲突。也就是说，只有包含各类现实冲突矛盾及疑难问题的事情，才能成为案例的重要来源。如果仅仅记录事件发生的一般过程，缺乏问题的呈现，就很难称为案例。（3）事件具有典型性。具备典型特征的事件，才能充分呈现问题的特质，并能够在某种程度上映射出同一类型问题的情况，具备突出的教育意义，学习者能够从中获得启发。（4）事件是实然发生的。虽然对于学习者而言，案例像故事一样读起来生动有趣。但这样的故事并非刻意编制，而是要求真实发生。杜撰而成的故事即使呈现再多的问题和矛盾冲突，也不能被称为案例。

另外，案例表达方式上通常有以下五个方面的要求。（1）要凸显整个事件中各类矛盾与冲突的叙述，这也是要彰显案例的主题。（2）对事件的描述是一个囊括了从开始到结束的完整情节，而非对事件某一片段的简单陈述。（3）对于事件的叙述要明确具体。对于阅读者或学习者而言，案例的呈现应该能够让其仿佛置身其中，感受着整个事件的推进过程。（4）要规限事件产生的具体背景，将事件置于明确的时空环境之中。（5）要能够彰显学校教育教学工作的复杂性，揭示出学校管理、师生互动等复杂的活动。

从上述的特点来看，很显然案例并非简单的故事，因为案例强调内容源于真实，而故事多源于虚构性创编；案例也不等同于教师的某一种教学设计，因为案例是对发生过的事件进行理性回溯与分析，而教学设计则是提前预设的某一种授课思路，是对计划实施的一种设想；案例也并非教学实录，两者体例较为相似，但同样是某一事件的描述，前者是有所选择，而后者则有闻必录。因此，充分把握案例在内容及叙事方式上的要求，能够在一定程度上对案例的本质与内涵有更精准的把握。

（二）什么是案例教学

对于案例教学的概念理解，如同上述案例的界定一样，并没有一个绝对统一的定义。基于不同专业领域、不同研究方向的学者，对于案例教学的界定各有不同。对于案例教学，小劳伦斯·E. 林恩（Laurence E. Lynn）认为，案例教学是"教师以教学案例为基础，在课堂教学中助力学习者达到某一学习目标的一整套教学技能及技巧。它旨在丰富学习者的专业知识，促进能力提升，通过聚焦于焦点问题，对生活经验进行深入诠释"①。他认为，现实中存在的复杂问题很难迅速找到解决方案，也无法在教科书中获得标准答案。案例教学为各种学习者创设了这样一种情景：在较短的时间，基于并不充分的信息，学习者通过依靠批判性思维与能力形成富有说服力的观点。"使用案例教学就是一种激励学习者掌握知识并积极应用的有效手段。"② 案例教学是通过将拟讨论的主题与现实世界有机联系，并被用来促进对学科基本概念、关键知识的学习与理解，提升对模糊性问题处理有效性的一种教学方法。

也有学者指出："案例教学是系统的方法（the set of methods）和手段（tricks of the trade），其旨在通过深入分析教师在课堂上所应用的教学案例，帮助学生实现特定教学目标。"③

哈佛大学的凯瑟琳·莫塞斯（Katherine K. Merseth）指出，案例教学是指教师通过使用案例，借助小组讨论、情景还原、角色扮演及案例撰写等方式增进学生之间交流，激发学生深度思考，并给予学生真实环境学习的一种教学方式。④ 她不仅强调案例是应用这一教学方法的主要内容，也全面指出其教学方式是以小组讨论、角色模拟等方式进行的对话式研讨，明确指出这种教学方式的突出优势在于提供较为真实的问题情景，促进学习者之间的交流与思考。

在国内，关于案例教学的定义主要有以下几种。

"从广义上讲，案例教学可概述为对特定情景的一种详细性描述，引导学习者围绕特定情景展开讨论的一种教学方法。从某种意义上讲，案例教学与教授法相对立。"⑤

"案例教学是教师依据教学目标，通过讲解案例、组织学生研讨等过程，引导学生能够从实际案例中了解和掌握某一事物的规律及实践路径，

---

① [美] 小劳伦斯·E. 林恩：《案例教学指南》，郄少健等译，中国人民大学出版社 2016 年版，第 103 页。
② [美] 小劳伦斯·E·林恩（Laurence E. Lynn, Jr.）：《案例教学指南》，郄少健、岳修龙、张建川、曹立华译，中国人民大学出版社 2016 年版，第 118 页。
③ 吴立忠：《关于案例教学的比较分析》，《教学与管理》2011 年第 5 期。
④ [美] 凯瑟琳·莫塞斯：《教育管理案例研究》，刘莉萍等译，教育科学出版社 2010 年版，第 7 页。
⑤ 郑金洲编著：《案例教学指南》，华东师范大学出版社 2000 年版，第 2 页。

从而将理论与实践相结合的一种教学方法。"①

"案例教学是利用真实事件为基础所撰写的案例,实施课堂教学的过程。通过促使学生对案例深入解析、分群讨论与深度交流,阐述各自观点,进而形成高阶学习目标的启发式教学方法。"②

上述国内外学者从不同角度对案例教学进行诠释,归纳这些概念中的关键词,主要包括案例、案例载体、师生互动、批判性思维能力、合作、学习者等,从中可以窥到案例教学的关键性特征。

实际上,案例教学是一种立足于事实问题,搭建起两难化决策情景的教学方式。面对这种两难性的问题挑战,到底给出何种解决方案,其实并未有标准解释。与讲授法相比,案例教学中的教师更多扮演着设计者、引导者和激励者角色,鼓励学习者积极参与案例讨论。究其关键,案例教学是教师立足理论知识与实际情景有机融合的定位,根据特定专业的性质与培养目标,遵循教学目标要求,针对学习者学习内容,遴选合适的素材。通过这些甄选而出的案例素材,将学习者引入特定的生活情景之中,在教师与学生之间、学生与学生之间进行多向互动,深度研讨,促进学生洞悉现实问题的复杂性。这种教学方式能够有效引发学生的问题意识与探究意识,不断培育学生的批判反思能力、问题分析与解决能力以及团队协作能力,从而实现理论与实践对话、学以致用的目标。案例教学应用的案例是一种叙事体文本,它通常源于真实的生活情景或矛盾事件。之所以编制案例,就是为了引起充分的讨论。因此,选取的案例也总是试图多维度承载矛盾事件的产生背景、各方行动主体以及问题演变的详细细节等。借助这些案例,引导持有不同观点的学习者对案例进行分析和解读,培养学习者形成多元化观点意识,促使其意识到,对于绝大多数实际问题的理解和解决,更多依赖于决策者自身的特定视角。

基于上述分析,我们对案例教学的含义归纳如下。案例教学是教师秉持理论与实践相结合的宗旨,根据学科性质和课程教学目标要求,以案例为主要载体,将学习者引入特定问题的真实情景之中,通过师生之

---

① 孙军业:《案例教学》,天津教育出版社2004年版,第18页。
② 张家军、靳玉乐:《论案例教学的本质与特点》,《中国教育学刊》2004年第1期。

间、生生之间的多元互动,共同合作与研讨,从而培养学习者的批判性意识与合作能力,并促进学习者充分把握问题复杂性、动态性与多样化的一种教学形式。

(三) 案例教学的历史渊源

案例教学的历史可谓源远流长。作为具有丰富历史底蕴的国家,中国通常被认为是世界上最早开始编写案例并加以流传的国家之一。早在两千多年前,古人就运用各类生动形象的寓言故事来诠释事物的本质特征。如人们比较熟悉的"自相矛盾""南辕北辙""守株待兔"等故事,直至当前还被用于阐释哲理的典型例证。另外,在各种史料中,如公元前的《春秋》《战国策》、西汉的《史记》及宋代的《资治通鉴》,经常采取从事例推演到某类论点,或是借助某类典型事件来阐述事理逻辑。这些论述中详细记载了历史上的典型事件或某一类典型人物,以供人们进行研读与借鉴。在医学方向,汉代的《黄帝内经》、明代李时珍的《本草纲目》等名著都详细记录了各类详尽的病例。人们通过阅读和分析类似这些书目中所列举的案例及解决途径,获得解析各类病症的表现及解决问题的可行之道。在西方,对于案例教学的追溯,可回溯至两千年前的古希腊。苏格拉底所提出的"问答法"具备了案例教学的基本轮廓。其问答法又被称为"思想的助产术",实质上就是一种以探讨与辩论为主的教学方法。苏格拉底通过各种隐喻、比较及启发的方式,基于反复问难,引导学习者将看似简单的问题从一般性的事实分析,逐渐走向深度的理性分析。随后其逐次辩驳错误观点,最终引导学习者获得正确的认识。在这一过程中,学习者的积极性被激发出来,他们在老师的引导下能够进行独立分析与群体讨论,最终收获如何解决问题的理性知识。苏格拉底的学生柏拉图对这一种教学方法进行继承与发扬,他将"问答法"逐一整理,借助各种栩栩如生的事例来解析复杂道理,从而首创了历史上最早的案例教学法。

在近代,案例教学得到正式确认、不断丰富和广泛应用。在这一发展历程中,哈佛大学发挥了最重要的作用。哈佛的法学院、商学院以及医学院是推进案例教学的最核心力量。这三所学院不仅创设了案例教学,并在各自专业领域大力应用和完善了这种教学法。1870年,当传统的法律人才培养方式备受质疑时，时任哈佛法学院院长兰德尔（Christopher C. Landell）创设了基于法院正式判决的案例作为学习素材，学生以此基础，在课堂充分对话讨论，同时以假设判例作为考试题目的案例教学法。这种教学方式非常契合以判例为主的美国法律特点，因而得到其他法学院的积极效仿。20世纪二三十年代，案例教学已经在美国法学教育中占据主导地位并延续至今。案例教学在哈佛法学院应用取得佳绩的同时，哈佛医学院也开始引入这一教学模式。它创新引入临床实践与临床病理学会议两种形式来推进教学。临床实践是建立附属医院并为学生设"临床职位"，让学生在教师及一线医生指导下，学习各类诊疗病例。临床病理学会议是指医学专家、一线医生、教师及学生共同探究病人的医疗记录。这一教学模式的使用受益于医疗领域的操作惯例，即医生一般会根据患者的基本情况、诊断与治疗过程、疗效等制作病历。充沛的案例能够使教师获取丰富的讨论材料实施案例教学，克服了"临床职位"有限的制约，从而使案例教学在医学院广泛使用变为可能。相较于其他领域，工商管理专业的案例教学最负有盛名。哈佛商学院的首任院长是经济学家盖伊（Edwin F. Gay），他力倡工商管理教学应积极借鉴法学院案例教学的经验。但囿于商业领域匮乏权威案例，案例教学在工商管理专业领域发展非常缓慢。这种情况一直持续到1920年，时任第二任院长的多汉姆（Mallace B. Donham）意识到丰富的教学案例是人才培养的重要基础。为此，他积极募集资金，专门聘请教授进行案例开发工作，并创办了商业研究处，组织专人进入商业实践领域进行案例收集和编写工作。次年，商业研究处正式出版了第一本案例集，并开始推广案例教学。1930—1940年，案例教学在商业教育开始广泛普及，美国各公共管理学院大规模应用。随着应用的深入，案例教学被证明是有效帮助学生不断发展职业能力与专业技能的重要方法，甚至成为美国公共管理教育的标准模式。多年来，哈佛商学院投入巨大的人力、物力进行案例开发，确保了案例的丰富性、权威性和适用性，其成效也深受商业领域和社会的认可。总的来看，案例教学在工商管理学界的运用最为深入。案例写作方法及对案例的理论性研究多来自工商管理领域。随着案例教学在法学、医学及工商管理领域的成功应用，教育领域的工作者也开始关注并应用这一教学模式。他们意识到各类生动形象的教育案例是教育工作的重要资源。

因此，以学校管理者及教师身边事件为研究对象的案例开发与应用逐渐进入教育研究者的视域。与此同时，国外教育界发现教师培训突出的瓶颈即是培训效率不高，难以适应参训教师的实际需求。究其原因，关键在于教师参加培训中所体验的教学议题与实际场景差异较大，所学内容难以应用到教学实践之中。在这样的背景下，一些研究者开始借鉴法学、公共管理领域的案例教学方法。20世纪70年代，有教师开始编写教学案例并应用于教师教育工作。由此，案例教学开始纳入教育工作者的视野，日益发挥着重要作用。

在国内，学术界对案例教学的关注和推广起步较晚。随着改革开放的推进，中美各个领域的合作开始不断加强。1980年美国商务部与国家经贸委、教育部开展合作，进行MBA主题培训活动。该项目的执行单位设置于大连理工大学。为更好开展管理培训教育，中美双方的研究者及授课教师组建了案例创编小组，深入国内一些具有典型意义的企业进行采访，最终汇集了83篇富有中国特色的管理案例，并出版了《案例教学法介绍》一书，这可视为中国管理案例和案例教学的开端。自此，案例教学开始在国内工商管理领域积极应用。1991年我国开始加快发展MBA教育，案例教学在此过程中得到了进一步发展。随着案例教学的影响力不断增大，其他专业和学科的教学开始频繁使用案例教学。在教育领域，部分师范院校的教育学科课程也积极引入了案例教学，特别是在教师教育领域以及中小学校长、教师培训等方面，案例教学已成为重要的教学手段。在国内各地的校长及教师培训中，案例教学成为结合理论与实践的重要教学方式。与此同时，随着近年来中国专业学位研究生教育的快速发展，案例教学以其特有的优势，不断深入专业学位研究生的培养过程。国家相继出台的《关于深化研究生教育改革的意见》（教研〔2013〕1号）、《关于加强专业学位研究生案例教学和联合培养基地建设的意见》（教研〔2015〕号）等文件中明确提出，以案例教学为基础，引导学生分析和解决实际问题，不断强化理论联系实践的能力。案例教学的背后理念在于对教学质量和效率的追求，推进教学过程切实地从教师本位转向学生本位。当前案例教学已被广为接受并纳入许多高校的教学改革计划之中，日益成为教育理论研究者与实践工作者的"新宠"，在人才培养方面发挥着重要作用。

(四) 案例教学的特征

通过案例教学的历史溯源来看,对案例教学的重视与运用源于对传统教学深刻反思的基础之上。正是本着对教育质量更高的追求,对学生这一关键主体更加重视,教育界才开始以积极的态度应用案例教学。

1. 案例教学的特点

从一般特征来看,案例教学是教师完成教学任务的一种方法。但是,从本质上看,案例教学是一种教育模式,因为案例教学的特点相较于以往传统教学,有着根本的不同。具体来看,二者之间的区别主要体现在以下几个方面(见表2-1)。

表2-1 案例教学与传统教学的区别

类别	传统教学	案例教学
教学目的	知识讲授	能力培养
教学内容	经典知识	案例
教学方式	讲解为主	启发为主
交流形式	单向度	多向度
师生关系	教师主导	学生为主
学习态度	被动性较强	积极性较高
学习成效	"第二手"的知识	"第一手"的知识
教学效果	知识掌握程度高,但解决问题能力弱	解决问题能力强,系统知识效率低

(1) 教学目的。案例教学的主要目的不在于片面输送知识,而在于培养学习者运用理论知识与方法发现和解决问题的能力,并通过不断的分析与讨论,提高批判性思维与创新能力。相较于传统教学,案例教学鼓励学生们大胆思考,求同存异。教师引导学生顺沿不同的思路去获取不同的结论,或是根据不同的思路得出相似的结论,从中遴选最佳方案。同时案例教学也鼓励学生不受限于固定理论或观点,积极提出个人看法或见解,在发挥学生内在动能的基础上,促进其综合素养的提升。

而传统教学更侧重于讲授知识，使学生掌握人类社会长期积累的文化遗产。在传统教学看来，只有通过知识与技能的传授，学生能力才能真正提高。

（2）教学内容。案例教学的内容主要是对某一具体情景进行深度描述的案例。在教师的组织与引导下，学生通过对案例的分析与讨论，拓宽思路、激活思维，主动质疑，形成新的见解，从而促进自身思维能力不断提高。而传统教学则以讲授教科书的内容为主，强调系统与结构化，面面俱到，教学活动易变为"教书"活动。教师完成课程标准所规定的基本知识与技能的教学，学生接受了这些内容即可视为完成学习任务。可见，传统教学更侧重于知识的识记和机械训练，对学生的独立分析与问题解决能力关注不足。

（3）教学方式。案例教学在教学过程中，形式灵活，更强调通过启发与引导，鼓励学生参与和合作。学生通过小组协作，在倾听中学会理解，多元、理性的思维方式逐渐形成。而传统教学更侧重于讲授式，教师占据主导地位，主要以教师的知识传授为主，学生参与度较低。

（4）交流形式。在案例教学中，对于案例的深入讨论既离不开师生互动，也需要充分的生生互动。各主体之间的交流形式是多向度的，并不局限于单一的交流形式。传统教学中，主要由教师向学生讲授知识与技能为主，师生之间的交流形式更多呈现单一流动状态。

（5）师生关系。在案例教学中，教师的主要角色是组织者、引导者和推进者。在这一过程中，学生发挥着核心的主体地位，教师侧重立足全局进行协调与指挥，发挥着从属性作用。通过案例教学，将学生学习主动性、主导性、积极性与教师的组织协调相统一。而传统教学更多强调教师的主导性作用。通过发挥这种主导作用，教师将各类知识传授给学生，学生更多是知识的被动接收者。

（6）学习态度。在案例教学中，学生多数时间处于主动地位，能够充分参与案例教学各环节的活动，对于课堂的进度、节奏具有较强的发言权，积极性较强。而传统教学中，学生犹如一个被动的知识储蓄者，将从教师处获得的知识被动地储蓄在自己的"知识银行"之中，在整个教学过程难以发出自己的声音，学生学习积极性较低。

（7）学习成效。在案例教学中，学生面对非结构化问题情景时，基于自身经历、知识储备与思维习惯,通过分析、思考、讨论与交流,获得的更多是"第一手"的知识。在传统教学中,学生主要从教师那里获得标准化、结构化的知识,但这种知识多是"二手"型知识。

(8) 教学效果。案例教学能够培养出具有较好创新性思维、能够理性解决问题的复合型人才。哈佛商学院能够培养出各类出色的管理人才即是明证。而传统教学培养的学生更多掌握的是大量理论知识或标准性问题解决方案,面临实践问题时,表现往往不佳。

当然,应该看到传统教学在讲授结构化知识(概念、原理、原则等)方面,具有较强的连贯性、系统性与逻辑性,因此在教育硕士低年级教学中仍然具有不可替代性。通过讨论两者的区别,更多是要呈现案例教学的特点,而非全盘否定传统教学,更不是用一种形式完全替代另外一种形式。一般而言,案例教学更适用于掌握一定的教育基本理论与知识的高年级学生或具备一定管理经验的学习者。除了有别于传统教学的特点,案例教学还具有较强的适应性。对于各类型的学习者,无论是经验丰富还是经验略有欠缺的教育管理人员,抑或是初学管理的教育硕士,案例教学都可以有效使用。案例教学还能够有效平衡不同学习需要的学习者,通过促进其从不同的角度进行案例分析,从而获取丰富多样的课程知识,顺利完成研修过程,最终有所收获。

2. 案例教学与其他教学的结合

案例教学作为一种应用于专业学位研究生培养的重要方式,不仅自身具备广泛的作用,还能够与其他教学法相结合,发挥"1+1>2"的组合效果。以下从案例教学与角色模拟、邀请相关人员进课堂、应用视听材料及现代信息技术等方法的结合等方面加以分析。

(1) 与角色模拟相结合实施案例教学

与角色模拟相结合是指以多种形式组织学生从案例中选择主人公进行角色扮演。学生们通过角色扮演,还原整个案例发生过程,更加直观感受和体会案例所描绘的情景及决策者的心理活动。如果角色选择适宜,学生也能够充分发挥,那么这种场景的还原活动能够更好激发学生的学习兴趣。在案例教学中,引入角色模拟,需要学生认真对待并仔细研究所模拟的角色。在涉及学校人际关系、学校管理者如何决策等相关的内容时,角色模拟与案例教学相结合更为有效。

（2）邀请相关人员进课堂联动案例教学

通过邀请各类相关人员进入课堂亦是丰富案例教学的一种方法。由于获邀请的人员职位不同，负责的学校管理工作不同，因此在课堂中所扮演的角色与发挥的作用各不相同。

在案例教学中，常邀请的人员通常有以下几种类型。

第一种类型的受邀请者是案例所描述的学校组织中的某一位管理者。此类受邀请的人物，特别是当他们是学生学习案例中所涉及的主要人物时，会很好地激发学生们的兴趣。一般情况下，先邀请其进入教室后面，先行听取学生对案例的讨论。随后，结合所讨论的内容，受邀者对大家的观点进行评论，并根据情况回答学生所提出的问题。在此之前，任课教师应充分和受邀者进行沟通，请其先熟悉案例的内容，并提醒其注意，学生们在讨论案例所涉及的学校做法时可能会提出尖锐的观点。这种方式应用得当的话，受邀人进课堂能够引导学生进入更加真实的情景，讨论的针对性也将大大提高。第二种类型的受邀请者可能来自案例所描述的同类型学校相关人员，或与案例中描述的关键人物承担着类似的教育管理职能。这类受邀者熟谙学校各类管理事务，能够向学生形象地解释学校管理的特点或是案例中主人公通常具有的思维和决策方式。需要注意的是，学生有可能更关注于与这类受邀者的对话交流，因而课堂讨论的深度和效率会受到相应影响。因此要提前规划好课堂的授课时间，增加课堂容量。第三种类型的受邀请者可以是其他从事案例教学的教师。作为案例教学的应用者，这些受邀人了解案例的整体结构，通晓案例所涉及内容的有效解读和组织讨论，因此对课堂教学很有帮助。

无论邀请什么样的人，一般来说教师都需要提前与学生进行沟通和说明，并对如何进行交流和对话进行预案设置。需要注意的是，虽然邀请相关人员进课堂有很多积极作用，但亦存在一定的弊端。比如，当教学时间相对有限时，受邀人员的引入可能会挤占并不宽裕的教学时间；当案例涉及的问题较为敏感时，可能会对受邀者产生负面情绪的影响。因此是否邀请相关人员参与案例教学，并没有明确的要求与规划。要注意遵循一条基本的原则，即在案例教学时间相对充足且不引发受邀请者负面情绪体验的前提下，采用这种方法的效果将更加明显。

(3) 与视听材料相融合推进案例教学

以视听材料融合案例教学是一种较好的实施形式。图片、实物、报刊等均可有效增加案例的情景感和真实性，提升课堂讨论的效果。

如果条件允许，授课教师可将案例所涉及的学校制度文本、各类支撑材料及视频材料进行汇总。同时，可以鼓励学生积极寻找与案例相关的辅助信息，贴在讨论的黑板上，为课堂上讨论案例所涉及的学校组织及其面临的问题提供佐证信息。传统教材中的信息，可以利用视频的形式呈现给学生。有研究表明，与书面案例相比，视频案例能够给人更有效的直观感觉，还有助于学生更全面了解学校管理者所处的教育环境，对教育管理的原则与概念有更切实的体会。

(4) 与现代信息技术相结合进行案例教学

现代信息技术的引入为创新案例教学形式带来了丰富的想象力。也许在未来，学生无须直接在课堂中，而是借助虚拟空间与其他学习者及教师进行交流。借助各种技术，学生可以直接在电子网络中将讨论内容适时投放到教室的屏幕中，而不用走到黑板或借助投影仪去讲解自己的分析。在教师提问该采取哪些行动时，学生无须通过点名，而是借助电子设备将观点瞬间在屏幕中显示。

同时，教师对教学过程的掌控可以实现电子化。教师可以利用智能设备与终端相连，确定屏幕要显示哪些内容，甚至可以在电子显示屏上呈现多个小组所做的分析结果加以比较。通过这些智能化手段，案例教学的时间将会被充分利用起来。当前，现代信息技术在案例教学中的应用有着较高的要求，成本支出较大，难以被大规模地应用。但作为一种发展趋势，智能技术可能会给案例的采集、撰写与应用带来革新。

总之，各种教学方式和方法各有优缺点，与案例教学可以灵活地在事前、事中或事后进行有机结合，充分发挥各自之间融通优势。

二 教育管理案例教学的内涵与特征

(一) 什么是教育管理案例

基于案例的基本内涵，从管理角度出发，教育管理案例可理解为：为了适应教育管理的教学与研究需要，围绕某一个或若干教育管理问题，经过客观记录与编撰而成的、具有丰富信息和典型意义的教育管理事件。立足于学科性质，教育管理学要充分关注并有效应对人们对高质量教育管理实践的期待与需要。面对纷繁错杂的教育管理实践活动，教育管理学科需要形成能够有效应对多样化实践的理论与能力体系，并通过系统性的教育培养理论与实践相结合的高素质实践型人才。与其他人文社会学科相比，教育管理学科具有更强的实践性特征。它的知识体系集综合性、权变性、实践性于一体，具有强烈的"缄默性"特征，即"需要人们借助理性直觉而获得，难以通过绝对理性的过程进行程序化批判与反思"[1]。从知识的性质来看，缄默型知识具有典型的情景性与本土化特征。这种特征就使得教育管理学科的知识既需要系统性理论学习，更需要学习者通过实践活动或"准实践"活动，促进缄默化的知识从内隐走向外显，方能有效获取。特别是对于教育硕士这类专业性学位研究生培养，更不能将教学局限于灌输抽象的概念、命题、原则等内容，而是需要更加充分的实践关怀和行动设计，引导其从缄默型知识中体悟和升华，逐渐形成实践自觉。对于这些定位和要求，传统讲授法难以完全满足，而案例教学在教育管理所属的公共管理类学科中成功使用，为教育管理学科优化教学形式、提高人才培养质量提供了参照范例和行动路径。教育管理案例作为推进案例教学的重要内容，通过营造各类还原现实的学校实践情景，引导学习者代入"角色"，模拟"现场处理"，思考解决实践问题的合理方案。好的教育管理案例可以使学习者获取丰富的教育管理知识，锻炼其学习思维能力，提升其解决教育管理实践问题的能力。

从教育管理案例的定位来看，其具备以下四点核心特征。

第一，教育管理案例兼具教育性与典型性双重性质。教育管理案例既要着眼管理，更要立足教育。作为应用于教学的案例，本着教育性原则，需要遴选富有教育价值的事件或人物进行凝练与叙述，从而充分发挥案例教学的教育性价值。这意味着，教育管理案例必须蕴含教育价值与意义，能够有效促进教育管理人才培养目标的达成。现实中的学校内部虽然有各种问题，但不具备教育意义和管理启迪的事件，不能纳入教

---

[1] 张伟坤、黄崴：《近十年我国教育管理理论研究的进展与反思》，《中国高教研究》2013年第2期。

育管理案例范围内。此外，教育管理案例应具有典型性。教育管理案例通常应包括一个或多个教育管理问题，这些问题在特定的情景之中，可能待解决或已经解决。但这些问题及情景应该具有较强的借鉴与启发意义，能够引起学习者认真阅读和深刻思考。缺乏典型的教育管理问题及情景，难以称为真正的教育管理案例。此外，教育管理案例的典型性还应体现在可提供多维的思考角度，如教育管理的理念、教育管理者主要职能、教育管理组织类型、教育管理流程等方面。

第二，教育管理案例以事实为依据，充分体现真实性。教育管理案例必须基于客观视角，尽最大可能地实然呈现。教育管理案例以非价值涉入、白描化的叙事方式，将置于特定时空之内的疑难问题解决过程、各行动主体的博弈过程完整呈现出来。为使案例尽可能还原或接近事实，充分体现真实性特征，教育管理案例需要具备时效性。虽然教育管理案例蕴含的理论内核具有恒常性，但随着时间的推移，包裹在"理论内核"外部的事件载体也可能变得不合时宜。因此，教育管理案例呈现的事实材料要与时代背景具有紧密的一致性。此外，案例的真实性势必对客观性特征提出了更高的要求。有学者指出，通过主位研究法和客位研究法，能够综合研判人们的思维方式与行动特征。主位研究法主要从某一事件的涉入者角度来展开分析。分析的成效如何，关键在于能够产生"本地人承认的真实有意义或恰当论述能力如何"[①]。客位研究法则是从旁观者的角度，基于一种客观性观察与分析方式展开研究。客位研究的描述是否合适，主要看"它们产生有关社会文化差异与相似性的原因、富有成效的理论的能力如何"[②]。教育管理案例的客观性更强调从客位研究的角度，尽可能悬置价值观，将案例情景中的各类正式、非正式材料，如对话、制度文本、笔记等呈现出来，以强化案例的可读性和真实感。在案例内容呈现时，将事实陈述与价值判断区分开来，明确案例中的主位观点和客位观点，不误导学习者。

---

① [美] 马文·哈里斯：《文化唯物主义》，张海洋、王曼萍译，华夏出版社 1989 年版，第 39 页。
② [美] 马文·哈里斯：《文化唯物主义》，张海洋、王曼萍译，华夏出版社 1989 年版，第 89 页。

第三，教育管理案例注重在合理叙事中，凸显矛盾焦点。教育管理案例作为一种教学案例，是一种记叙性文本而非论述性材料。因此，教育管理案例并不是对事件发生过程的笼统描述，也不是对事件特征的抽象概括。它所展现出的各种信息应该是精细的纪实性内容。对于案例所涉及的各类材料需要有详细的描述。从本质上讲，与一般管理活动相类似，学校管理过程同样是一个教育资源再配置与加工的过程，不同主体对于教育资源的需求不同，因而势必充斥着各种矛盾与冲突。通常这些冲突可分为认知型、情感—意志型、利益型等类型。① 面对不同类型的冲突，学校决策者给出的化解方案也不尽相同。作为对某种管理事件的过程性还原，教育管理案例展现学校利益相关者围绕着某一特定事件，秉持不同的立场、态度与价值观，采取不同的行动策略而引发的层叠起伏的冲突过程。通过将这种教育管理过程中所牵涉的对立问题的产生根源、利益博弈过程以及矛盾化解等过程充分呈现出来，才能更充分显示出真实性、典型化的特征。因此，教育管理案例会聚焦于特定话题，围绕事件发生的主线，通过将事件发生的具体时间、地点、互动过程及结果按照一定的时空逻辑呈现出来。在这种逻辑合理、内容翔实、矛盾突出的叙述方式下，教育管理案例能够为学习者提供丰富多样的学校管理场景，在各种矛盾问题的解决中引发学习者主动思考，积极进行有意义的深度挖掘，进而达到案例教学目的。

第四，教育管理案例的内容释读具有丰富性与开放性。教育管理案例揭示的是发生在教育领域的各类复杂性管理问题以及所涉及的行动主体多样化的行动选择，为案例学习者预留极为丰富的意义释读空间。案例尽可能地全面呈现发生于学校的某一矛盾问题产生的过程及演变过程细节，精细化呈现案例中学校各利益主体的态度、动机及实际行为等，从而全面展现各方行动力量如何在实践中甄别、分析与解决问题，以及进行自我省思的复杂变化历程。这就为学习者提供了极为丰富的解读空间，无论是问题情景，还是各主体的决策心理，抑或是问题解决合适与否、案例整体可以映射出哪些理论等，都蕴含着大量的可供解读信息。此外，教育管理案例并非仅仅是呈现一个生动的故事，还要考虑学校管

---

① 刘玉梅：《管理心理学：理论与实践》，复旦大学出版社2019年版，第278页。

理工作实践的需要、学习对象的能力基础,在整体内容设计上体现出"学习者立场",全面呈现学习者感兴趣且有能力参与讨论的问题与事件,使学习者能够较快地进入案例所设置的"现场"之中。另外,一个高质量的教育管理案例不但能够设置适宜的问题,还会针对疑难问题提出可能性的解决方案,并蕴含着解决矛盾冲突的行动策略。面对同一个学校管理问题,从不同主体的角度出发,可能有多个方案选择。而教育管理案例可预留开放性的解读空间,为学习者尝试从不同角度思考和解决案例所涉及的问题,提供各种可能性选择,在权衡比较之间,学习者的思路将进一步拓宽。同时高质量的教育管理案例并非囿于固定知识的藩篱,而是能够具有"思维的开放性"和"知识的创新性"特点,给学习者预留思考和发挥空间,给予其不同的经验启迪和价值引导。

(二) 教育管理案例教学的内涵及特点

根据案例教学的内涵,结合教育管理、教育管理案例的特点,教育管理案例教学可理解为:依据理论与实践相结合的原则,教育者围绕培养学生形成教育管理思维、掌握教育管理理论知识、提升教育管理能力素养的教学目的,以在教育管理实践中收集到的典型事件加以归纳而成的案例为基本素材,将学生引入某种教育管理实践情景中,基于多主体之间的有效互动和共同研讨,促进学习者对教育管理问题的深度理解和有效应对的一种教学形式。与案例教学相类似,在实际教育管理案例教学中,举例教学、事例教学及案例教学常存在混淆。但正如前面所澄清的那样,教育管理案例教学同样不是简单地列举一些教育管理的事件这么简单。从某种意义上讲,教育管理案例教学并不是教学组织形式和教学方式的改变,而是知识观、课程观、师生观及具体组织形式的深度变革。[①] 正如前文所述,自从案例教学自美国向全世界流行开来以后,公共管理与政策的教学改革深受这一教学模式的影响。但是作为公共管理下位的教育管理学科,对案例教学的应用却推进缓慢。究其原因,传统的教育管理学遵循结构功能主义的叙述逻辑,高度重视系统化、规范化、

---

① 张新平:《论案例教学及其在教育管理学课程中的运用》,《课程·教材·教法》2002年第10期。

理性化的教育管理理论体系的构建，注重对教育管理的普遍规律、一般原则等内容的提炼与抽象化。与此形成鲜明对比的是，教育管理案例教学假设教育管理学科知识并不是完全规整化、客观性的知识，而是一类具有情景性、非完全结构化的特殊知识体系。教育管理的活动是动态变化的，难以精准测度。这种教育管理知识观的根本分歧势必影响教育管理案例教学在传统教育管理学科中的广泛应用。另外，传统教育管理学科之所以倚重讲授法，其重要的假设是包括教育管理技术在内的所有教育管理知识都是可教的。而教育管理案例教学则假设教育管理知识作为一种强烈的实践型知识，大部分知识难以通过标准的讲解来获取。即使通过教育者的讲解和灌输，学习者能受益的内容也是极少的。这种假设认为教育管理学科具有鲜明的实践性，这种实践特征使得教育管理知识更多是个人经历、经验的积累，是一种个体管理智慧与悟性的表达，具有突出的地方性、缄默化的知识特征。而在教育管理课程中应用案例教学，正是通过创设情景，牵引个体内在智慧与管理问题相碰撞，在不断的争鸣与探究中，学习者自我体悟与内化教育管理的知识，形成自己的管理认知结构。理解了不同教学形式背后的假设，才能更好地把握教育管理案例教学的内涵。

与传统的讲授法相比，教育管理案例教学有着鲜明的特色，能够与前者优势互补，因而将其引入教育管理课程教学中，能够更好地提升课堂效果。具体来看，教育管理案例教学呈现以下四个方面的内在特征。

第一，主体参与性。教育管理案例教学呈现的是强烈的讨论对话取向，而不是教师单一性"灌输"独白。在实施教育管理案例教学的课堂中，学习者需要全身心投入。学习者不再仅仅充当"倾听者"和"接收者"的角度，而是要实现自身角色的转变，由"剧外人"变为"剧中人"，积极扮演"校长""教师""学生""班主任""家长"等各类与教育管理案例相关的角色。对于学生的评价主要来自课程参与，"根据学生在课堂对案例的解析深度、对话质量、发言主动性、包容性能力等因素而确认"[1]。这就要求学习者能够主动融入角色中，以"剧中人"的立场

---

[1] 刘录护、扈中平：《教师教育中的案例教学：理念、案例与研究批判》，《教师教育研究》2015年第3期。

与案例进行深度对话,尽可能挖掘教育管理案例中所涉及的关键信息,将课堂作为实际演练的"沙场",主动积极表现,各抒己见,在关键问题上敢于据理力争,在不同观点的碰撞下,优化各自的行动决策方案。在这一过程中,师生之间、生生之间是地位平等、相互尊重的关系。在师生之间、生生之间的主动对话讨论中,学习者能够更加理性地站在全局高度,运用多重理性的视角审视整体案例,更好地洞悉案例背后蕴含的教育管理理论知识和决策立场。

第二,集体协作性。教育管理案例教学强调集体合作,而不是个体的"单打独斗"。传统教学模式中,教师通过选取一定的事例对所讲解的知识点进行解释说明,所体现的依然是教师主导、学生为辅的"各自单干"授课模式。管理的本质在于协调。没有人与人之间的协调,管理活动的开展就无从谈起。教育管理案例教学的组织过程,本身就蕴含着合作的内在特质。它所强调的高质量学习更需要在集体与协作之中达成。以往教师主导性输出、学生单向度接受的教学方式,恰恰与教育管理教学所强调的宗旨与定位相背离。正如美国哈佛大学教师教育的负责人、力倡在教育管理教学中积极使用案例教学的梅塞思(K. Mesreth)所指出的那样,"与以往碎片化学习的个体不同的是,案例教学需要形成学习共同体。在这一共同体之中,每一个参与者承担着学习的共同责任"[1]。在这种的学习共同体中,学生与学生之间、学生与教师之间能够充分对话与协作。依托教育管理案例这一载体,在良好的组织氛围下,学生能够主动尝试解决教育管理问题、发现教育管理的本质、完善教育管理的认知结构。同时,解决问题的协同互助过程能够有效培养学生的合作能力和团结精神。

第三,批判反思性。教育管理案例教学强调在案例讨论中,呈现多元的视角、观点及解决方案。这种取向是批判反思性的,而不是教条式的。这是因为教育管理的学科知识具有强烈的实践属性,虽然不能武断地判断全都无法直接传授和灌输,但相当一部分内容很难通过直接讲授获取。现实的教育管理问题也常常呈现复杂性、非结构性、权变性等特

---

[1] [美] 凯瑟琳·莫塞斯:《教育管理的案例研究》,刘莉萍、魏彩虹、杨轶译,教育科学出版社 2010 年版,第 17 页。

征，很难有固定的解决方案来应对。因此，教育管理案例教学强调在讨论各类案例过程中，要以开放的态度来倾听其他学习者的观点及解决方案，进而对自己的思想认识进行评判和反思。传统教学模式强调结构齐整、逻辑严谨的教育管理知识体系重要性，学生的主要任务就是认真学习、全面吸纳这些教育管理的标准、原则及规范。但是，这种方式显然和教育管理学科知识特点及实践特征相背离。通过这种方式习得知识的学习者难以应付复杂的教育管理实然情景。而教育管理案例教学强调学生的主动探索和自我省思，注重学生个体的见解与观点。在教育管理案例教学过程中，学生全面分析案例交织的问题与矛盾，通过不断的论辩、质疑及推理等过程，不断提高独立思考的能力。正如有学者指出的那样："所有案例都不在于只追求正确答案或某一确定性行为。相反，所有案例都显示环境的模糊性与复杂性，这恰恰是管理实践的最基本特征。"① 也正是因为如此，教育管理案例教学为学习者充分省思自我、学校、社区及社会的多重关系提供了可能性，在不断深入探讨与反思中，学习者的批判性思维和创新能力都能够得到提升。

第四，复杂权变性。教育管理是一项极为复杂的活动。从系统观来看，教育管理的过程包括了从人力、物力、财力的投入，到这些投入通过以教与学为核心的各类学校活动进行深度加工，再到输出毕业生这一关键产品的连续过程。整个过程涵盖了时间、空间、信息、人、财、物，涉及学校、家庭、社会、政府等大量的利益主体。因此，教育管理案例教学过程中，学习者仅凭自身有限的知识来解决案例所涉及的问题是远远不够的。学习者在案例研究和讨论之中，要广泛收集各种信息，并形成多学科的交叉视野，充分应用心理学、教育学、经济学、政治学、哲学等相关学科知识。另外，教育管理活动兼具科学性与艺术性。特别是教育管理活动和企业管理有着显著的区别，它要面对的是个性迥异、不断动态成长的教育对象。当面临形形色色的教育管理问题时，学校管理者很难套用某一固定管理程式来解决所有问题。在现实的教育管理实践中，面对环境、资源、政策及人的动态变化挑战，学校管理者需要形成

---

① 张新平：《论案例教学及其在教育管理学课程中的运用》，《课程·教材·教法》2002 年第 10 期。

一种权变性的思维方式。教育管理案例教学并不侧重于为学习者提供标准化的答案或是某一理论体系,更主要的是引导学习者形成辩证性、发展性、权变性的管理思维和决策方式。在教育管理案例教学中,学习者在教师的指导下,独立开展研究工作,根据案例内容进行资料的收集与分析;在小组讨论与辩论上,充分表达自己的观点,并能够根据任务要求,随机应变地提出解决方案。这些过程都有助于锤炼学习者的系统性和权变性思维,促进其管理素养的提升。

(三) 教育管理案例教学的边限

正如前文所阐述的那样,教育管理案例教学作为教育硕士培养中重要的教学模式之一,发挥着不可替代的作用。作为一种启发型、互动化、实践型的教学模式,无论是引导学生形成教育管理理念、改善心智模式,还是获得教育管理理论知识、提升解决教育管理问题的能力等方面,都发挥着积极的影响价值。但是,在实际的教育管理案例教学实施过程中,经常会存在一些来自学生的疑问。

"案例教学就像放羊一样,老师们清闲,羊群们忙得不行。"

"案例教学强调学生们相互交流、讨论和倾听,但我们没有在学校工作过,大家的意见也不是太成熟,所以难以学到什么真正的教育管理知识。"

"案例教学让我感觉到有点紧张。面对各式各样的教育管理问题,我没有什么太多的看法,讲不出来时感觉很尴尬。"

"还是老师主讲比较好,这么多的教育管理理论知识,老师讲我们记,又快又好。我们也不必担心老师总是提问题,老师也不容易注意到我的存在,这样其实挺好的。"

甚至一些教师对于案例教学的认知,也存在一定的疑虑。

"上课的人数比较多,难以充分组织讨论。"

"精心汇集的案例却没有吸引学生的兴趣,不知道他们到底喜欢什么"。

"互联网这么发达,教师们通过网络了解的事例很多学生都知道,想找一些新颖的素材,实在太难。"

"学生们讨论不够积极,有些问题没人回应时,只好自问自答,更别说将讨论往深入的地方去引导了。"

"课堂时间太有限，学生的基础又普遍比较薄弱，讲授的效率更高。"

上述师生的看法，虽然存在对教育管理案例教学理解的偏误，但也在不同程度上反映出这一教学模式存在的不足。虽然教育管理案例教学在教育硕士培养过程中具有重要价值，其效果相较于传统教学，具有明显的优势。但是在实施过程，同样存在一定的局限性，这些局限性是引发上述问题的重要根源。

1. 内容选择的局限性

教育管理案例教学并不适用于所有教育管理类课程。对于那些"软性"的、问题模糊性强、具有多种解释可能的课程内容，这种教学模式更为适用。对于跨学科的综合性课程内容，如教育发展战略、学校管理决策、学校人力资源管理、学校特色创建、学校文化建设等，更宜采用这样的方式。但对于"硬性"的、基于定量分析的课程内容，比如教育经费投入、教师绩效评价指标、学校评价体系等，适应性相对较弱。

2. 结构体系的局限性

教育管理案例教学所选取的案例，虽然试图营造出一个具有深厚的真实感、强烈性的冲突情景。但总体来看，由于受到篇幅及具体实践的限制，教育管理案例多从某一管理的角度、学校教育过程中的某一环节或某一类群体所发生的事件反映教育管理学科的知识。案例间呈现的是一个个孤立化、特殊化的学校管理情景，所反映出来的知识与经验是碎片化和孤岛化的知识，难以形成一种总体性的联系，因而可能对学习者掌握基本的教育管理概念、原则、原理等抽象性知识产生不利影响。

3. 参与主体的有限性

教育管理案例教学主要通过学生在教师的引导下，对各类发生在学校中的管理情景进行反复思考与讨论，由浅及深，获取经验和知识。但学习者的阅历及知识储备毕竟有限，对于案例的讨论容易停留在表层，甚至游离于主题之外。这与依靠富有经验的教师讲授教育管理的系统化知识相比，要花费的时间更长、效率更低。对于教师而言，由于受到课堂总体进度、课堂长度及案例篇幅的限制，不可避免地要对案例讲解的内容有所取舍。从教师的角度来看这当然是对案例本身的去粗取精，在最短时间内为学习者提供最富有价值的信息。但实际上，价值的高与低、内容的粗与精是相对的，有时也难以精细化地确定。也许案例的部分细节看似并不重要，但与案例的主要内容相关度很高。同时，教师为了讲解某一个学校管理的问题时，可能对案例的部分内容强调甚至夸大，这就对教育管理案例教学的有效性产生不利影响。

4. 问题解决的有限性

就解决实际的教育管理问题而言，教育管理案例存在以下几点不足。一是尽管最大程度做到将真实的教育管理情景编撰至案例中，但最终呈现给学习者的仍属于"书面文章"，还不能完全代替实际。二是在讨论相关教育管理案例时，虽然要求学生尝试做出决策，但并不需要承担责任，这与现实的情景差别较大。这可能会误导学生更容易在"理想型"或"激进型"决策方案中做出选择。然而，学校管理的情景是复杂的，管理者在做出决策时经常受到各种因素影响，因此做出的决策未必是"最优解"，通常更有可能是基于协调与妥协的"次优解"或"相对满意"决策。三是课堂讨论的过程虽然可以部分模拟学校管理情景，但毕竟无法完全仿真学校实际发生的情况。因此，在进行案例讨论时，仍难免存在"纸上谈兵"之嫌，学习者可能也会产生一些随意化的讨论行为。四是诸多教育管理案例并没有"标准化答案"。比如要不要必须手写教案？中小学教师面临繁重的工作压力下，要不要做科研写论文？学校的决策结构是不是"校长拿主意，中层拿方案，教师拿行动"？类似这样的管理问题很难有标准化的解决方案。由于对学生的讨论进行评判时缺乏客观标准，要给予评分的困难较大，教师的主观性较强。

除上述限制之外，教育管理案例教学的成效还要受到案例编写质量的影响。由于案例的采集需要高校、中小学及政府等多主体的协作，案例的编写需要专业人士的参与，这一过程要耗费不小的人力、物力及财力。这就导致高质量的教育管理案例相对有限，在一定程度上影响着教育管理案例教学的应用。因此，客观而言，教育管理案例教学同样存在效力边限，既不能过于迷信，也不能有所忽视。教师应基于权变原则，根据教育管理的主题、学生特点及自身的经验能力，做好前期的准备工作。同时，酌情选取最适宜的教学模式，使各种教学模式之间能够互为补充、充分协同，从而最大程度地提高课堂教学品质，使学习者有更强的参与感、成就感和获得感。

第三章

教育管理案例教学的理论基础

恩格斯曾指出:"一个民族想要站在科学的最高峰,就一刻也不能没有理论思维。"① 科学的理论思维不仅能帮助研究者有依据地理解和反思经验,还有助于研究者更精准地分析问题症结及应对之道。

科学的研究一般包括发现问题、研究问题、解决问题等环节。在这些环节中,如何进行价值判断、如何选择适切的方法进行研究都需要思维的参与,实际上就是需要科学理论的指导才能对杂乱、庞大、模糊的经验事实进行梳理、精炼和明确。虽然教育管理案例教学实践性较强,但同样也离不开理论的指引。要提高研究者的理论高度,深入理解教育管理案例教学的内在意蕴,就必须学习相关科学理论,找到实践的理论支点,才能更好地进行教育管理案例教学。

本章聚焦教育管理案例教学的理论溯源。通过理论溯源,一方面能将教育管理案例教学置于历史进程中进行考察,从历史的角度去追踪其实践植根、发育和成长的渊源,探寻其产生的思想和理论渊源;另一方面能为教育管理案例教学提供更为宏观与全面的理论背景,进而深入理解教育管理案例教学的自身内涵和价值。

一 教育管理案例教学的基础理论

(一) 迁移理论

学习迁移指凭借过去学习或解决问题过程中获得的经验来解决未来

---

① 《马克思恩格斯选集》第三卷,人民出版社2012年版,第467页。

遇到的问题。这一现象普遍存在于人们学习知识的过程中。学习迁移一直以来都是教育家和心理学家研究的重要问题，有着理论和实践两方面的重要意义。一方面，迁移是学习理论的一个重要问题，该问题的研究有助于深入探讨人类学习的本质，揭示能力与品德形成的内在规律。正如 Singley 和 Anderson 指出的那样，迁移研究是对所有综合性认知理论的一个严格的、必要的检验。[①] 另一方面，对这一问题的研究有助于提高教学质量，从而帮助学生有效学习。美国心理学家比格指出："学习迁移是教育最后必须寄托的柱石。如果学生在学校中学习那些材料无助于他们进一步沿着学术的程序，并且不但在目前，而且在以后生活中更有效地应付各种情境。那么就是浪费他们的时间。"[②] 有关迁移的研究无论是对学习者、教育工作者还是其他主体都有不可忽视的作用。另外，学习迁移也是个体发展的必要条件。由此可见，关于学习迁移的相关研究不仅有丰富的理论意义，也有着重大的实践价值。

学习迁移主要以"学习者前后学习迁移是如何发生的"为主题进行研究和解答。自学习迁移问题提出以来，已有很多学者从行为、认知等角度对其性质、类别、发生机制及影响因素等方面进行了研究。最早的迁移理论产生于 19 世纪官能心理学兴盛时期的形式训练说。其主要观点认为：通过学习，人相应的官能得以发展，若前后的学习关涉相同官能，那么后面的学习就会因此而受益，这种现象就被称为迁移效应。也就是说，迁移的发生是无条件的、自动的，是心理官能被训练过的自然结果。但该理论由于缺乏科学依据而引起质疑，20 世纪初美国心理学家詹姆士（W. James）和桑代克（Thorndike，E. L.）等先后用实验的方法进行研究。前者实验方法较为粗糙，且只根据试验结果对形式训练说提出了质疑，并未建立新的迁移理论；而桑代克等人进行了一系列较为科学严谨的实验，并提出了共同要素说，即只有当两个情景具有相同要素时才能产生迁移效果。总的来看，无论是詹姆士还是桑代克的研究虽然在一定

---

① Singley M. K., Anderson J. R., *The Transfer of Cognitive Skill*, Cambridge：Harvard University Press, 1989.

② ［美］莫里斯·L·比格：《学习的基本理论与教学实践》，张敷荣、张粹然、王道宗等译，人民教育出版社 1991 年版，第 98 页。

程度上否定了形式训练说的观点，但并不能完全否定共同要素说认为个体会因之前的学习提高了某种能力，从而对后来的学习产生积极效应的这一思路。① 桑代克等人虽然认识到迁移的产生需要相同因素，但只关注到了学习情境的客观方面，忽视了学习主体对迁移的影响，缩小了迁移的范围。

贾德（C. H. Judd）设计了水底击靶实验，并根据实验结果提出"概括说"。他认为前后两次学习发生迁移的前提是学习者进行了"概括"活动，而不是仅仅因为共同要素的存在。格式塔心理学家则提出了一种"关系说"，这种学说的观点认为：迁移发生的关键在于学习者顿悟了两种学习情境的联系。可以看出，"关系说"与"概括说"的分析角度有相通之处，都是对"相同要素"概念进行了新的界定，并强调学习者的主观能动性是迁移发生的关键条件。② 奥斯古德（C. E. Osgood）整合了学习迁移相关研究，提出了三维迁移曲面图，后来马丁（E. M. Martin）又提出成分迁移面。总的来说，学习迁移理论在这一阶段有所发展和深化，但在根本上仍囿于"刺激—反应"的框架之中，主要是从迁移的客观学习情境和学习主体两个方面提出各自的见解，但研究都较为零散，对学习迁移理论没有形成一个整体性的分析系统，对认知过程的研究缺乏综合性的考虑。

对学习迁移理论进行认知性探索的早期代表莱文（M. Levine）提出了迁移假设理论。他认为：当人试图解决问题时，就会提出一些假设，并对假设进行检验，接着逐渐形成一套有助于问题解决的思考顺序和假设范畴。而这就会对其解决后来的类似问题产生影响。③ 实际上，苏联心理学家谢·列·鲁宾斯坦是最早关注迁移认知层面问题的研究者，他认为迁移要发生，就必须先有"概括"的发生，"概括"活动是一种揭示本质联系进行分析的过程，若要学习迁移得以发生，学习者必须先将两个具体的学习情境联系，在联系中通过"概括"分析本质条件，揭示它们

---

① 莫雷：《论学习迁移研究》，《华南师范大学学报》（社会科学版）1997 年第 6 期。
② 姚梅林：《学习迁移研究的新进展》，《北京师范大学学报》（社会科学版）1994 年第 5 期。
③ 韩进之主编：《教育心理学纲要》，人民教育出版社 1989 年版，第 88 页。

在本质上的一致。①

随着学者们对认知层面问题研究的加深，尤其是在认知操作与认知技能方面的研究，学习迁移的理论也逐渐增多，在迁移的认知特征和类别这一层面的研究已经有了较多有益的探索。

总的来说，关于学习迁移的研究主要围绕学习情境与学习主体两方面进行。首先是学习情境方面，关注的是需要何种条件才可能发生迁移。对这一问题贡献最大的是桑代克提出的相同要素说，这一理论认为前后两次学习的相同要素是迁移发生的决定性因素。但桑代克亦有其局限性，应结合后来学者的观点，将相同要素的概念扩大化，扩展到原理、方法等各方面，这样才能更加完整地反映迁移的客观规律。这就启发我们，教育管理的学习若按照传统教学方式进行讲授式的知识传授，容易变得教条、刻板。学习者若在生活中尚未有相关教育管理的经历，所学知识很可能就在脑海中成为金科玉律而得不到实践。在教育管理案例教学的教学方式中，教师所提供的最重要内容就是教育管理案例，相较传统教学教材中知识点的陈列，以案例形式呈现教学内容更符合学习者进行迁移的前提条件。案例通过营造具体的学习情境，使学习者身临其境，用更加生活化和情境化的方式让学习者有更为深刻的体验。如此，在之后的学习生活中若遇到联系紧密的情境，学习者更容易反应和联结，从而发生迁移。

其次是影响学习迁移的主体方面，即学习者。无论是形式训练说、相同元素说抑或是三维迁移曲面图学说关注的都是学习情境问题，而忽略了学习者。所持的理念基本上是认为，只要有相同要素，迁移即会自动发生。而从贾德提出的"概括说"才开始关注到从学习者角度来分析迁移发生的条件。但学习迁移的主体因素也未能被更为系统地考虑，主体因素与学习情境并没有得到真正结合。不同学习情境主体因素对迁移产生的影响可能不同，一些迁移可能是自动发生的，而另一些迁移可能需要主体的参与。如此类似的问题都需要学界进行更多的探讨和研究。教育管理案例教学充分注意到了这一点，在营造学习情境基础上，更注

---

① ［苏］谢·列·鲁宾斯坦：《关于思维和它的研究道路》，赵璧如译，上海人民出版社1963年版，第61页。

重学习者因素。教材中案例呈现后往往附有与案例相关的思考题，学习者身临其境地面对案例中的问题，思考问题关键所在，探索解决问题的途径，最终提炼出思考后的观点。在此基础上，同其他学习者进行交流讨论，在观点相互碰撞的过程中进一步思考案例的内涵，完善或修正自己原来的观点。通过上述途径，学习者充分发挥主体性，将已有的理论同实际问题进行有效结合，形成自己的经验与理解，让原本分散的知识转化为一套解决相似问题的思考顺序和假设范围。

由此可以看出，教育管理案例教学具备了迁移理论最重要的两方面条件，该理论能在很大程度上解释案例教学的运作原理，并能够为其提供理论上的指引。因此教育管理案例教学中的案例一定要与学习者的生活或未来工作可能面临的情景紧密结合，通过营造相似的情景让学习者提前获得解决相关问题的理论知识和实践能力，从而让迁移的可能性和有效性大大增加，为学生进入真正的工作环境做好扎实的准备。

（二）信息加工理论

学习对人类发展的重要性并没有因科技的发展而式微，反而呈现一种越来越重要的态势。有关个体学习方面的研究也一直是研究者们持续关注的课题，涌现出很多新的学习理论。特别是进入20世纪后，各学派之间的争论愈演愈烈。随着20世纪六七十年代认知心理学的兴起，人们对学习形成了一种新的看法，信息加工理论随之应运而生。

信息加工理论认为，学习就是学习者所面临的刺激通过一系列内部构造被转化、加工的过程。[①] 它将学习者当作信息加工的机制，把认知过程当作信息加工的过程，认为学习的发生是因习得和使用信息构成的。[②] 美国教育心理学家罗伯特·加涅被看作这一理论最具代表性的人物。加涅从20世纪四五十年代就开始关注人类学习问题，并进行深入的研究，在70年代后运用信息论建立了信息加工学习理论。其理论主要涉及学习的过程、条件及学与教的关系三个方面。他着重实践了认知心理学的观

---

① ［美］加涅：《学习的条件和教学论》，皮连生、王映学、郑葳等译，上海华东师范大学出版社1999年版，第30页。

② 施良方：《学习论》，人民教育出版社2008年版，第24页。

点，主要用信息加工模式对学习活动进行解释，并对认知结构、学习本质等问题进行探究。[1]

加涅认为学习作为接受信息并实际使用的过程，是主体与环境相互作用的结果。其理论的一大特征是注重实用性，因此信息加工理论能够很好地运用于教学实践中。[2] 要明白"学习"究竟是一种什么样的活动，我们就需要对这些连续过程的关系进行深入研究，如此才能解决与之有关的问题。因此他提出了一个典型模型，如图3-1所示，用以阐明学习的一般过程——学习与记忆的信息加工模式：学习者的外界信息通过感受器转变为神经可传递的信息到达感觉登记器，进行第一步的加工。信息的进一步保持需要选择性知觉的加工，让信息进入短时记忆。在这一阶段信息停留的时间只有几秒钟，但比第一阶段时间长。短时记忆的信息经过编码并以编码的形式贮存在长时记忆中，在短时记忆中以感知为特征的信息转换成更抽象的形态。如果要提取信息，则需要进行检索过程，一些信息可以直接通向发生器，而有些信息还需要进入短时记忆过程进行再认，只有当信息合适时，才会通向发生器，反之就会回到长时记忆。从理论上来说，长时记忆的贮存是永久的，但事实并非如此。由于新旧记忆信息的互相干扰以及人的遗忘现象等问题，永久性记忆很难实现。当信息需要进入长时记忆中时有一定概率返回至短时记忆进行信息的再认过程，更容易发生迁移，之后信息会对反应器产生刺激，从而影响学习者的作业活动。

加涅认为学习的发生需要两类条件。一类是外部条件，主要指输入的刺激，如刺激时机、刺激事物的选择等。另一类是内部条件，即主体所需的知识技能，包括注意、动机等。此外，根据学习水平的不同，加涅把学习分成八类（见表3-1），后又将前四类合并，将第六类细分成两类，形成六类：连锁的学习、辨别的学习、具体概念的学习、定义概念的学习、规则的学习、解决问题的学习。

---

[1] 林小琴：《加涅信息加工学习理论与教学设计》，《福建论坛》（人文社会科学版）2010年第1期。

[2] ［美］加涅：《学习的条件和教学论》，皮连生、王映学、郑葳等译，上海华东师范大学出版社1999年版，第44页。

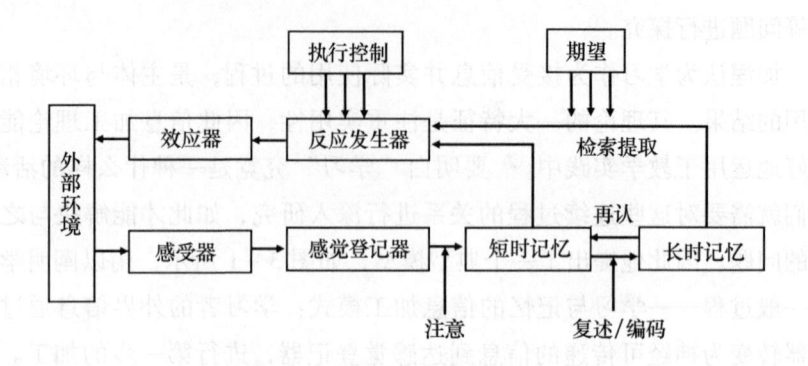

图 3-1　加涅的信息加工模型

表 3-1　　　　　　　　　　不同的学习类型

类型	简单描述
1. 信号学习	巴甫洛夫经典条件反应，在这类学习中个体学习对一个信号做出弥散反应
2. 刺激——反应学习	桑代克的联结、斯金纳的辨别操作，有时称为工具性反应
3. 形成连锁	两个或两个以上的刺激反应联结结合在一起
4. 言语联想	一连串属于言语的锁链
5. 多重辨别	对彼此相似以致有时发生一定干扰的刺激做出识别反应
6. 概念学习	对一类刺激的共同性反应
7. 规则学习	两个或两个以上的概念连锁，在规则中反映出来
8. 解决问题	包括思维活动，按"较高级"的规则，将一些原理结合起来

由此可见，更高层次、更深入的学习需要以低一级的学习为基础和条件，学习过程从本质上来说是一个循序渐进的过程。从这一点上看，教育管理案例教学的目标应是期望学习者通过案例学习的过程最终能够达到解决问题的水平。但是，这一教学目标的实现是一个循序渐进的过程，起始的学习水平是其基础。因此教育管理案例教学虽然期望达到最高级的学习水平，但依然需要前期的学习水平作为铺垫，教师在教学引导过程中亦需要关注这一点。

有关教学策略方面的问题,加涅认为认知策略是个体得以调控自己注意、记忆和思维等内部过程。目前有关教学的观念已经产生了较大的转变,以"教"为中心的主流观念有被以"学"为中心的观念取代的趋势。后者强调的是学习者的主动性,学习者占据着主体地位进行意义的建构活动,教学者在其中扮演引导者的角色。因此在教学设计和实际教学中应注意引导和鼓励学生自主学习、实践,从而提高学习积极性,提升独立学习能力。

此外,信息加工理论将个体的知识分为两类。一类是程序性知识,这类知识以产生式系统进行表征。所谓产生式系统,其基本原理是某个条件能产生一个活动,也就是说,当某个条件出现时,某个"活动"就会得以发生,它是认知表征的典型代表。产生式系统由多个产生式组成,这些产生式系统经过人的训练后可以被储存在记忆中,作为主体解决问题的储备资源。另一类是指陈述性知识,主要以命题形式存在学生头脑中。陈述性知识通过案例的学习内化为学生解决问题的技能,也可以转化为程序性知识。

教育管理案例教学的案例取自真实的教育教学环境,其案例指向较为普遍存在的问题,对于学习者加强理论层面思考并增强解决实际问题的能力有较强的指导作用。一个单独的教育管理案例实际上涉及的知识是方方面面的,学生需要积极调动自己原有的知识和技能,根据案例提出的问题进行针对性的思考,并在具体情境下不断练习,最后获得用产生式系统来解决问题的能力。

相较于传统教学注重陈述性知识的教授,案例教学更重视程序性知识的应用,关注将头脑中的知识真正运用到实际中。传统教学的弊端在于,学生容易陷入对各种命题的机械记忆,但在遇到实际问题时仅靠经验解决,将这些知识放在头脑外。这也说明,学生其实并未真正习得相关知识,获得的仅仅是零散的、孤立的一个个命题,这些命题对于学生进入工作环境后问题的解决可以说作用较小,而案例教学则在很大程度上弥补了传统教学这一弊端,从一开始就将学生置于具体情境下,让学生主动思考,学生在案例学习中需进行阅读、理解、收集、分析、提炼等行为,整个过程在无形中发展学生的信息加工能力、主动学习能力、交往能力和解决实际问题能力。

(三) 教学交往理论

"交往"在不同语境下有不同含义,现代汉语词典的解释是"相互往来",主要强调人与人之间交互关系,英文中则常用动词communicate或名词communication表示,强调传达或交换消息与思想。可以看出,中西方在这一词语上的理解存在差异。但一般而言,交往的含义至少包含两点:一是交往是两个及以上的主体间进行信息交流互动的过程,二是在进行信息交流互动的基础上,不同主体间相互产生影响使原来的状态有所改变。也就是说,交往的发生依赖于不同主体共同的实践活动,同时不同主体有着可以交换的信息,能够相互沟通和理解的语言与文化背景。交往理论的主要代表人物是马克思和哈贝马斯。马克思指出:"人的本质并不是单个人所固有的抽象物。在其现实意义上,他是一切社会关系的总和。"[①] 哈贝马斯则以"言语行动理论"作为其出发点,用解释学的基本方法提出了"交往行动理论",认为交往是"按照语言活动类型不同而形成的各种交往行动",言语行为是最基本的交往行为,语言是"最基本的交往媒介"。[②]

交往概念成为20世纪90年代中国哲学领域的焦点并非偶然,其有着深刻的学术发展背景。当时中国主流哲学思维方式正在从认识论思维向人类学思维范式转化,交往概念因而受到研究者的青睐。其实,交往理论蕴含的思想在我国历史上早已出现,如孔子提出的"独学而无友,则孤陋而寡闻""教学相长""三人行,必有我师"等。这些表述体现着教育中需要人与人之间的交往活动,与古希腊哲学家苏格拉底的"产婆术"有着异曲同工之妙。近代以来,随着工业化的推进与发展,其思维方式影响了教育活动,教育活动开始出现片面追求"技术化"和"效率"的现象,"控制""生产"等思想在潜移默化中让师生关系出现异化。针对此类现象,不少学者进行反思,开始弘扬人本主义思想、民主合作思想,鼓励教师应与学生平等交流、互相尊重。如罗杰斯提出的"非指导性教学"就倡导让人们具有行动起来的能力,让人们感到更自由、更坦率、

---

① 《马克思恩格斯选集》第三卷,人民出版社1972年版,第37页。
② [德]哈贝马斯:《交往与社会进化》,张博树译,重庆出版社1989年版,第35页。

更加具备适应能力。①

在我国中小学教育领域，讲授法因效率高、实施方便等原因一直以来都被作为主要的教学方式。而对于这种教学方法的质疑声从未停止，20世纪80年代就有学者指出："要改进讲授方法，克服满堂灌现象。"②采用案例教学的方式能较好地克服传统教学中的这一弊端。教学交往本身就是教学的重要内容，若仅将教学过程看作一种特殊的认识过程，尚不足以充分揭示教学过程的丰富内涵，持有这样一种观念也容易将师生关系变成主客体关系，从而让教学变得僵硬。

教学交往理论一般认为，教学活动实际上是一种社会交往。教学过程是师生间、学生间信息传递的互动过程，也是师生间、学生间情感交流的人际交往过程。它认为学生在学习过程中通过与同学、教师及周围其他环境的交往建构着自己的知识结构，发展着自身的道德品质。交往是一切有效教学的必须要素。③ 交往在教学中能够让学生学会合作，达成共识，学会在集体中生活的同时也能发现自我，既是对学生社会适应能力的培养也是对学生个性发展的尊重。此外，该理论强调交往主体的平等性，需要师生双方的相互尊重。通过师生的平等交往，学生的全面和谐发展才能实现。因此，在教学的交往中，教师并不代表权威，教师与学生的交往应是一种不同主体间的合作式交往。

教育管理案例教学很好地体现了教学交往理论。在传统教育管理课堂教学中，教师通常被认为是权威，在课堂中处于主导地位。在注重传授知识效率的过程中，容易形成"教师讲、学生听"的局面，学生能够参与课堂的机会较少，学生和教师的交流容易停留在形式上的提问—回答。并且在传统教学中，教师多同全体学生互动，与单独的学生交流极少。这就会抑制学生独立思考和积极提出观点的能力，也在一定程度上妨碍了教师与学生进行深入的学术沟通和情感沟通，同时会让学生之间在课堂上互动交流的空间被大大压缩，同伴交流学习的功能得不到发挥，而案例教学这一模式就很好地改善了这一点。教育管理案例教学通过营

---

① ［美］马斯洛等著：《人的潜能和价值》，林方主编，华夏出版社1987年版，第107页。
② 王策三：《教学论稿》，人民教育出版社2005年版，第76页。
③ 肖川：《论教学与交往》，《教育研究》1999年第2期。

造不同的学校管理情景，鼓励学生积极参与课堂，通过对这些情景中所呈现的问题进行积极讨论。经过学生自己的阅读、理解、分析后，教师再扮演引导者、交流者的角色，与学生就案例中所体现的管理冲突、矛盾，教育决策者的决策合理与否等，共同探讨各自的理解。这种特征就使得在教育管理案例教学课堂中，师生保持一种平等地位，每个人都有发表自己观点的可能。学生能够通过与教师的交流，对自己的发言进行反思和完善。同时学生各自的发言体现着每个人的个性特点，同伴间还可以在案例教学课堂结束后继续进行探讨。案例教学将师生置于平等地位，可以有效发展每个人的思考、沟通、反思能力，也能集合众人的智慧，最终形成案例思考问题的解决方法。在这个过程中，每一个个体都能在其中获得成长和发展的机会。案例教学让师生间的交往、学生间的交往、小组间的交往等更加充分，可以说案例教学就是一种基于交往的教学。

（四）顿悟学习理论

顿悟学习理论实际上与迁移学习理论的发展紧密相关，可以将其看作迁移学习理论发展到后期的分支。

苛勒（Kohler）以黑猩猩为研究对象进行了一系列实验，提出"顿悟说"。对于解决问题的过程，苛勒持不同于行为主义心理学家的观点，他并不认为学习是一个试错的过程，而是将整个情境重组，形成一个新结构的过程，表现为"顿悟"。具体来说，是指学习者采用观察的手段，对整个情境或者对达成目标的路径有一定认识，从而在内心确立相应目标对应手段的过程。[①] 由此看来，"顿悟"的过程蕴含着与常规思维、线性思维不同的特殊加工过程。

以苛勒为代表的这一批格式塔心理学家认为进行顿悟是一种学习方式。这一学习方式的优势在于不仅可以减少遗忘的概率，还可以避免一些失误，而且其本身容易让学习者产生积极、愉快的学习体验，成为对学习者的一种奖励。根据"顿悟说"，进行抽象化思考习得技能的方式其

---

① 张庆林：《创造性研究手册》，四川教育出版社2002年版，第1页。

实要优于依赖重复训练习得技能，讨论则是促进思考和领悟的最有效途径。① 人们的思想可能在讨论中得以改变，头脑也容易变得更为灵活。对于某一个体来说，在群体讨论中积极思考并探索问题，最终得出结论的过程能帮助他在抽象意义和实际行动两个层面都更容易形成永久性的影响。

对教育管理案例教学来说，讨论是必不可少的。在教育管理案例教学的课堂中，常采用小组讨论或班级讨论的形式，教师则可根据提供的案例提出极具思考意义和讨论价值的问题，提高学生思考和交流讨论的兴趣，大大降低学生依赖教师口述进行机械记忆的可能，让学生充分参与课堂，促使其积极思考，调动自身理论知识和经验寻找问题解决的线索。由于案例教学的讨论形式多样，教师鼓励每一位学生参与讨论，每个学生因各自的认知结构存在差异，看待案例的角度、具体的理解和分析也往往有所不同。每个个体对于案例都"有话可说""有话想说"，既活跃了课堂，也激发了自身思维，还可以在很大程度上通过他人的发言看到不同的视角甚至是与自己截然不同的观点。通过这种互动，既可以互通有无，也可以完善自己的认知结构，更容易在不经意间就产生顿悟的效果。在教师发言和引导过程中，各个小组的学生也能因教师的帮助而更可能在最近发展区中有所发展，从而找到更加全面和完善的解决问题的方法。

二　知识分类与教育管理案例教学

新经济时代，知识的应用与创新成为企业发展的强大动力。建立和维护高效循环的知识流，是各类企事业组织在新经济时代生存和发展的基本途径。知识不等同于数据或信息。数据代表特定的文字、数字或音像。信息是条理化、格式化的数据。知识作为有价值的信息，能指导人们开展实践活动。因此，无论在内涵还是在外延上，都不能把数据或信息简单地等同于知识。

1996年，经济合作与发展组织（OECD）将知识分为四种类型：知

---

① 高文：《现代教学的模式化研究》，山东教育出版社2000年版，第10页。

事（Know-What）即关于事实的知识；知因（Know-Why）即关于科学原理以及自然规律的知识；知技（Know-How）即做事的技巧和能力；知人（Know-Who）即人力知识，涉及谁知道什么和谁知道如何做某些事的信息，它包括了特定社会关系的形成，这就有可能接触有关专家并有效地利用他们的知识。案例教学法对于培养教育管理者获取四类知识均具有重要的作用。案例本身就是大量"知事"的汇集，在案例分析讨论的过程中，学生通过主动参与和思考，可以更好地获取"知因"和"知技"方面的知识。而且教育管理案例教学有利于学生人际交往能力、沟通能力的培养，也有助于学生更加有效地获取"知人"方面的知识。

  以上四种分类是从知识使用形态角度进行的，我们可以在以上分类的基础上，根据知识的内在特性，把知识进一步划分为显性知识和隐性知识两大类。可以通过语言、文字、符号及图表等编码加以明确表述，从而相互流通以及向外延伸扩散的知识为显性知识。典型的显性知识主要有专利、文件、规章制度、设计图、论文和报告等。以上四类中的知事（Know-What）和知因（Know-Why）基本上对应显性知识。难以用语言、文字及网络等手段来实现传播的，存在于个人身上，与个别情境经验有关，主观独特的，而且难以具体化的知识则为隐性知识。隐性知识是一种主观的、基于长期经验积累的知识，它不能用几个词、几句话、几组数据或公式来表达。这类知识主要包括信仰、隐喻、直觉、思维模式和所谓的"诀窍"（如企业的管理理念、应急处置方案）。以上四类中的知技（Know-How）和知人（Know-Who）基本对应隐性知识。

  与传统教学通常采用的讲授法相比，教育管理案例教学法在显性知识的长时记忆上更有效果。更为重要的是，相较于传统教学，教育管理案例教学有着突出的比较优势。经历教育管理案例教学的阅读、讨论、思考、提炼过程，学生们能真正理解自己学习的教育管理相关知识，熟练掌握运用的方法，继而在不断的练习中就会掌握教育管理的技能和素养。这些隐性知识或许在各类测试中难以显现，但对学生未来进入教育管理的工作领域大有裨益。

三 学习理论与教育管理案例教学

教育管理案例教学本质上是学习者为达成学习目的的一种方法和模式，因此一些学习理论和学习模型可以为其提供理论依据。

（一）建构主义学习理论

建构主义是在研究儿童认知发展的基础上产生的，是从行为主义到认知主义之后学习理论的进一步发展和创新，因而被称为"当代教育心理学所发生的一场革命"。它强化了认知心理学在教育和教学领域中的领导地位，为学习和教学提供了新视角。

建构主义是20世纪以来在欧美影响比较大的学习理论之一，其思想渊源可以追溯至瑞士著名学者皮亚杰（J. Piaget）。皮亚杰认为，认识来源于动作活动，来源于主客观的相互作用。在个体与环境的相互作用过程中，通过同化和顺应，逐渐建构起关于外部世界的知识，并在"平衡—不平衡—新的平衡"的循环中，使自身的认知结构得以转换和发展。

在皮亚杰研究的基础上，科尔伯格（O. Kemberg）在认知结构的性质与认知结构的发展条件等方面作了进一步的研究；斯腾伯格（R. Jsternberg）和卡茨（D. Katz）等人则强调了个体的主动性在建构认知结构过程中的关键作用。而维果斯基（Vogotsgy）则提出了"文化历史发展理论"，旨在强调认知过程中学习者所处的社会文化历史背景的作用，其认为个体的学习是在一定的历史、社会文化背景下进行的，社会可以为个体的学习发展起到重要的支持和促进作用。此外，维果斯基的另一贡献是提出了最近发展区理论，揭示了学习的本质特征不在于"训练、强化"已形成的心理机能，而在于激发、形成尚未成熟的心理机能。所有这些研究都使建构主义理论得到进一步的丰富和完善，为实际应用于教学过程创造了基础。[①] 虽然建构主义理论流派较多，存在不同的思想观点。但总的来看，都坚信知识是由认知主体主动建构的结果，学习是

---

① ［美］莱斯利·P·斯特弗等：《教育中的建构主义》，高文、徐彬艳译，华东师范大学出版社2004年版，第124页。

一个意义建构的过程。

根据建构主义理论的思想，教学活动应是在教师指导下，学生自主建构认知结构的过程。建构主义学习理论突出学生是认知主体这一基本点，强调学生学习的参与性、自主性和自我调控性。第一，学习的参与性。学生只有在一定情境中对信息主动选择、推理、判断才能建构起关于事物及其过程的表征，继而逐步形成学生的创新意识和解决实际问题的能力。因此，教师要改变灌输者的角色，善于创设让学生参与的情境。第二，学习的自主性。学习者不是被动地接受外在信息，而是主动地根据先前认知结构有选择地知觉外在信息，建构当前事物的意义。而教师则扮演学生意义建构的帮助者、促进者角色。第三，学习的自我调控性。即学生将自己正在进行的学习活动作为意识对象，不断对其进行积极、自觉的监控和调节，从而促进观念的形成和发展，更好地进行学习建构。

建构主义理论的核心可以概括为：以学生为中心，强调学生对知识的主动探索、主动发现和对所学知识意义的主动建构。建构主义理论提供了一种与传统的客观主义不同的学习理论，它认为学习过程不是学习者被动地接受知识，而是积极主动地建构知识的过程。教育管理案例教学高度契合建构主义学习理论所强调的特征，为学习者提供来自真实管理情景的案例，并以学习者为中心开展案例讨论，调动学习者的学习兴趣和动机，鼓励学习者培养批判性思维。由于学习是在一定的情境即社会文化背景下，借助其他人的帮助即通过人际协作活动而实现的意义建构过程，建构主义学习理论认为"情境""协作""会话"和"意义建构"是学习环境中的四大要素，学习者获得知识的多少取决于其自身根据经验去建构有关知识意义的能力，而不取决于学习者记忆和背诵教师讲授内容的能力。

教育管理案例教学是通过组织学生讨论一系列实际教育管理情境及存在其中矛盾的案例，尝试提出解决问题的方案，从而使学生掌握有关的专业技能、知识和理论的一种方法。具体实行案例教学主要包括以下环节：选择符合教学目的的案例，由教师组织和引导学生进行讨论，分析事实的相互关系，研究问题的关键所在，提出解决问题的途径与方法。在此过程中，要求学生各抒己见，交流讨论，再引导学生综合各种意见，得出较公认的解决方案后，通过案例总结对解决方案加以检验和比较。

综合上述建构主义理论可知，情境即案例的设计和选择，协作即小组讨论，会话即案例讨论过程，意义建构即案例总结。因此，案例教学法是基于建构主义学习理论的一种有效的教育模式，在教育管理中具有较高的价值。

（二）三维学习立方体模型

三维学习立方体模型是费奥（Phio）和博迈森（Bermeicen）两位欧洲管理教育学家提出的一个有效的学习立体模型，这一理论认为："在学习中不能没有记忆与训练，但也不能随意放大记忆与训练，甚至混淆教育和训练的区别。"[1] 这一模型体现了人类对科学维度的探索，体现了教育理论超越"单线性思维"，为教育研究提供了全新视角。华东师范大学钟启泉教授指出："中国的课堂教学更多不是关注'对话中心教学'的创造，而是着力于'灌输中心教学'，即强调教学的训练、教学的控制、教学的定型化。"[2] 因此"软科学"根据其主观性方法获得的见解，往往被视为同客观世界存在差距问题。而"硬科学"多基于科学方法的案例研究。可是，教育问题的研究不能满足于"硬科学"的线性研究，还需要"软科学"的非线性研究。在此背景下"三维学习立方体理论"的出现，从多维角度出发创造性地解决了"硬科学"的线性研究与"软科学"的非线性研究问题。

"三维学习立方体理论"认为在学习中有实践、交往（交互）、自主三种因素，依此画出以"实践"为横轴、"交往（交互）"为纵轴、"自主"为立轴的模型，就可以构成一个正方体，在空间形成八个关系点，这一模型（如图3-2所示）可以运用于探讨课堂学习活动。

横轴 x 代表教学方法的"具体性"，又称"抽象—具体"维度，也就是常说的"理论—实务"。越接近原点 A，代表越重视理论和概念，越强调学术性；距离 A 越远，则表示越重视实务和技能，越强调应用性。

纵轴 y 代表学习中的"交往（交互）性"，又称"个人—集体"维度。在纵轴上，越接近原点 A，表示越强调个人学习。反之，距离原点越

---

[1] 徐国庆：《职业教育原理》，上海教育出版社2007年版，第12页。
[2] 徐国庆：《职业教育课程论》，华东师范大学出版社2008年版，第9页。

远,则越重视集体学习,学习过程越具有交往性。

立轴 z 代表学习中的"自主性",又称"指导—自学"维度。Z 轴上越接近原点 A,表示越强调对权威的尊重和顺从,重视依靠代表权威的教师或书本的指导;越远离原点,就越强调学习者的自主性,重视学习者要通过自身的努力探索、体验和领悟来获取知识和技能等。

依据三个轴,可以建构一个"学习立方体"。界面的位置,亦即此立方体所包络、限制的空间范围的大小,取决于学习者的个人特点(如本人所偏爱的学习方式)和所处环境的特点(如当地文化中占主导地位的教育宗旨与教学原则、所能获得的资源条件等)。这个立方体的八个顶点,A、B、C、D、E、F、G、H 分别代表八种典型的(或极端的)学习方式。

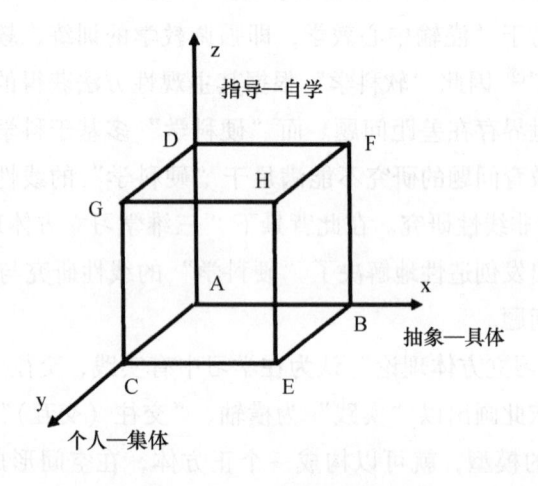

图 3-2 三维学习立方体模型

以上八个顶点中,最值得关注的是位于坐标原点 A 和其在对角线上对应的另一顶点 H。A 模式代表着结构式课堂讲授,即教师要系统有条理地讲解理论,学生则进行听与记。在这个模式中,教师处于主导位置,学生属于被动者。H 模式则相反,代表着案例教学法这样的高度参与性学习模式。学习内容为某种实践性很强的思维或技巧,教师不参与或退居幕后,由学生们自己相互切磋讨论。

三维学习立方体模型可以检验一种学习方法或模式是否有效,但由于具体情况不同，如学习者的素质差异、教学和培训的内容不一，很难说哪种模式最有效，但可以根据具体情况找出最适合的教学模式。例如，A 模式在知识传授上效率甚高，而 C 模式则更利于学生能力的培养。因此，应根据教学目的、内容、学生发展状态等具体情况选择适合的教学方法和模式。

（三）PBL 教学模式

在当前国外建构主义教育改革浪潮中，为了促进学生掌握灵活的知识基础和发展高层次的思维技能、解决问题及自主学习能力，以问题为基础来展开学习和教学过程似乎已经成了一条基本的改革思路。[①] PBL 就是这样一种与建构主义学习理论和教学原则非常吻合的一种教学模式。而且从国家的课程改革趋势来看，PBL 教学模式与这种改革也较为一致，对国内的教学具有重要启迪和借鉴意义。PBL（Problem Based Learing，直译为"以问题为基础的学习"）教学模式是已为教育界所熟知的一种现代教学模式，与传统的教育模式 LBL（Lecture Based Learning，直译为"以授课为基础的学习"）相比，PBL 教学模式在实际理念、实施方式、评估体系、实际效果等方面均有根本上的区别。

PBL 教学模式最早产生和应用于医学教育之中。1969 年，美国的神经病学教授（Barrows）在加拿大的麦克马斯特大学首次创立了 PBL 教学模式，实施学生自学与导师指导相结合的小组教学法。20 世纪 80 年代后期，PBL 教学模式在北美获得了较快的发展。至 1991 年，美国 70% 的医学院已不同程度地采用 PBL 教学法；90 年代后，欧洲部分医学院也开始进行 PBL 课程的试验；中国香港大学医学院也于 1997 年开始实行此教学法，目前运用此法教学已占该校全部医学教育的 60%。据 WHO 报告，全球目前大约有 1700 所医学院采用 PBL 模式，而这个数字还在不断变大。[②] 近年来，国内院校的医学教育工作者在某些医学课程的教学中应用或借鉴了 PBL 教学模式，取得了一定的经验。在此基础上，这一模式正越来

[①] 张建伟、陈琦：《简论建构性学习和教学》，《教育研究》1999 年第 5 期。
[②] 李晓丹、韦莉萍、李伟峰：《PBL 教学模式改革对培养高素质医学人才的现实意义》，《现代医院》2005 年第 11 期。

越多地被其他领域所采用,如商业教育、建筑教育、工程教育、法律教育、社会工作教育等,也日益受到中小学教育的重视。[①] PBL 教学模式是以小组的形式进行,由教师提供获取学习资源的途径和学习方法的适当指导,让学生解决拟真情境中问题的一种教学策略。这一模式强调把学习设置到复杂的、有意义的问题情境中,通过让学习者合作解决真实性问题,从而学习隐含于问题背后的科学知识,形成解决问题的技能,并形成自主学习的能力。

PBL 教学模式包含五个关键要素,各个要素相互关联,缺一不可。[②] (1) 问题或项目。问题是 PBL 教学模式的焦点,教师对问题设计的好坏直接影响到 PBL 教学模式中学生学习的效果。(2) 解决问题所需要的技能和知识。在解决问题过程中,学生必须具备一定的学习技巧与能力,而教师在设计问题过程中也应根据学生所具备的认知结构设计适合学生水平的问题,或在解决问题过程中,为学生适当提供学习所需的技巧与知识。(3) 学习小组。PBL 教学模式中的学习小组一般以 4—6 人为宜,要求小组各成员能充分发挥个人的智力水平,共同协作提出解决问题的最佳方案。(4) 问题解决的程序。学生在进行 PBL 前应精心策划好解决问题的程序,并以分工合作的方式共同推进方案的向前发展。(5) 学生自主学习的精神。在 PBL 教学模式中,学生应充分发挥自主学习的精神,积极参与学习的整个过程。

可以看到,在 PBL 教学模式中,教师的角色发生了转变,他们由"教学核心""知识源泉"或"信息提供者"转换为学生求知过程中的合作者与引导者,即由"教"师转变为"导"师,从而使得学生的主体作用更突出、思维更活跃、素质发展更全面。在教学过程中,教师的主要职责是辅助学生选择有价值的参考资料和技术信息,合理调动、组合各种知识和技术资源,指导、启发学生把注意力集中到解决问题上,鼓励学生大胆实践,建立自信,逐步培养善于解决实际问题的思维和能力,从而改变传统教学中学生的被动地位,使学习成为一种积极、主

---

① Hmelo C. E., Ferrari M., "The Problem – Based Learning Tutorial: Cultivating Higher Order Thinking Skills", *Journal for the Education of the Gifted*, Vol. 20, No. 4, 1997.

② 梁瑞仪:《基于问题的学习模式的研究》,《中国电化教育》2001 年第 6 期。

动、灵活的过程。因此，相较于传统教学，PBL 教学有着突出的优势（见表3-2）。PBL 教学是充分建立在学生兴趣与自觉性上的实践活动。学生不仅能通过多种渠道获得新的知识信息，而且学会如何通过这种学习方式来解决实际问题，从而有利于培养学生创新意识和创新能力。这种基于问题讨论和问题解答的学习练习将使学生受益终身。

表 3-2　　　　传统教学模式与 PBL 教学模式的要素对比

教学要素	传统教学模式	PBL 教学模式
教师	教学中的主角，以向学生传授知识为主，教师具备单科知识即可	教学中的引导者，以指导学生获取解决问题的策略为主，教师担当学科专家、资源引导者和任务咨询者等多重角色
学生	教学中被动获取知识者，获取的主要是前人经验知识，学生以单独个体形式参与学习	教学中主动获取知识者，获取的既有前人经验知识，也有各种学习和生活的能力，学生以团队小组形式进行协作学习
媒体	主要为教师在教授过程中向学生传播演示知识服务	主要作为学生获取、处理信息和解决学习项目的认知工具

资料来源：梁瑞仪：《基于问题的学习模式的研究》，《中国电化教育》2001 年第 6 期。

对于教育管理案例教学而言，基于问题驱动学习同样必不可少。对于纷繁错杂的教育管理实践，如何甄别适宜讨论的教育管理典型问题，如何通过组建学习小组，依托既有经验基础，结合相关的教育管理技能与知识解决这一问题等关键议题，都与 PBL 教学模式有着高度的匹配性和契合性。从某种意义上看，PBL 教学模式与教育管理案例教学的思想、性质、特点、目标等方面有着良好的匹配性，有着较强的应用价值。

本章对基础理论、知识类型及学习理论三个层面进行的理论溯源，构成了教育管理案例教学的理论支撑，是开展教育管理案例教学的基础前提。但需要注意的是，理论若是被束之高阁，长期停留在思想意识层面，其就窄化为"一纸空文"。理论距离实践越近，也意味着距离真理越近。理论之"树"之所以能长青，也是常常与实际相结合的原因。因此，我们要积极运用相关理论指导教育管理案例教学，以理论指导实践，同时以实践滋养理论。

第四章

教育管理案例教学的价值误区与澄清

价值取向是教育活动主体或教育决策者依据自身需求对教育价值进行选择时所持有的一种倾向性。① 价值取向有着鲜明的实践品质，其核心价值在于决定并支配教育活动主体或决策者的行为选择，因而对教育活动主体自身、主体间关系及其他主体均有重要的影响。在具体的教育实践活动中，教育行动主体往往遵循特定的价值取向，在能动性作用的影响下，形成具有某种价值取向的教育行为。教育主体希望实施何种类型的教育和培养什么样的人，无不深受价值取向的影响。因此，价值取向作为教育思想的核心，是教育工作的出发点和落脚点。教育管理案例教学作为教学模式的一种，同样离不开价值取向的影响。不同的价值取向，对于教育管理案例教学的目标定位、主体关系、内容安排、活动实施、课程评价等会产生不同的影响。本章聚焦于教育管理案例教学的价值取向这一关键问题，探讨不同的价值取向如何影响教育管理案例教学实践的价值选择和行为倾向，并对教育管理案例教学的价值取向转型进行分析和探讨。

一 教育管理案例教学价值取向的现实误区

受现代科学主义思潮的影响，科学往往被视为社会决定其规范性或认识论上价值的最佳方法，是获得正确知识的最主要途径。现代知识观

---

① 《教育哲学》编写组编：《教育哲学》，高等教育出版社2019年版，第44页。

在科学主义的基础上,强调知识具有客观性和普遍性。受这些思想影响,在教育管理学领域产生重要影响的结构功能主义范式强调结构化、规范化、客观化的知识体系构建。教育管理学的结构功能主义范式以客观真理为基础,重视运用明确的数据、具体的事实和可观察的行为来说明问题。[①] 持这种立场的学者认为,教育管理实践容易被人的价值与情感影响,或多或少地呈现非理性特征,教育管理研究迫切需要构建一个基于经验主义、实证主义的结构功能主义范式的管理科学。在这样的理论范式影响下,当前教育管理案例教学呈现结构—技术的价值取向。这种取向下的教育管理案例教学将案例视为对现实的精准描述、科学知识的附属品、获取科学规范化知识的主要工具。同时,过于强调科学知识的习得,课堂教学被教师主导和掌握。具体来看,包括以下几点内容。

(一) 案例的工具价值僭越内在性价值

基于客体满足需要的性质,价值通常可分为工具性价值和内在性价值。[②] 工具性价值亦称为外在价值,对于某一类被追求或好的东西具有手段性意义的价值。内在价值有时亦称为目的性价值,是指本来就固有的,自身是一种善或被追求的东西。遵循结构—技术取向的教育管理案例教学根据反映论、系统论及管理主义管理观,更倚重于案例的工具性价值,即重视案例作为实现其他教育价值手段所具有的价值。从呈现方式来看,教育管理案例是一种叙事性文本,它是对发生于校内外教育管理事件的讲述,包括学校各利益主体、决策行为及发展过程等叙述要素。由于结构—技术取向的教育管理案例教学立足于叙事型反映论,通常将学校的具体管理活动进行陈述性加工之后,构成客观叙事的重要基础。因此,教育管理案例作为一种叙述文本,被视为对学校管理现实的结构化、严谨化呈现,是对学校实然情景中发生某类具体管理活动的严谨性、复原化的描述。换而言之,就是将教育管理案例与学校管理实践本身进行嫁接,案例演变为学校管理实践活动的代名词或等价物。如果将教育管理案例视为与学校实践相对标的等价物,那么其就易异化为结构化的教育

---

① 张新平:《美英教育管理理论的三种范式》,《教育研究》2000 年第 2 期。
② 李顺德:《价值论——一种主体性的研究》,中国人民大学出版社 1987 年版,第 122 页。

管理科学知识附庸品。教育管理学科高度重视学习者实践智慧的培养，但在管理主义管理观的影响下，学校管理实践被作为结构化、标准化、抽象化知识的复现与逻辑推演。因而，要培养学习者管理实践智慧需要先掌握标准化的教育管理知识，充分掌握教育管理理论是解决学校管理实践问题的第一步。在这样的理解下，教育管理案例教学的主要效用就定位于促进教育管理理论的获取。教育管理案例作为对真实学校管理环境的描述与呈现，作为一种与学校管理现实的等价物，自然而然就成为培养教育管理理论应用的极佳工具。显然，在结构—技术取向的教育管理案例教学中，教育管理案例的作用在于使教育管理理论知识的学习与内化变得更加生动有趣，是学习者获得教育管理知识、培养教育管理思维、提升教育管理能力的工具，其内在价值则易被低估甚至无视。在这样的定位影响下，教育管理案例教学易蜕变为"为案例而活动"的一种浅表性、形式化教学。应用于教学的教育管理案例虽然有了，但案例成了主要目的。教师与学生的多边活动有了，但活动中的人为何而学习、提升怎样的素养则被狭隘化。学习者学习了案例，但却不知道案例为何而设。这样的教育管理案例教学，名义上是进行案例的教学，但实际上是在"教授案例"，标准化的教育管理知识与原理的传授遮蔽了案例的内在价值追求，对师生的思维发展产生阻滞作用。

（二）关注故事而轻视话语与叙述

"叙事"一般包括三个层面的内容：第一个层面是指讲故事的讲述形式，即话语体系，也就是讲述故事的书面化或口头语言，是受众接收到或能够阅读到的文本内容；第二个层面指向故事的主要内容，即故事，也就是需要加以明晰的某一管理活动；第三个层面涉及呈现故事的方式，即叙述行为，形成具体话语的行为或过程。[①] 结构—技术取向的教育管理案例教学中，由于教育管理案例多被视为对学校管理现实的具体映射，甚至被视为学校管理现实的等价物，案例就简化为获取结构化与规范性的教育管理知识的工具。因此，虽然在编辑各类教育管理案例时，为有效激发学生的兴趣，有可能会兼顾话语层与叙事层的问题。但是在教学

---

① 申丹：《叙述》，《外国文学》2003 年第 3 期。

推进过程中，授课者则可能关注教育管理案例中所揭示的某一类问题如何产生、矛盾如何演变、危机如何应对等过程，但对于话语与叙事层面的相关问题则有所轻视，例如谁的叙事、为何而叙事等并不在教师教学关注和讨论的范围。在这样的思维导引下，教师虽然在教育管理案例教学中着重还原某一具体的管理事件发生过程，但呈现给学习者的更多的是"是什么"的问题，缺乏对于"为什么"以及对"为什么"的深度解答，这种叙述逻辑很难给学习者提供有效帮助。教师虽然将教育管理案例呈现为一个丰富的故事，但案例的呈现如果忽略了"教育管理现象""教育管理的本质特征""教育管理的影响因素及作用机制"等探究逻辑，而热衷于陈述案例细枝末节的情景，学习者对教育管理案例的理解就依赖于自身的生活经验及有限的理论知识，很容易停留在直观信息的获得与理解层次。例如，在这样近乎"交流故事感受和个人心得"的场景下，学习者对案例的解读与诠释主要依据于个人经验和主观判断，以"聊故事""谈体验"的心态对案例所涉及的教育管理元素、情节及问题发表个人看法。从形式上看，课堂上热热闹闹，但实则难以从理性层面进行深入挖掘。学习者对教育管理案例的讨论，多是基于不同立场和视角对各种问题进行理解，缺乏对某一类学校管理问题的聚焦与持续性关注，同时基于个人偏好或以往经验的判断匮乏循证依据或证明的逻辑，对于事件的因果关系与情景效用的挖掘相对有限。在这样的教学方式下，内隐于教育管理案例叙事话语的教育管理观、组织观、知识观等深度内容较难以被充分挖掘，对于决策者管理思维模式的把握易走向浅表化。教育管理案例教学也因而缺失了对所涉及内容的批判性思考，进而引导学习者在潜移默化中接受各类教育管理案例中隐含的基本观念，即使这种理念未必合理。这就容易对培养学习者批判意识和创新能力产生潜在的消极影响。

（三）过度强调规范知识的习得

在结构—技术取向的教育管理案例教学的视域中，即使教育管理案例再复杂和精妙，其本身也不存在实际意义，只不过是促进教育管理的学习者更好地理解教育管理知识、有效地将习得知识应用于学校管理实践中的工具。在现实的教育管理案例教学场景中，教师通常有三种案例使用的方式：一是将案例作为理论的序曲，引导学习者掌握教育管理理论的工具;二是将案例作为某一教育管理理论的例证注脚,用以证明这一理论的适切性;三是将案例视为模拟演练的现场,促进学习者在运用教育管理理论解决案例问题的过程中,掌握分析和解决相关问题的思维方式和管理技能。甚至有一些教师为了使学习者更好掌握教育管理理论的主要内容,有意省略教育管理案例丰富的情景、某些具体情节,只提取其中部分问题呈现给学习者。诚然,教育管理案例教学同样遵循教育管理学知识的内在逻辑,其最初的核心目标之一是对教育管理学科基础性、原理类知识的学习。作为一种研究性教学,教育管理案例教学蕴含着知识生产的内在价值追求。知识与能力之间的作用关系既是自然而然的关系,更是自觉主动的关系。① 教育管理案例教学不仅仅是陈述某一学校管理问题发生的具体背景、所涉地点、主要人物及事件发展过程等故事要素,同时关注案例所涉及的稳定性、一般化知识的构建及解释性理解。虽然学生对于某一教育管理案例的理解与讨论是基于特定情景下的条件性命题,但是通过案例的条件限定、因果联系及动力来源等相关隐含性知识的梳理与提炼,学习者就可以对案例所包括的信息进行分析与归纳,逐渐形成个体的知识结构。在教师指导下,学习者将个体知识与抽象化的教育管理理论知识进行比照,探寻一般知识、特定知识、经验知识之间的关系,以期对最终所掌握的教育管理理论知识进行修正与完善。从这一角度来看,强调科学规范知识的掌握具有一定的合理性。

但是,需要关注的是,教育管理案例教学是一个"以案例中呈现的问题为逻辑起点,以问题分析和解决为指向,达到学生知识自主建构目标的过程"②。教育管理案例教学的授课内容,其关键在于师生就案例呈现的问题进行协同探讨,最终形成一致或不一致的决策方案。整个教学过程呈现强烈的问题探究取向,知识的生产是主动型而非单一主体非均衡触发型。对学习者而言,教育管理案例教学是以问题为基础的学习,其目的在于"培养理性理解教育管理问题的方式并且有助于一个教育组

---

① 王凤秋主编:《情境管理——学校管理案例分析》,黑龙江教育出版社 2019 年版,第 38 页。

② 葛新斌、杜文静:《教育管理案例:内涵、特征与开发策略》,《郑州师范教育》2019 年第 3 期。

织问题的解决"①。对教师而言，教育管理案例教学立足于鲜明的学校管理问题，多角度加以思考和研究。教师既要对教育管理案例的问题进行多维研究，分析案例和相关教育管理理论的契合度，又要对与案例相关的教育管理理论进行研究和反思，用案例中的事实来质疑、优化和发展理论，同时研究学习者在学习这些案例过程中可能产生的问题，提高课堂的教学效率。这些探究和反思贯穿教育管理案例教学始终。因此，从这一角度出发，无论是教师还是学习者，本质上都是问题探究者，教育管理案例教学立足于问题这一中心。但受结构—技术价值取向的影响，当前教育管理案例教学的授课内容仍然以理论为侧重，教师在整个教学过程中要花费大量的时间与精力讲授理论性知识，使整个案例教学过程呈现"重理论轻实践、重讲解轻参与、重宏观轻微观"的问题。案例教学转化为"以讲案例为主来说明课程内容"或"以讲基础理论为主，案例发挥例证作用"的教学过程。这些方式虽较之以往完全由教师单一的理论教学更易引起学习者的兴趣，但它实际上仍然以掌握科学规范的教育管理理论知识为中心，案例的作用简化为以例证说明理论，知识仍多从教师向学习者流动，而非双向互动，探究生成。

（四）偏倚实证理性与循证性思维

结构—技术取向的教育管理案例教学立足于管理主义管理观的理念基础。这种管理观将管理实践视为规范化、系统化、理性化的知识应用，将管理者视为科学理性应用各类规范化知识的实践者。因而，结构—技术取向的教育管理案例教学更加注意培养学习者的规范意识与实证理性的培养。在这样取向的教育管理案例教学中，学习者通常关注特定的教育管理议题，将对这一议题所折射的问题所涉及的信息进行筛选、分析与组织，随后运用规范系统的分析方式作出最优的理性选择。但是对于这一目的背后的价值性追求，则考虑较少。正如有学者指出的那样，"学习管理的各类学习者，通常在试图掌握各类技术性内容的时候感觉更舒服，他们认为这类学习具有明确的实践导向和应用价值，能够直接用于

---

① 张新平：《论案例教学及其在教育管理学课程中的运用》，《课程·教材·教法》2002年第10期。

改变现实的管理实践之中"①。然而,这些案例背后所涉及的教育性、伦理性和政治性等方面的内容较少,这易导致学习者对复杂的教育管理现实了解出现狭隘性、功利化的问题。结构—技术取向的教育管理教学注重通过例证思维来培养学生的循证理性,以便更好地建构管理的意义世界。有学者将人的思维方式分为两种:例证思维方式和叙事思维方式。②例证思维通常假设世界是客观的,具有稳定性和可重复性。人们可以从特殊中寻找一般性规律,在因果关系链的分析中,寻找普遍性真理。因此,例证思维一般将特定的事件归入一定的范畴或概念来进行认知,形成普遍化的认知。而叙事思维通常假设世界是意义性的存在,并不存在终极性的普遍规律。要理解某一事件或某一人物,就需要将特定的事件放入到所涉及的整体故事中进行理解。它探究的是在特定情景之中,对事物之间存在的联系进行阐释性理解,进而对事物之间的特殊性联系进行深度的把握和理解。结构—技术取向的教育管理案例教学注重例证思维的培养,这对于学习者形成科学、规范的思维方式以及程序化解决问题的能力有着显而易见的优势。

但是,教育的对象是人,教育管理的对象同样也是人,这就必然决定着教育管理的世界是科学与人文,理性与非理性相交织的复杂化世界。正如教育管理中的决策从理论上讲,管理者可以从无数方案中进行利弊权衡之后,做出最优解。但实际上限于人的认知有限性及客观条件的限制,管理者的实然决策通常是"次优决策"或是"满意性决策"。简单机械地应用规范化、结构化的知识,往往可能在复杂的现实世界中引发不可预知的消极性后果。例如,某小学为了鞭策"后进生",要求这些学生佩戴绿领巾,并要求放学路上也不得解开。如果从企业管理的角度来看,学校为了激励学生,采取这种符号化的激励措施存在一定的合理性。但站在教育的立场,从人性化、道义化、公平化的角度考虑,却又存在太多值得商榷之处。类似这样的典型案例很多,从一般管理领域的知识迁

---

① [加] 亨利·明茨伯格 (Henry Minzberg):《管理者而非 MBA》,杨斌译,机械工业出版社 2010 年版,第 51 页。

② Jerome Bruner, *Actual Minds, Possible Worlds*, Cambridge, MA: Harvard University Press, 1986, p.186.

移到教育领域之中,都会存在价值考量问题。比如对于学校人员的考核,是否可以移植企业的产出导向制,以最终业绩(学生成绩)来评判教师工作?学校是否可以统一规范学生的发型?学生是否可以自主 DIY 校服?如此等等,在事实与价值之间,公平与效率之间,教育管理决策者时常面临着艰难的决策。因此,理性的知识和循证思维方式固然重要,但特殊情景之中的价值思考同样必不可少。

(五)过于强调教师角色的主导性

从案例教学的特质来说,其实施过程本身就蕴含并发展着民主。学习者在对案例的讨论与协作之间能够更好地形成民主意识。然而,在结构—技术取向的教育管理案例教学中,整个教学的环节由教师主导和掌握,在角色发挥上存在着多重性、异化性及非平衡性。一是以权威专家的角色代替参与人角色。从课堂的地位来看,在结构—技术取向的教育管理案例教学中,案例教学的目标确定、内容遴选与组织实施均由教师主导完成,他们更多扮演着权威专家角色。从教育管理案例教学的特征来看,教学过程中教师与学习者本应形成"自愿结合,围绕特定主题进行稳定合作的学习型团队"[1]。教师与学习者彼此之间发挥的职能虽不同,但地位是平等的。教师与学习者围绕教育管理案例教学进行对话协作,也是课堂民主的表现——这也契合新时代师生关系的民主、平等与对话的发展趋势。[2]但在现实案例教学中,教师还是习惯于主导整个案例教学推进过程,学习者对案例所涉及的问题及内容更多依赖于教师给予的指导及标准化答案,自身主动深入的思考较少。学生的被动地位反衬着教师在课堂中的过于强势,这就导致各类知识单向度流动的问题。"案例教学中的学生参与紧密围绕着教师的思路进行"[3],教师客观上成为案例教学过程中的绝对中心和权威专家。二是以宣讲者代替导航者角色。在案

---

[1] 张新平、冯晓敏:《重思案例教学的知识观、师生观与教学观》,《高等教育研究》2015 年第 11 期。

[2] 阳荣威、卢敏:《后喻文化时代师生关系解构与重构》,《中国教育学刊》2013 年第 3 期。

[3] 杨璐璐:《教师教育中的案例教学:逻辑、保障条件及误区辨析》,《教师教育论坛》2017 年第 5 期。

例教学的进行阶段，有学者指出，教师应该是倾听者、促进者和引导者，而不应该是传统的知识专家。① 在推进教育管理案例教学过程中，教师应该提出案例中所涉及的学校管理问题、鼓励学生发言、确定发言顺序，并根据讨论的内容与进度，推进案例讨论向深度发展，引导学生讨论方向。从总体的时间规划来看，学生的讨论应该占据大部分时间，教师更多发挥引导性的"导航者"角色，而非讲解者角色。学生对于教育管理专业理论知识的学习应该在案例的讨论中完成。但从当下的案例教学实际情况来看，主要还是由教师讲授，通过引入与理论主题相关的问题案例、夹叙夹议地讲解主题、扩展主题案例、强化讨论内容这样的标准形式进行案例教学。同时，也存在课堂伊始讲解教育管理概念和理论，随后进行案例讨论的替代形式，但本质上仍属于"讲授法＋典型案例"。三是以"运动员"代替"裁判员"的角色。在教育管理案例教学的过程中，教师和学习者理应共同围绕着案例所呈现的问题进行协同性讨论，需要师生多维度、多角度、多层次探讨问题。在这一过程中，教师和学生犹如携手入场的运动员一样，共同在教育管理案例所呈现的情景之中协同作战，最终是否能够取得胜利，需要师生在这一"赛局"之中，共同努力获取。但是，在结构—技术取向的教育管理案例教学过程中，教师扮演着终极知识的权威角色，对组织学习者进行讨论以确定某种教育管理模式或分析思路的时候，对问题的答案具有最终的裁判权。学习者对于教育管理案例中指向的问题所勾勒的解决方案，只有通过教师的专业知识判断，才能被确认为是否正确。在这一过程中，学习者被隐喻为接受知识灌输的"白板"，教师则成为知识的权威，教育管理案例教学的内在价值就易受到削弱和转换。

在这样的角色置换下，学习者在主体层面难以全面体验教育管理案例教学活动中的内隐性知识和意义世界，难以与教师及其他学习者进行深度的精神层面对话，合作型、探究型及对话型的师生、生生关系难以维系。同时，在自我层面，学生难以通过案例教学充分地与自我进行对话，在案例讨论过程中进行自我认识、评价和超越，也难以通过对话来

---

① 李寒梅：《案例教学在教师教育课堂教学中的观察与启示》，《中国大学教学》2013年第6期。

探索教育管理的真谛,在体悟教育管理世界的意义中认知他人与自我。

二 教育管理案例教学价值取向的澄清与转向

随着人类社会从工业化时代向知识经济、大数据、人工智能时代的转变,非理性和不确定性广泛存在各类组织的实践活动之中。人们不再将管理视为一种简单的线性系统,而是看作一个复杂的非线性系统。特别在教育系统内部,人有多么复杂,包括教育管理在内的各种教育活动就有多么复杂。随着现代学校组织系统从简单到复杂的转型,势必倒逼学校各级管理人员的思维方式产生变革。无论是研究教育管理系统的思维方式,还是开展教育管理工作的思维方式都要进行变革。在后现代主义思潮的影响下,叙事观从反映论走向了建构论,知识观从现代走到后现代,管理观从技术转向实践①。在这种理论基础发生质的转变过程中,结构—技术取向的教育管理案例教学消极作用不断凸显。这种取向的教育案例教学强调客观理性,将教育管理视为一种工具,过度推崇结构化、规范化的教育管理科学知识和偏倚教育管理案例的工具性价值,由此衍生了传达非合理化的教育管理者形象、构成单一机械的知识体系等问题。因此,要调适教育管理案例教学的价值取向,促使其转向更加注重教育管理案例内在价值的经验—阐释的价值取向,有着极为迫切的现实需要。所谓的经验—阐释取向的教育管理案例教学,就是以教育管理案例作为叙事知识这一内在价值为基础,在生成实践理性的基础上衍生叙事思维,不断优化个体教育实践知识、升华实践性智慧的教学。这种教学方式引导个体形成更加立体化的思维方式,更好地应对愈发复杂的教育管理内外部环境。具体来看,经验—阐释取向的教育管理案例教学主要有以下几点特征。

(一)彰显教育管理案例的内在价值

经验—阐释取向的教育管理案例教学认为,作为一种具有典型叙事

---

① [法]让-弗朗索瓦·利奥塔尔:《后现代状态》,车槿山译,南京大学出版社2011年版,第96页。

特质的文本，教育管理案例教学所展示的各类实践性、经验化的知识本身就具备丰富的内在价值。基于经验叙事的教育管理案例不能简单被理解为对某一地区某所学校或区域教育管理活动的精准化还原，也不能被视为某种教育管理理论所推演出的概括性文本。教育管理案例更应被视为对特定学校管理情景的一种意义化构建，饱含着阐释性、意义化的叙事性知识。这种知识与强调规范客观的结构化知识同等重要。这种叙事性知识，往往是案例开发者立足于某一视角，运用弱预设的故事框架，对学校管理现实问题进行建构而成。即使面对同样的学校管理问题，不同的案例开发者可以有截然不同的意义理解和阐述思路。因此，作为某种能够承载叙事者意义的文本，教育管理案例并非对现实纯粹客观的复刻，而是经过加工和选择的事实，具有强烈的价值倾向性。特别是在教育领域，人作为一种价值性的存在，始终是核心的关注对象。教育管理案例教学中的教师与学生，既是价值性主体，也是教育性主体。价值是人的价值，教育是人的教育。① 因此，在教育管理案例教学中，工具性价值固然重要，但更重要的是引导学习者在案例讨论中把握其内在性价值，不断引领对内在价值的判断与追求，培育其价值能力与提升价值素养。教育管理活动中总是存在效率性、效益性、公平性、正义性、人本性等各类内隐性价值的缠绕与追求。即使是结构化的教育管理知识背后，也不可能完全做到价值无涉。正如前面提到的"绿领巾"事件，如果从企业管理角度出发，持有"追求效率"这一价值立场，那么这类做法看起来有一定的所谓"激励后进"的制度效用。但是，站在教育与管理的双重立场而言，如果持有"对人的尊重和发展"这一价值立场，那么这类做法就存在极为突出的导向性问题，学校管理者和教育对象之间，极易出现"激励不相容"的矛盾。这种内在价值的思考与抉择也意味着教育管理案例教学的方向性。正如赫尔巴特提出的教学的教育性原则那样，教育管理案例教学不仅包括了工具性的教育管理知识与技能掌握的目标追求，也包括了情感、态度及德性的目标追求，更包括了价值、意义的内在性目标追求。过度追求工具性价值，偏倚知识与技能的目标，就容易忽视内在的价值目标追求。因此，教育管理案例教学的过程，是依托

---

① 杨志成、柏维春：《教育价值分类研究》，《教育研究》2013 年第 10 期。

于案例分析与讨论呈现的过程中,将教育管理知识与特定的价值追求有机渗透的过程,内在价值的追求并不是独立于教育管理案例教学之外的事情,而是其应有之义。

在这样的要求下,教育管理案例教学中,教师需要对案例讨论意欲达到的价值定位与可能出现的价值判断加以预先研判。在进行教育管理案例教学时,要有明确的讨论主题,并根据讨论主题审慎地思考与判断案例要表达的内在价值。这并不是停留在感性的支持或认可与否,更重要的是在教师的引导下进行深度的理性判断。例如,学校能不能强制性要求学生固定统一发型?能否明确规定男女生之间的交往距离和形式?学校管理者是放权好还是集权好?学校管理者应该以关心任务为主,还是以关注人为主?这些背后既有理论的理性判断,也有价值的选择。因而在教育管理案例教学过程中,教师要引导学生从感性认识上升到理性认识,从无原则的跟风上升到基于原则的判断。在讨论与分组发言环节,教师也不适宜借口"放手"而让讨论放任自流,应在关键内容上加以提示与引导,确保课堂学习朝着正确的价值方向推进。在对讨论内容进行总结与评价环节,要注意对学习者讨论中所折射的价值导向和冲突进行点评与深化,将案例教学的价值理性、教育性和引导性充分结合。总而言之,教育管理案例教学的过程,是融工具理性与价值理性为一体的过程,在多元的观点碰撞与激荡之中,激发学习者对真实的教育管理世界和结构化科学知识保持开放平衡的态度,引导和激励学习者将发展知识与完善人性并重,促进学习者对教育管理的意义世界和整体秩序的理解。

(二) 兼顾故事、话语与叙述的平衡

如果将教育管理案例视为对学校各类管理情景及运行过程的叙事型构建,它就不全然是对客观现实的静态化、纯中立化的客观描述,总是内隐着案例撰写者的价值倾向、主观意图和理论视角。即使面对同样的学校管理事件,不同的叙事者对于这一事件的提取、汇集、转录及再呈现的过程也是不同的。这是因为在教育管理案例教学中,既需要对案例的内容有所把握,同时对于案例叙述者的观点倾向、价值立场及叙事方式进行把握与了解,这样才能不被教育管理案例中所隐含的文化倾向和价值立场所被动牵引,从而对案例的内容进行主动的批判性借鉴。例如,

某案例的主题是"换个角度争当第一",该案例主要陈述了某学校为激励学生奋发向上,在多个学生发展领域设置了排名,引导学生不仅可以在学习方面争当第一,在其他方向获得了第一同样也是成功。① 从叙事者角度来看,基于多元智能发展的视角,案例中的学校为学生发展提供了多种可能性,整体叙事持肯定态度。但如果再进一步思考的话,学生是否一定要争第一名?即使提供了多元发展的赛道,学生能够在不同的发展通道中脱颖而出,但问题在于第一名永远是稀缺的,即使提供了多个方向的第一名,但学生们可能仍然要为争取第一名而鏖战。这种管理的背后是不是与社会达尔文主义,或是管理学上所谓的"红海战略"本质上仍然是相通的?如果持续审思类似这样的案例叙事时,就很有可能得出许多与案例叙事者试图表达的内容并不相吻合的内容。

实际上,人们对各种行为的具体叙事,更接近于自我的叙事型建构。个体之所以在一些时候难以实现自我的突破,往往与自我叙事视角单一化、狭隘化相关,使得生活的多样性大大降低。因此,只有多重把握叙事者的叙事视角、价值倾向及表述内容,才能实现自我的转化与提升,而这些视角、价值倾向及表达内容主要体现在叙述者的话语体系之中。实际上,在很多教育管理案例中都能够发现这种隐含价值倾向的叙事。例如"校长为什么上不好课?""做班级的主角:Y 班班级自主管理的实践""民主立规、民主惩戒:G 老师教育惩戒学生的探索之路""不要把我当外人:新居民子女的教育融入困境",② 这些教育管理案例选择的对象及主题虽各有不同,但从案例立意和主题定位即能发现案例叙事者的态度倾向和价值立场。教育管理的世界是一个充满着意义构建和经验阐释的世界,存在各式各样的价值冲突和选择。不同立场下的教育管理叙事,呈现出来的内容存在极大的差异。因此,在促进学习者自我转化的经验—阐释型教育管理案例教学,既要关注案例所呈现的故事内容,也要对叙事的话语体系与呈现内容形式本身有所兼顾。通过对各种教育管理案例的话语及呈现内容形式的分析,比如总体框架、叙事角度及手法等方面的分析,探究案例讲述内容所隐含的话语表达方式,对不同个体

---

① 根据中国专业学位案例中心案例库教育专业学位教学入库案例整理。
② 根据中国专业学位案例中心案例库教育专业学位教学入库案例整理。

对于学校管理现实所存在的可能性倾向或缄默化知识进行深入把握，从而对案例的内容进行更加立体化的判断。在这一行进过程之中，随着对教育管理案例所呈现的内容形式与叙事话语的解析，可以将他人和自我的视域以及各自的缄默化知识进行对话与碰撞，从而更好地促进自我提升与发展。

（三）重视案例的叙事知识习得

作为教育硕士的重要研修内容，教育管理课程的目标指向实践，而不是发展某一类教育管理知识。这类课程更需要关注的是如何培养教育管理实践者，而非教育管理知识的生产者与传播者。当然，不可否认的是，在各类实践场景中，优秀的教育决策者也可能进行某种程度的知识生产或思想的生成。但与理论研究者不同的是，学校管理者在实践中所积累和产出的知识主要是叙事型、经验化、实践类知识，即使是掌握的科学规范性知识也需要经过实践知识的中转与引导才能更好地发挥作用。因此，为了更好培养高素质的教育管理实践者，就不能忽略实践知识的形成与传播。有研究表明，实践知识主要以叙事方式进行建构与传播。[①]经验—阐释取向的教育管理案例教学重视叙事知识的形成、阐释思维的培养，这有助于培养与优化学习者的实践知识。从后现代知识观来看，科学知识并非唯一的权威性知识。其他被科学知识强势遮蔽的知识同样具有不可或缺的价值。作为一种具有悠久传统的知识形态，在所谓现代性知识观的影响下，也不可避免地受到了抑制性影响。随着后现代知识观的形成，在去中心化、多元化的思路影响下，科学知识占绝对垄断地位的态势也在发生变化。叙事知识作为一种与结构化、逻辑化知识并重的一种知识形态，其合法性和独立性得以确认。从知识的特征与功用来看，科学知识和叙事知识各有价值，难以相互取代，简单化的取舍会导致学习者丧失对丰富化的经验进行感知和观察。

在教育管理案例教学过程中，要重视基于案例所勾勒的教育管理情景，与学生的认知基础进行适配，构建对教育管理问题的阐释性理解。

---

① 徐长福：《走向实践智慧——探寻实践哲学的新进路》，社会科学文献出版社2008年版，第53页。

一方面，这种阐释性理解能够避免简单套用理论知识来分析教育管理案例，而是结合具体情景，梳理和归纳案例涉及的事件背景、问题发生过程及相应的人物关系。在梳理的过程中，充分理解这些案例的事件及演变过程为什么以这种形式而不是以另外的形式来呈现，它们在怎样的条件下会产生以及相关影响因素如何影响和驱动其发生及发展。基于阐释理解的叙事知识有利于学习者共情和探究能力的发展，充分挖掘特定条件下的学校管理者行为特点、内涵与意义。另一方面，这种阐释性理解有助于学习者识别出现在教育管理情景中的各种行为与事件的特殊性意义。学习者基于阐释性理解而构建的叙事知识有着个体的独特意义，与其实践阅历、知识结构及社会角色密切相关，而这些因素都离不开相应的社会环境。因而，基于阐释理解的叙事知识具有社会学知识的一般性意义。学习者在教育管理案例学习过程中，通过深入案例所营造的意义世界，在与案例叙述者和其他学习者的对话与理解中，建构自身的叙事性知识。这种叙事知识的建构有可能因视角的独特而对学校管理问题形成某种新解释，这种新解释通过后续的讨论与提炼后有可能形成新的创新。鉴于此，基于科学规范的教育管理知识与基于阐释理解的叙事性知识在实践与应用上各有所长，同时相互交织。科学规范的教育管理知识有助于对案例的解析进行规范性理解与探究深层次的因果关系，基于阐释理解的叙事性知识有助于学习者理解和分析复杂的教育管理情景，两者的应用相互强化，相互补充。由此可见，无论是哪一种知识，对于教育管理的学习者及未来实践者来说都是不可或缺的，不能刻意重视一方而对另一方有所忽视。经验—阐释取向的教育管理案例教学致力于学习者个体知识结构的构建、重组、优化与传播。这种取向的教学并不贬低科学规范的教育管理知识对于学习者的价值，只不过它认为关注的重心在于将各类知识放在动态的个体叙事经验形成过程中，从而完善学习者的知识与能力结构，在面对不同的教育管理情景时，都能够灵活地适应与应对。

（四）培养学习者的实践理性与叙事思维

诸多管理学研究表明，管理者在从事管理工作的过程中，通常是基于实践理性运用叙事知识而非科学知识。丹宁（Denning）指出，通过实践理性形成的叙事思维是管理者面对组织发展定位、两难问题的主要思维方式。他从丰富的叙事管理研究中，发现叙事知识在激发组织变革、提升组织品牌的美誉度、培育组织成员的合作氛围、传递组织信息、分享管理知识、引领组织成员走向未来等方面，发挥着不可或缺的作用。① 詹姆士（Jameson）基于某连锁企业运行过程的研究发现，在这一组织运行的相关环节中，各层次的管理者叙事模式有着积极影响。② 瑞恩迪（Roundy）则分析了叙事思维在应对组织变革中的不确定性所发挥的作用，认为不确定性对于组织变革能否成功有着重要影响，管理者的叙事思维能够有效降低组织变革中的这种不确定性。③ 诸如此类的研究显示，一个合格的管理者应具备充裕的叙事性知识，具备良好的实践理性。经验—阐释取向的教育管理案例教学超越了管理主义管理观，将教育管理视为一种鲜明的实践活动，教育管理实践就是改变学校内部世界并延展至外部世界的一种活动，在"做中学""做中求进步"。作为实践取向的教育管理遵循的是实践理性。因此，通过教育管理案例教学，着重培养学习者的叙事思维和实践理性。在案例研习的过程中，学习者尝试理解自我和他人如何讲述学校管理的故事，如何运用叙事思维来诠释学校管理的各种事实及彼此之间的联系，认识到实践理性如何改变对学校客观现实的认识，以及基于富含隐喻、教育性的叙事如何告诉我们——学校是什么？学校中的人可以成为什么样的人？正如利布里奇（Lieblich）等人指出的那样："人们天生就是故事的述说者，故事为人们的经历提供了一致性与连续性，并在我们与他人的交流中扮演着重要的角色。"④ 要培养教育管理学习者的实践理性，就是发展其叙事思维，在基于案例的对话与叙事交流中，形成对他者的理解与自我的建构。如果说结构功能主

---

① Denning S., "Effective Storytelling: Strategic Business Narrative Techniques", *Strategy & Leadership*, Vol. 34, No. 1, 2006.

② Jameson D. A., "Narrative Discourse and Management Action", *Journal of Business Communication*, Vol. 38, No. 4, 2001.

③ Roundy P. T., "The Story of Mergers and Acquisitions: Using Narrative Theory to Understand the Uncertainty of Organizational Change", *International Journal of Psychological and Behavioral Sciences*, Vol. 3, No. 7, 2009.

④ Lieblich A., Tuval–Mashiach R. and Zilber T., *Narrative Research: Reading, Analysis and Interpretation*, New York: Sage Publications, 1998, p. 36.

义下的教育管理学科学知识建构主要遵循例证思维的话，叙事知识的形成主要遵循的是叙事思维。因而，要引导教育管理学习者在教育管理案例学习过程中，不断反思与完善自身的叙事性知识，形成叙事思维能力，这也契合学校管理实践的需求。

（五）倡导教师与学生的对话取向型教学

经验—阐释取向的教育管理案例教学对于个体感知性经验的独特性，往往会给予积极的关注，并倡导个体叙事的必要性和可行性。这种取向的教育管理案例教学积极促进学习者在研习和讨论各类教育管理案例时，基于个体的经验及本土知识发出自我的见解与独立声音，在不同思想的碰撞之中，优化与重整个体管理实践及理论知识，促进自我的转化与提升。因此，经验—阐释取向的教育管理案例教学并非单向度的教师"独角戏"，而是倡导对话取向，注重自我的经验意义，强调责任意识、批判思维与实践能力的成长与发展。在教育管理案例教学中，教师不再是垄断整个教学过程的绝对权威，而是师生在平等关系基础上将对话贯穿于课堂教学的各个环节中。教育管理案例的遴选、讨论主题的确立、讨论的程序、结果的评价等由教师和学习者共同协作完成。在课堂讨论与分享过程中，每个学习者需要在陈述对他者的故事理解基础上积极反思自我的管理实践故事，在倾听其他学习者分享的教育管理故事、教师所提供的教育管理案例对话与讨论中，反思、完善与建构自己的管理观与知识体系。课堂教学过程中，对个体及小组分享观点的评价标准，也要由师生共同讨论决定，将定量评价与叙事对话进行结合。在经验—阐释取向的教育管理案例教学中，师生之间形成一个共同体，彼此之间均是平等的对话者与合作者。教师与学习者既不是"上位"与"下位"关系，也不是传统的"主体"与"客体"的关系，而是作为平等的对话、彼此之间"我"与"你"平等的主体关系。

在这样的教学过程中，教育管理案例就不再仅仅是一个简单的故事，师生的教与学活动不再被动围绕着故事情节而展开，而是将这些案例视为思维的原初发生器，旨在引发师生共同提出问题、引发思考、共同建构自我经验。而且，对于教育管理案例的讨论，实际上能进行讨论的问题很多，但哪些才是值得深入讨论与探究的问题呢？比如，在涉及学校管理现代化这一主题的案例时,"为什么要实现学校治理体系与治理能力现代化?""学校治理的教师参与、学生参与、家长参与等意味着什么?""现代学校制度与学校治理之间是什么样的关系?""中小学的校长与党委书记如何合理分工?",等等,这些问题都很值得讨论。在这些问题上,通过师生的积极对话与深度协作,可以在问题的引导下促进思维越来越深入。在师生共同的思维碰撞与经验累积下,教育管理案例教学就可以避免"为了热闹而讨论",仅围绕一些非重要的外围性问题打转,而是超越案例本身,让思维向更深远的层面触及。就上述提到的问题,还可以往深度去思考。"学校治理现代化的文化内核是什么?""作为一种舶来话语,中国式的学校治理现代化是什么?""阻滞学校治理转型的路径依赖是哪些?该如何克服?"类似这样的追问能够进一步思考当下中国基础教育的整体性改革,在不断的追问与审思中,提升学习者的思维层次与境界。经验—阐释取向的教育管理案例教学是将学习者视为学习主体,强调自主、协作、对话、探究的现代学习观。在教学过程中,教师要主动调动学习者的主动性,使学生从被动的接受教育者变为主动学习者,从强制性压力下的"被动性学习者"变为源于内生需要的"主动性学习者"。通过上述方式,教育管理案例教学能够克服竞争性和纯个体学习带来的弊端,培养学习者研究意识、探索精神、合作能力和社会责任,充分释放对话取向的教育管理案例教学独特优势。

第五章

教育管理案例教学的认识与准备

教育管理案例教学的课堂模式与其他课堂模式，有着明显的区别。教育管理案例教学的目的在于引导学生自主学习，通过发现、分析以及解决问题的方式掌握运用理论的方法，从而提升能力。因此课堂主旋律不是以教师讲授为主的知识传递，而是学生的学习成为课堂的中心；课程材料也不再是课堂进行的必需品，而是案例成为课堂教学新的载体。要想有效地开展一项新的课堂教学模式，首先需要充分认识并厘清教育管理案例教学的系统结构与参与其中的教师及教育硕士的角色定位。无论教师还是教育硕士，"两手空空"地走进教育管理案例教学的课堂，都无法完成课程目标，达到教学效果。好的课前准备是教育管理案例教学成功的一半。因此，为保证教育管理案例课堂上精彩的师生、生生互动，在正式开展教学前，教师的课前准备不再只是撰写教案，学生也不能仅做传统课堂要求的通读预习准备。本章内容主要介绍教育管理案例教学的基本特点、教师和学生在教学中所需承担的角色以及正式实施教学前教师和学生需要做的准备工作。

一　教育管理案例教学的特点与系统

作为一种注重培养学生各方面能力的教学方式，教育管理案例教学有着显著区别于传统课程教学的特点，重心在于案例，教学在其中的表现更为隐性。因此，教师与学生在教学、学习前掌握其突出特点对教学效果与学生能力的提升大有裨益。教育管理案例教学是一套完整的系统工程，系统之中各要素协同并进，发挥作用。在其运行过程中，无论是教师还是教育硕士，都要运用系统化的思维思考与实践教学的各个环节，对课程进行系统的设计与学习。

（一）教育管理案例教学的特点

1. 强调学生的主体地位

教育硕士作为教育管理案例教学的核心目标群体，其主体地位的凸显是教育管理案例教学区别于传统教学的首要特征。首先，教育硕士一般都具备一定的教育实践经历和教育管理知识储备，拥有相对成熟的价值观与丰富的背景经验。因此，他们有能力也有责任成为教学中的主体。其次，在注重互动讨论的教育管理案例教学中，学生的学习需求是教学的出发点。充分发挥学生学习的积极性，激发其对教育管理案例研习的兴趣，就需要将学生置于课堂教学的主体地位。最后，虽然学生是课堂的主体，但教师地位仍不可忽视，教师要隐于课堂却不能消失于课堂，学生和教师是教育管理案例教学中的"双主体"。

2. 强调教师的启发引导

教师作为教育管理案例"双主体"之一，对教育管理案例教学的成败起着至关重要的作用。传统课堂内容几乎都由教师主宰，教师的价值观几乎成为课堂权威。而在教育管理案例教学的课堂中，教师串联课堂的方式由主动传授真理与知识转变为提出问题。教师不再重点关注标准答案，而是更加关心学生自主思考与小组分析辩论的过程。课堂上，教师或提出尖锐问题，或引出两难情境，或赋予学生对立角色立场以激发学生讨论热情。教师对学生观点的评价也需要保持价值中立，做到实事求是，引发学生思考，而非一锤定音。

3. 强调以案例作为载体

与案例教学最为相近且容易混淆的便是传统课堂中教师经常运用的举例教学。案例不同于普通事例，是暗含教育管理理论、展现现实教育管理样态的组合体，是众多实例中凝练出的精华部分。其目的也绝不仅仅是强化学生对某一项教育管理知识的认知理解，它承载着引导学生深入案例其中，发现问题并实际运用理论知识理解分析，运用实践经验讨论解决；进而脱离案例本身，明确解决实际问题的基本步骤，包括问题提出、数据采集、方法论证、观点提出、理论诠释等，并探索解决问题的策略；最终形成相应能力。案例中突出表现的矛盾冲突是学生讨论意见与分析问题的抓手，案例中悬而未决的事件是学生寻找理论解决问题的空间，案例后的思考题是引导学生抓住事件问题核心的导线。在关注案例研习的教育管理案例教学中，案例承载着教育硕士的学习目标，具有独特而重要的意义。

4. 强调多向流动的沟通

教育管理案例教学的核心在于多主体间的有效互动和沟通。营造宽松和谐的课堂氛围是促进师生、生生之间充分交流的条件保障。这就需要教师与学生都拥有平等发言的权利、仔细倾听的能力以及接纳包容的态度。在教育管理案例教学课堂上，每个人的观点都是有意义、有贡献的，是可以引起其他学生或老师的思考、拓宽讨论的边界或深化分析内涵的。因此，在课堂上教师与学生、学生与学生的多向互动沟通之间，口不择言的人身攻击与人格侮辱都是需要教师及时制止并杜绝的。

5. 强调实践能力的培养

结合教育硕士在具体就业环境中遇到的问题，以及用人单位对教育管理相关专业人才的需求，需要高度重视教育硕士理论素养与实践能力，两者缺一不可。传统教育管理相关课堂常常更加追求学生对理论知识的全面掌握，教育管理案例教学正是突出强调帮助学生将理论知识有效应用于实践工作之中，帮助学生毕业后尽快适应人才市场的需求以及社会的实际需要。培养教育硕士的学术研究能力，一定是从实践到理论再回归实践的过程，而非从理论到理论。培养学生分析解决教育管理相关问题的能力，是教育管理案例教学的重要目的。

在正式的教育管理案例教学中，发展学生实践能力的第一步在于丰富学生的实践体验。教育硕士在学习之前都具备一定的教育管理相关实践经验。然而，单纯的经验性知识无法支撑他们掌握解决现实问题的方法策略。因此，在学习并具备了管理学、教育学以及心理学等必要知识后，教育管理案例教学中的真实学校管理情境会带给学生高度仿真的实践体验。教学过程中多次的情境历练会带给学生更加高效凝练的实践体验，为其实践能力的生成积累丰厚的经验。

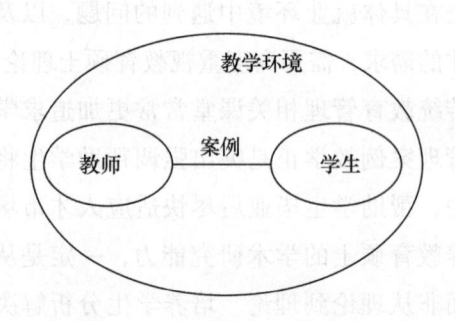

(二) 教育管理案例教学系统

系统科学强调以唯物辩证的系统化思维方式进行分析思考，关注事物的整体性。所谓系统，是由相互关联的各个要素构成的具有特定功能的有机综合体。[①] 将教育管理案例教学从整体上理解和审视，而不是片面地关注课堂上的某一个单一主体、教学中的某一环节、课程中的某一节内容进行分析思考。此外，从整体性出发就意味着不仅仅关注教学内部各要素，围绕在教学之外的课堂环境等也需要涉及与关注。将教育管理案例教学作为一个有机系统看待时，无论教学准备还是后续教学的正式实施，教师都会教有所依，学生也学有所向，教学成效才有可能得到充分发挥与体现。

结合前文对教育管理案例教学特点的总结，教育管理案例教学系统主要由教师、学生、案例以及教学环境四个要素构成。如图5-1所示，在特定的教学环境中，教师与学生依托案例展开多向的交流沟通与分析思考，四要素同时作用，相互促进与影响，才能确保教育管理案例教学的成功。

图 5-1 教育管理案例教学系统

此外，在使用系统思维思考教育管理案例教学时，系统中的每一项组成要素也需要结合整体看待。在对待学生这一教学主体要素时，教学环境、案例以及教师所发挥的作用不在于满足个别学生的学习需求，而

---

① 刘菊、钟绍春、解月光：《教育研究中的系统科学进展与应用》，《远程教育杂志》2011年第1期。

是面向整个教学班级甚至考虑教育硕士解决教育管理实际问题的整体性能力需求。

教师在系统之中的主要作用在于启发引导。进行教育管理案例教学的教师队伍中，不同教师的教学经验、能力倾向等都存在一定的差异性。因此，在关注教师这一要素时，需要不同的教师首先审视自身优势与劣势，从个人擅长的教育管理教学案例或环节入手，在不断的教学过程中提高针对教育管理案例教学的技巧与能力。

教育管理案例教学中的教学环境，既包括教室布置、设施等硬件环境，也包括在教学进行过程中教师与学生之间的氛围。包容式的，方便师生、生生交流的教室投影与桌椅布置有助于保障教育管理案例教学的高效进行，愉悦轻松的课堂氛围可以鼓励教师、学生的讨论表达，促进教学的成功。

二　教育管理案例教学中的教师角色

在传统的教学课堂中，教师基本是唯一传输知识的主角，学生往往只是被动地输入知识，而教育管理案例教学则重在突破这一常规理念，强调学生学习是自主性与对知识的自我探索。因此，教师在教学中的角色同传统课堂相比发生了巨大的变化，教师不但不再是课堂的主导者，角色使命与担当也不再单一，变得更加多元。教师在准备与实施教育管理案例教学前，有必要对自身角色进行深度挖掘与理解，为之后展开教学打下坚实基础。

（一）醒思旧角色

依据教师常规的教学经验，传统的教师角色常常深入教师行为表现之中，形成习惯。教师首先应当识别这些专断型的权威角色，注意避免以下几种角色在教育管理案例教学课堂上出现。

1. 演说家

在演说家的舞台上，只有唯一的发言人与众多的听讲者，这也是大多数教师教学习惯的表现。在强调以学生为主体的教育管理案例教学课堂中，教师在引导串联讨论时很容易呈现演说家的姿态。教师一旦掌握主动权，学生的发言积极性就会迅速消退，教室回归"一言堂"，教学目的与成效的达成也会大打折扣。

2. 决断者

传统课堂中少不了学生的讨论发言，只是在紧凑的知识传授课堂中，讨论不能是课堂的主旋律，教师往往需要打断学生的激烈争论，做出决断，呈现标准答案以保障课程在规定时间内的完整性。但在教育管理案例教学课堂中，学生不是毫无知识经验的"管理小白"，教师也绝非课堂上唯一的权威人士。即使是在课堂时间有限的情况下，面对学生有意义的深入讨论，教师也很难做出唯一且正确的决断。这就需要教师摒弃决断者的角色，转而将学生争论的矛盾点引申开来，促进学生针对关键点进行更深层次的讨论。

3. 评论员

教师在精心备课的情况下对课堂案例的熟悉与精通程度常常会高于学生。因此，在全员参与的课堂讨论中，学生们的争论点很有可能是教师早已全面熟知并了解的观点。教师要尽可能保持第三方中立的态度，不要过早暴露自己所持的论点。如果急切地对学生发言做出评论，不仅限制了讨论的范围，更有可能挫伤学生发言的积极性，甚至导致课堂氛围走向僵化。教师不评论不代表教师不发言，重要的是教师需要摆正发言态度，阐述自己观点的同时将自身与学生放在平等的位置，不居高临下，而是深入讨论中。

（二）担当新角色

置身于教育管理案例教学的课堂，教师不再是课堂主角，要及时调整认知角度，为学生的学习提供信息、开发资源、提供平台、营造氛围，与学生平等对话的同时，准确把握好课堂方向。

1. 规划师

正式的教学开始前，教师需要根据学生需求确定课程目标，设计案例选择、课堂计划与规则等具体流程。这既包括单课时课程进展前的学生预习、进展时的时间规划及环境规划等内容，也包括全课时的统筹规划、一个案例的课时数、不同案例需要的不同讨论深度。例如，在学生已经做好充分准备的情况下，一个2—3课时的深度案例课堂教学同样需要规划。教师是整个教育管理案例教学的"总规划师"。

2. 主持人

教育管理案例教学的核心在于课堂上的互动讨论。有效的整体互动需要经过学生自我梳理、组内讨论、集体辩论、总结提升等多个环节。此时，教师是提出并推动环节进行的案例主持人。案例的进展需要遵循怎样的流程顺序、应该在什么时候提出关键性问题以及什么时候开始讨论和结束讨论都应由主持人把控节奏。

具体来说，在主持讨论的过程中，教师还需要在不同的环节调节不同的情绪氛围。例如在自主思考时，教师应当尽量保证安静的课堂环境，给予学生更多的思考空间；在小组内讨论时，教师应当把控讨论时间，维持课堂基本秩序，控制各小组音量，防止出现混乱难以平息的场面；在集体讨论时，教师更应当发挥主持人的角色，保障案例讨论既热烈又不失序。例如应将发言机会尽可能辐射至全班同学，而不是仅仅由几位积极分子掌握。面对一些需要连环发问来引导讨论深入的关键性问题时，教师也需要进行不断的提问，让其他学生迅速开动头脑风暴去寻找正确的答案，加深对相关管理问题的理解。此时，主持人耐心倾听学生的发言，往往表现出对学生所提观点的重视，能够进一步激发学生参与讨论的积极性。[①]

3. 导演

除了串场这一基本能力，教师在教育管理教学课堂上应牢牢把控并决定课堂进行的方向，是课堂进程的控制者、案例教学的掌舵人，犹如一场演出中的导演角色。这需要教师同时具备较强的沟通能力与随机应变的能力。

在事先明确课堂的大致安排后，作为导演的教师需要控制学生自主学习、讨论的进程，如果学生发生明显偏离主题的话题讨论，教师需要及时礼貌打断发言，通过引导提问的方式将话题引入案例的关键点。当某两方学生的观点产生冲突、发生争吵时，教师应当适时出面协调，防止学生间矛盾激化，及时将关注点转移到对教育管理案例本身的讨论中。此外，教师可以通过及时地书写展示学生讨论过程中的不同观点，分门

---

① 刘刚：《管理学科案例教学的准备与组织工作》，《中国高教研究》2010 年第 5 期。

别类，帮助全体学生紧跟讨论步伐，牵引讨论沿着健康方向发展。

4. 演员

除了上述角色，教师还是整场教学中的参与者之一。相对"导演"来说，教师同时扮演着"演员"这一角色。教师在课堂集中讨论的环节也需要适时表达自己的观点，一方面"抛砖引玉"，抛出观点作为切口，促进学生的丰富表达。另一方面及时进行总结归纳，将学生讨论的观点话题由分散变得更加集中，梳理其中的顺序逻辑，在参与课堂讨论的同时较为隐性地完成其他角色的使命，推动对教育管理案例讨论的高效进行。

总体而言，教育管理案例教学对教师提出了较为严格的要求，教师既要参与、引导、掌握教学方向，又不能过度干涉课堂讨论，忽视学生主体。但通过不断地实践教学并总结规律经验，教师一定能够做到在教学进程中身兼多角，游刃有余地开展教学，帮助学生真正主导课堂同时学有所获。

三　教育管理案例教学中的学生角色

学生是教育管理案例教学最终的目标人群，也是最大的受益人。他们作为整个教学过程中的主角，所承担的角色与作用丰富且重要。从案例阅读到分析讨论再到最后的总结提升，不同的阶段、不同的学生都需要重视并承担各自的角色，在交流中学习，在协作中学习，在情境中学习。同时，在反思中学习，要以引导学生能够独立地发现问题、分析问题、解决问题为宗旨，通过层层推进和级级深化，从案例教学中掌握解决教育管理问题的技巧，逐渐培养优秀教育管理者所需要的各项素质。在教育管理案例教学的课堂上，学生主要承担的角色有以下几个方面。

1. 开拓者

所谓开拓者，就是在课堂讨论环节中首先发言，打开讨论环节的人。无论是在小组讨论中还是全班的集体讨论时，都需要开拓者来做"第一个吃螃蟹"的发言人，打破可能潜在的谈论僵局。开拓者的关键在于积极发言以助力讨论展开，其发言内容不必毫无破绽，有时，一个充满争议性的开头发言更容易调动其他学生的思考积极性。

2. "非玩家角色"（NPC）

如果将课堂上对于教育管理案例事件的讨论当作一场游戏，NPC 就是指不作为第三方参与对案例结果讨论的、深入案例内部的角色。大部分案例是一个真实的故事，学生不知道故事的结果。教育管理案例教学强调引导学生进入故事中的角色，在面对很多案例思考题中诸如"如果你是 X 学校的校长，你会怎么办"的问题时，一部分学生真正扮演、担任校长角色，从校长的角度出发进行发言，另一部分学生则担任案例中与学校管理者进行博弈的教师或家长角色进行发言。这更有助于学生将基于案例的讨论推向高潮，带动学生与案例中的人物产生情感共鸣，进而深入思考面对真实问题的解决方法以及行动策略。

要想担任好这一角色，需要教育硕士在课堂讨论开始前对案例中自己即将担任的角色群体进行较为深入的了解，明确案例中人物行为的动机，同时结合自身实践经验与理论知识寻求脱离困境的方法。做好充分准备后，才有助于其在课堂上游刃有余地面对来自对立角色或教师的诘问。

3. 经验者

教育硕士在之前的教育与工作中积攒了各具特点的丰富经验。在进行教育管理案例教学的过程中，不同的学生对不同案例的熟悉程度都有所差异。在面对与自己过去教育管理经验相似的案例时，这类学生自然相对于其他人而言拥有更多的经验，也更权威。

在教育管理案例课堂讨论的过程中，常常出现缺少足够信息来源的情况。面对这种情况，讨论很可能偏离重点而陷入僵局，学生无法做出正确判断。此时，作为讨论群体中的经验者，他们可以结合过去的实践经验以及案例本身的教育管理问题提出更切合实际的思考方向，使对教育管理案例的讨论高度趋向真实，甚至可以做到为切实解决学校管理中的部分问题提出有建设性的策略建议。

4. 诘问者

在现实的教育管理中，没有人可以为管理者准备好正确答案，也没有答案是无懈可击的。课堂讨论中，无论是"NPC"还是经验者，大家的策略总有一些地方存在漏洞。课堂中的诘问者似乎是为反驳对方而准备的"刺头儿"的存在。但实际上，诘问者是运用逆向思维拓宽教育管理案例讨论的边界。在教育管理案例的讨论中，对思维的训练是一个重要的环节，讨论之中灵感的迸发与思维的共振常常是在诘问者对关键问题的质疑中所引发的。事实上,久经推敲的案例中,已经隐含了几种在真正的管理者看来是科学合理的行动决策,对学生起着启示和引导作用。

5. 气氛烘托者

教育管理案例教学的课堂气氛是值得关注的一项重要影响因素,教师一个人也无法完全掌控班级讨论的氛围。因此,保障讨论气氛不冷场的气氛烘托者也成为教育硕士学生群体中的一个重要参与者。相比学生群体中的其他角色,气氛烘托者在前期的阅读与思考案例时所做的准备工作有所减少,他们也不是课堂中主要观点的发言人。在讨论如火如荼进行的过程中,他们是仔细记录聆听的大多数。但在气氛僵持或讨论停滞的空隙,他们可以通过幽默风趣的发言转换氛围,或完善补充他人的观点。

6. "课代表"

课堂讨论进行到尾声时,教师会引导学生进行梳理总结。"课代表"既是回答"这节课大家的收获是什么?"问题的人,也是参与教育管理教学课堂的每一位学生。针对某一案例关键点讨论中的新观点、好见解,以及最终权衡利弊后的最优决策,是每一位学生仔细聆听、积极发言、分析思考的结果。"课代表"发表记录和整理的结果,是课后反思的重要支撑来源,也是衡量特定一节课或一个案例成效的一项评价指标。

总之,在教育管理案例的教学中,学生是教学课堂的主角,不同的学生角色的设置都为案例讨论更加准确深入而服务。每一位学生在不同案例课堂中的角色也绝不是一成不变的。这些角色相互作用才能使教育管理案例教学真正走进每一个案例内部,又进而走出有限案例的局限,培养学生面对真正的教育管理类现实问题时,要找到思考的路径、掌握解决问题的工具、具备管理决策的能力。

四 教育管理案例教学的教师准备

在明确教师以及学生的角色后,接下来就需要在课前准备阶段加以设计。教师在准备过程中需要从教育管理理论与培养目标出发,依据教育的经验与需要,切实结合现实教育管理情境,确定教学目标,依据教学目标与选取案例的基本原则选择教育管理教学案例。在掌握案例内容、关键问题、分析思路及重难点后,进行课堂教学设计,同时为学生布置预习内容与思考题。

（一）教学目标的确定

充分地考虑教育管理案例的教学目标是教师成功完成教学环节的第一步。教育管理案例教学的培养目标在于让教育硕士更好地掌握管理实践能力，而不是精通教育管理理论、成为"教育管理学专家"，实用型人才是培养教育硕士的宗旨。教育管理案例教学正是培养操作型、务实型人才的典型体现。

1. 了解学生

教育管理案例教学的整体目标已经明确清晰。那么，确定具体案例教学的主题、具体细化每个案例的教学目标，需要教师从学生入手，寻找答案。

以教育硕士的第一堂教育管理案例课为例，教育硕士可能没有在案例教学相关课堂上学习的经验，对课堂阅读案例、讨论案例的流程不够明晰。但教育硕士的共同特点在于都具有一定的教育管理实践经历。在基本了解学生特点背景的情况下，教师就可以设立相应的第一堂教育管理案例课的教学目标，如"让学生熟悉教育管理案例学习讨论的流程"，选择相应的案例并在教学计划中注重对思考、分析、讨论流程的规划展示。在后续的课程中，教师可以通过课堂教学与讨论，进一步熟悉学生能力，把握学生的实际教学需求，以帮助完善后续课程的教学目标。在与学生逐渐了解、熟悉的基础之上，随着案例教学的深入，教师还可以掌握不同学生的学情，确定不同的教学目标，进而设计完善可以满足不同学生需要的课堂教学方案。

2. 确定教育管理案例教学目标

在了解学生需要的前提基础之上，需要结合教师期望以及教育管理案例教学的特点来确定细化的教学目标。案例专家雷诺兹将案例的教学目标分为七个层次，从资料维度、分析方法、价值维度、思想态度四个维度分析案例，对应于教学目标的七个层次，[①] 见表5-1。

[①] 王淑娟、王晓天：《管理案例教学中案例难度适用性的实证研究》，《管理案例研究与评论》2008年第2期。

表 5-1 案例特点与教学目标的关系

层次	教学目标	资料维度	分析方法	价值维度	思想态度
1	理论培养	展示管理问题	事实多、突出因果关系	现成样板	目标功能明确
2	方法认识	习题			
3	通过方法使用掌握技能	简短、规范而真实的管理方法	案例事实经过筛选，但缺明确含义	方法有揭示，但不是现成的	
4	通过分析管理问题掌握技能	复杂、不规范的生活片段	案例事实较多，目标集中于一种	方法明确提示，分析途径由学生自选，包括综合、连贯的分析	价值体系明确（往往是利润导向），但目标功能取决于学生自己的选择
5	通过综合行动计划掌握技能	行动重要性十分突出的问题	案例事实较多，但分析方法不止一种		
6	建立积极态度	侧重观念性的问题	案例事实较多（常包括看似无关的事实）、涉及若干价值体系、偏重案例人物特点		
7	培养成熟的判断力与智力	复杂、不规范而真实的管理问题		缺少已知的、令人满意的方法	价值体系取决于学生自己的选择

资料来源：王淑娟、王晓天：《管理案例教学中案例难度适用性的实证研究》，《管理案例研究与评论》2008 年第 2 期。

结合雷诺兹的案例教学目标与教育管理案例教学特点,在教育管理案例教学中,完成"理论培养"及"方法认识"的教学目标是完成其他教学目标的基础。建立积极的态度是贯穿于整个教育管理案例教学课堂中的教学目标。通过方法使用、分析管理问题、通过综合行动计划掌握技能这三类教学目标,需要教师在一个又一个的教育管理案例训练中不断完成建立。从掌握一种教学管理理念,熟悉一个分析问题或解决问题的具体思维过程,或掌握一种分析工具等[1],最终达到培养教育硕士成熟判断力与智力的目标。总之,在开始教学之前,教师制定的教学目标越具体,每一节教育管理案例课的教学目标越明确,教学就越具有指导意义,最终达到培养教育硕士教育管理能力的目的。

(二)案例的选择与把握

在了解学生、确定需求并掌握教学目标后,教师要做的便是选择并掌握课堂上所需要的案例。教育管理案例教学的载体是真实有代表性的教育管理案例,因此,案例的选择至关重要。教师要在把握案例选择原则的基础上,依据案例的难易程度、长短以及学生的喜好等因素进行全方面考虑。案例选取完成后,教师还需要充分熟悉并把握案例内容,梳理分析思路,尽可能深入地挖掘案例讨论点,确定思考题以助力课堂教学计划的制定。

1. 教育管理案例选择的原则

许多教育者开发的案例中暗含着丰富的教育管理理念以及解决实际问题的实践逻辑。面对数量庞杂的教育管理案例,教师有必要遵循一定的原则,确定案例选取的范围,做出有标准、有判断力的选择,从而使案例教学达到预期的效果。

(1)质量优先原则。教育管理实践中有大量的相关案例,但对于案例的选取,首先要遵循质量优先的原则,即案例的选取要少而精。教育管理案例课堂的教学与讨论时间是有限的,要想在有限的时间最大化教学效果,教师在教育管理案例的选择上就应当树立精品意识,选取具备一定思想内涵、学理价值以及实践价值的案例。强调案例对教育硕士的

---

[1] 许春珍:《案例教学的课堂设计》,《中国成人教育》2005 年第 3 期。

教学意义是教师首要考虑的问题。

（2）目的性原则。教师在教学准备的第一步就明确了教育管理案例教学的目的，在选择教育管理案例时，同样要一以贯之。教育管理案例数量和类型都十分丰富，但需要教师以教学目标为依据进行选择。例如教学目标为"让教育硕士熟悉校长在学校管理中的职责并分析校长领导力对学校发展的作用"、强调校长的管理职责时，就需要尽可能选择从校长视角出发的案例以达到教学目的。

（3）矛盾性原则。没有矛盾就没有问题，没有问题就不需要思考和讨论，教育管理案例教学中最不可缺少的就是问题。因此，教师在选择教育管理案例时，需要选择具有矛盾性的管理故事。出现矛盾，学生才会产生针对矛盾进行思考和讨论的兴趣。学生被问题吸引从而寻找答案的过程，正是教育管理案例教学目的的意义所在。

（4）精彩性原则。教育管理案例实际上是由一个个真实的教育管理故事演变而来的，评价故事讲述得是否成功，引人入胜的精彩情节是其中一项指标。精彩的案例并不意味着在写作手法上极尽笔墨，而是要注重故事的讲述具有逻辑性、情节丰富完整，同时具备一定的启发思考价值。

2. 教育管理案例选择的依据

在把握好教育管理案例选取原则的基础上，教师可以根据教育管理案例的类型、难度、长度以及学生的喜好等选择案例并运用于不同的教学情境。

（1）教育管理案例的类型。从教育管理的主要内容方面来看，教育管理案例可以按照学校发展、教学管理、德育管理、班主任管理等方面划分类型。这里要讲的教育管理案例的类型主要从教育硕士学习认知教育管理事件的流程入手，帮助教师明晰教育管理案例主要的功能类型。

①成功经验型。这类案例目前占比较大，主要讲述一件成功完成的学校管理事件。这类案例从提出问题、分析问题、解决问题的角度展开，主要向学生展示在遇到教育管理问题时的正确应对方案。因此，此类案例也常常出现在教育管理案例教学起始阶段的课堂之中，以帮助学生从成功经验中学习解决问题的策略技巧，为之后的教育管理案例教学打好

基础。

②决策瓶颈型。这类案例相较成功经验型案例而言，难度有所提升，重点突出在具体教育管理情境中，管理者所面临的棘手难题。案例主要讲述事件发生的前因、经过，对于结果的讨论则希望由教师和学生完成。因此，此类案例需要有一定教育管理案例分析经验的学生进行分析与讨论，作为未来教育管理者的教育硕士们该如何面对与解决新的问题，决策瓶颈型案例会给学生带来更多思考。

③发现问题型。这一类型的案例对比前两个类型更加深入，不会直接指出需要解决的问题，案例往往以平铺直叙的方式展开，故事具有完整情节，但不会直接呈现问题和冲突，从哪个角度切入思考问题，站在谁的立场权衡考量，都需要学生结合自身的管理经验以及先前学习到的案例综合分析，充分讨论。

(2) 案例的难度与长度。教育管理案例的难度可以简单划分为三个层次。一是简单案例，即案例内容直截了当，简明易懂，大部分情况下篇幅较短，几百字就可以讲述清楚事件的起因、经过和结果。案例的矛盾点清晰，包含的教育管理理论比较基础，对学生的思考以及分析要求不高，教师往往可以轻松胜任这类案例教学。二是中等难度的案例，案例篇幅一般不能过短，也不会特别冗长。案例内容会有一些需要学生思考推理的间接关键点，因此在分析时常常需要通过小组讨论后，学生对其掌握才能达到较好的效果。三是难度较大的案例，案例表述可能会十分繁复，关键信息点藏匿在案例故事的叙述中，学生的分析可能会偏离案例的重心，需要经验成熟的教师加以引导。

一般而言，教育管理案例的长度决定着案例的难度。但在案例教学的实施过程中，除了考量案例的难度，案例长短的选择还取决于课堂教学所规定的时间、学生的案例阅读经验以及课堂讨论的充分性。篇幅较短的案例可以保证在规定的教学时间内完成教学任务，对于没有教育管理案例阅读经验的学生来说也较好掌握，但篇幅较短的案例往往包含的知识点也较为浅显，在很大程度上会影响课堂讨论的深度。所以在教育管理案例教学中，为了保障课堂教学讨论的质量，教师可以在时间允许的情况下选取篇幅较长的案例，确保在教学过程中学生可以学有所获。

(3) 学生特点与案例的匹配程度。教育硕士是教育管理案例学习的主体，案例与学生特点的匹配程度至关重要。在了解学生的知识背景与经验背景的基础上，选择能引起大部分学生共鸣的教育管理案例可以助力教师成功完成案例教学。可以引起学生共鸣的因素包括案例背景与学生实践背景的匹配程度、案例叙述结构的完整性、案例引起学生阅读兴趣的剧情点以及案例中使学生感同身受的人物形象等。虽然好的教育管理案例不一定面面俱到，但至少应有一个方面可以吸引学生，这样的案例才能够更好地激发学生思考分析和讨论的积极性，促进学生解决问题能力的培养。

3. 教育管理案例内容的分析与把握

在选择合适的案例后，教师需要把握案例的主要内容，厘清教学重点，合理设置引导学生分析讨论的思考题。

(1) 把握案例内容。教师可以从两个方面着手熟悉与把握案例的主要内容。一是案例的故事情节，做到熟读甚至可以脱稿展示案例中的故事情节、人物对话等信息点。同时，教师可以通过报纸期刊、官方网站、微信公众号等途径，尽可能多地获取与案例故事情节相关的背景资料，以支撑其个人的理解以及后续的教学。二是案例分析的角度，教师可以通过阅读案例教材中的教学指导手册或案例的使用说明来把握案例的主要内容。通常案例使用说明主要包括案例的适用对象、适用课程、教学目的、相关理论、教学建议以及推荐阅读的文章书目。在案例使用说明的指导下，教师的教学准备会更有方向，效率也会大幅提升。

当然，教师在准备教学时要在结合案例教学背景、自身教学特点以及学生整体需求特点的基础上参考使用教学指导说明，不能照搬照抄。没有针对性的"一刀切"教学方式，就会达不到预期的教学效果。

(2) 厘清教学重点。在有限的课堂教学时间内，想尽可能多地使学生掌握分析教育管理案例的技巧，就需要教师在课前明确教学的重点。教学重点即课堂案例阅读思考、分析讨论的侧重点。一个案例可能同时包含多个关键点，但需要教师依据教学进度及学生的学习需求突出一个关键点。案例中对问题的发掘、解决问题过程中的资料与数据收集、问题解决策略及方案的提出，或是问题发现、分析、解决的流程都有可能成为某一案例教学分析的重点。在瞄准教学重点的过程中,教师需要注意避免完全凭借主观意愿选择案例关键点、忽略学生需求选择案例关键点以及一个案例设置多个重点,导致案例教学时间拖延、效率低下的现象。

(3) 合理设置思考题。在教学准备阶段,教师参考的案例教学指导书或使用说明中都会包含案例思考题。教师需要做的是结合案例的教学目标,改编适合自己教学课堂的教育管理案例思考题。

以案例《从卫生工作抓起》为例,其包含六个思考题。

①学校以教学工作为主,新校长却先抓清洁卫生工作,这样做合适吗?②分析卫生工作对学校全局工作的重要性。③请对校长在清洁卫生工作中的管理行为做出评价。④如何从学校实际出发,选择工作的突破口,推动全局工作?⑤同样是抓卫生工作,前后效果却不同,试分析其缘由。⑥假如你是该校长,下一步如何开展工作?在实际的教育管理案例教学过程中,以上思考题涉及的分析范围相对来说较为广泛,如果教师不加以修改直接呈现给学生,就有可能造成学生分析案例把握不住重点、课堂讨论零散的问题。具体情况具体分析,如果教师选择这个案例时将关键点定位于对"校园卫生工作"的分析,则思考题②③⑤应该成为教师设置与拓展的角度。如果教师将此案例分析的关键点设置为"学校的全局管理",则应该布置思考题①④⑥。有侧重点的思考题可以帮助教师在教学过程中有的放矢。

(三) 课堂教学计划

完成课程内容的设计后,为保障在课堂上有序开展教育管理案例教学,完成先前制定的教学目标,教师需要对课堂教学的整个过程进行详细的组织计划。如何安排教学过程是一个仁者见仁智者见智的问题,它没有固定的程序,但教师的准备工作一般会涉及以下几个方面。

1. 布置课前预习任务

教师布置预习任务主要有两个目的,一是督促学生熟悉案例内容,二是引导学生的准备方向。因此,教师需要提前将案例故事以及案例思考题提供给学生,同时布置案例分析报告,以作业的形式促进学生对案例的思考准备。

2. 课堂教学环节设计

教师要对教育管理案例教学课堂有良好的掌控，就需要有准备地对课堂教学环节进行提前的设计，主要包括对开始与结束环节设计以及对在课堂进行过程中的提问学生名单、提问问题的设计。

（1）开始环节的设计。课堂的开始是学生注意力最集中、精力最充沛的一段时间，因此好的开始是教育管理案例教学成功的基础。一个案例的分析讨论一般占用3节课左右的时间，课堂的开始有引入案例与讨论案例两种情况。对于一个全新的案例，教师需要设计适当的引入方式，自然巧妙地引起学生注意的同时提及先前布置的预习任务，唤起学生对案例分析的积极性。

对于以讨论案例开始的课堂，在学生对案例内容以及自身观点比较明确的前提下，课堂讨论是比较容易展开的。教师带领学生回顾案例情节以及先前讨论的观点后，就可以顺势继续组织小组或课堂集体讨论。

（2）课堂提问的设计。在教育管理案例教学课堂上，大多数时间提问与回答的都是学生，教师要尽可能减少自身观点对课堂讨论的干预。但是，教师作为串联课堂的"引线人"，需要采用提问的方式引出学生的讨论，还要引导讨论的方向，防止学生的讨论偏离案例重心。第一，教师可以对提问的问题进行设计。可以通过确定性问题及引导性问题引起学生发言，如"案例中的谁在何时何地做出了何种行为？""为什么事件会发生？"可以通过挑战性问题引起学生的思考，如"这样做可以解决当前问题吗？"可以通过假设性问题引导学生正确的思考方向，"假如发生了会怎么样？"也可以提出总结性问题引导学生总结分析讨论后的收获，如"后续会怎么发展？""你怎么看待这个案例？"第二，教师可以对某些问题的提问名单进行设计。案例分析的过程中，教师要尽可能保障每位学生都有发言的机会。教师可以提前为有相关背景和实践经验的学生安排"开拓者""NPC""气氛烘托者"等角色。

（3）结束环节的设计。结束环节的设计主要是指教师对集体讨论接近尾声时的设计。这一环节教师要发挥较为主动的作用，可以邀请学生总结案例讨论后的收获，之后对课堂讨论的情况进行总结性评价；也可以直接对学生的表现进行总结，目的是为课后评价反思进行方向性引导与铺垫。

3. 教学形式

教育管理案例教学主要可以采用以下几种形式。

（1）支架式教学。这类教学形式强调教师应当在教育管理案例教学全过程中适时发现和更新学生的"最近发展区"，并为其提供"支架"。在呈现案例时，教师对学生进行启发引导，将其引入一定的教育管理问题情境，让学生独立探索。探索过程中，教师要适时提示，帮助学生沿着教育管理案例的核心问题逐步攀升。小组协商讨论的结果有可能对学生个人的思考造成冲击，学生之间可能会产生争论，但最终会使多种意见相互矛盾或态度纷呈的复杂局面变得明朗。进入全班集体讨论时，小组组员间讨论得出的解决方案可能会遭到诘问，产生动摇，不同小组间还可能出现完全对立的局面，教师需要加入班级讨论，积极提供"支架"，引导讨论方向，帮助学生形成集体思维成果。课堂总结时，教师同样需要搭建"支架"以帮助学生在课后评价阶段进行正确的自我总结。

（2）抛锚式教学。教育管理案例中的矛盾与问题就是教师在教学时需要抛出的"锚"。因此，教师呈现教育管理案例的环节就是"抛锚"。接下来学生自主分析、小组讨论以及集体讨论的多个环节，教师需要做的是以"锚"为线索，给予学生发挥的空间。抛锚式教学的学习过程本身就是解决问题的过程，教师可以减少过多的干预，随时在教学中观察并记录学生表现即可。相对于支架式教学，抛锚式教学给予学生更大的学习自主性，对学生要求更高。教育硕士本身就拥有一定的教育管理实践经历，因此教师可以在教学中使用抛锚式教学激发其自主学习的积极性。

（3）随机进入式教学。相较前两种教学方式而言，随机进入式教学更注重发展学生的自主学习能力。在教育管理案例教学中，学生是课堂的主体，这意味着他们需要有较强的自主学习能力。教师可以在经过抛锚式教学训练的基础上，在课程过渡到讨论情节较为复杂、管理问题较多的教育管理案例教学课堂中使用这种教学形式。由于教育管理案例问题的复杂性、原因的多重性，教师可以引导学生寻找一个问题点"随机进入"案例情境，分析教育管理问题。不同的学生从不同的角度切入和分析案例后，小组讨论与集体讨论的内容就会更丰富，角度会更多元，学生可以针对不同观点进行思考并做出回应，思维能力也会有极大的发展。在课后学生的反思评价中，也会更注重考察学生在小组讨论和集体辩论中的贡献程度。

4. 时间规划

时间规划的主要目的，是在有限的课堂教学时间内完成教师设定的教学目标。因此，教师需要提前计划一个案例教学的课时，以及规划案例引入、讨论环节的时间。在具体实施教育管理案例教学时，时间规划可以很好地帮助教师掌控课堂。此外，如果课堂讨论出现精彩激烈的状况，教师可以灵活机动地调整时间安排。

5. 板书设计

板书设计在传统的教学课堂中较为常见。但对于教学形式较为灵活、突出强调学生自主学习的教育管理案例案例教学而言，板书似乎不再受到重视。然而，越是教师干预少的课堂，学生的讨论就越容易偏离主题。因此，教师可以在课前准备阶段设计一些引导学生正确思考方向的板书内容，分为提出问题、分析问题、解决方案等几个模块，在学生讨论时及时板书，引领学生的讨论沿着正确的方向进行。

6. 课堂环境规划

如今，教室、现场、网络都可以成为教育管理案例教学的"主战场"。课堂环境不同，案例教学的效果也会不尽相同。

(1) 教室。教室是教育管理案例教学最主要的场景。教室常常服务于传统的课堂教学，包括课桌椅、黑板以及投影仪等固定物品。因此，教师在设计教室场景的课堂时，要考虑课桌椅对学生讨论互动的限制。教师可以在保证所有学生看到黑板和投影仪的前提下，设计更适合讨论的课桌椅摆放形式，方便小组讨论以及集体讨论的实施。

(2) 现场。现场是针对教育管理案例教学的一种特定课堂场景，既可作为课堂教学的辅助形式，即学生在现场熟悉案例，然后回到课堂进行讨论；也可作为课堂教学的替代形式，即教师和学生就在现场进行讨论并总结。教师需要注意的是，如果教学全过程都在现场的情况下，需要提前踩点布置教学环境，提醒学生准备纸笔用具，规划学生讨论环境，同时最好具备黑板或投影仪用于展示。

(3) 网络。网络既可以是教师发布案例的主渠道，也是学生获取案例和参与研讨的主渠道，更是检验教师组织能力和学生学习效果的主渠道。虚拟课堂越来越成为一种主流的教学方式，通过网络实施教育管理案例教学也成为可能。教师需要提前准备好腾讯会议、钉钉等网络教室，要求学生提前调试好设备以方便课堂讨论。此时课堂小组讨论可以让学生创建小型线上会议室，集体讨论则可以在集体线上会议室进行视频讨论。相较教室和现场，网络教学效果可能会产生偏差，但适合学生数量较多的情境。①

五 教育管理案例教学的学生准备

教育硕士作为教育管理案例教学课堂的核心参与人，需要在教师布置阅读和分析案例的预习任务后、在课堂正式开始前做好个人准备。教育硕士的个人准备有时是在课堂中进行的，有时需要在课堂开始前自主准备，主要包括阅读与熟悉案例和分析案例两个部分。

（一）阅读与熟悉案例

阅读案例并进行初步思考是学生准备的第一步。他们需要通过熟悉案例内容，掌握关键信息，并尝试进入案例角色来思考案例中的问题。

1. 阅读案例

为有效阅读案例，学生需要掌握一定的阅读技巧与方法，同时尽可能多地寻找一些案例相关资料进行参考。

在《如何阅读一本书》中，作者将阅读分为基础阅读、检视阅读、分析阅读以及主题阅读四个层次。② 相较一本书而言，一个教育管理案例的篇幅和阅读的时间都有很大差距。但对于教育硕士而言，遵循阅读层次中的规律对案例进行阅读思考是十分有益的。首先，教育硕士都具备"基础阅读"的能力，即拥有丰富的阅读经验以及经验性的阅读技巧。其次，对于教育管理案例而言，教育硕士从"检视阅读"出发，系统化地

---

① 熊华军：《专业学位研究生"四贯通"案例教学体系的构建与实践》，《学位与研究生教育》2020年第4期。

② ［美］莫提默·J. 艾德勒、查尔斯·范多伦：《如何阅读一本书》，郝明义、朱衣译，商务印书馆2004年版，第57页。

略读案例，了解案例的背景、主要人物和关键问题。再次，教育硕士需要对案例进行"分析阅读"。此时教育硕士需要全力关注教育管理案例，寻求个人对案例中问题的强调和理解，达到可以进入案例角色的状态。最后，"主题阅读"主要强调以案例内容为圆心、探索相关阅读资料的过程，教育硕士可以在后续的准备中采用。

2. 进入角色

这个阶段，学生需要结合案例中的教育管理问题以及自己的经验、喜好对自身进行角色定位。学生需要明确自己将站在谁的角度上分析案例中出现的教育管理问题，不同角色看待问题的角度和解决策略不尽相同。对教育硕士而言，可以将自己放在案例中需要进行决策的管理者角色中进行分析，也可以脱离案例中人物，站在旁观者的立场分析案例。

（二）分析案例

在仔细阅读案例材料并对将要讨论的教育管理主题进行初步思考后，学生需要依据阅读思考的结果，撰写初步的案例分析报告。学生对案例进行独立分析的过程是其逻辑思维能力与创造力的直接体现，可以遵循以下步骤进行思考与撰写。

1. 确定分析的主要问题

虽然教师会提前发布教育管理案例的思考题引导学生的分析方向，但学生应当自主思考，确定分析的主要问题。例如，案例表现了哪种类型的教育管理问题？教师希望学生从这篇案例中应用哪些教育管理理论知识进行分析？除了老师给定的思考题，还有哪些问题值得思考？

2. 明确分析的基本思路

学生可以以阅读案例中发现的教育管理问题为核心，以解决问题为目的展开分析。其中应注意的是，分析过程中的结论性表述如果可以提供实证性的数据证明，在后续的讨论过程中，分析逻辑就更不容易被驳倒而失去立场。

3. 把握分析的侧重点

不同类型的教育管理案例所需要分析的侧重点不尽相同，不是所有的教育管理案例都需要全面的梳理分析。因此，把握分析的侧重点可以更好地帮助学生掌握独自分析案例的能力。一个教育管理案例一般含有多个教育管理问题，学生可以就分析一个问题还是同时分析多个问题进行选择。

如果是分析多个问题，那么在分析过程中，需要从定性或定量依据中，寻找解决问题的方法策略。如果是分析单个问题，那么学生可以选择案例中的关键问题或是教师可能会首先提问的问题。关键问题可以是案例中最突出最紧急的教育管理问题，也可以是多个主要问题中与学生自身兴趣和爱好最相近的问题，或是课堂上教师可能会首先提及的问题。

4. 采用合适的分析方法与技巧

在教育管理案例分析报告的撰写中，主要包括系统分析法、行为分析法和决策分析法三种主流的分析方法。系统分析法主要指将整个分析一篇案例的过程看作向一个系统内不断投入要素进行组织的过程，具体方法是通过了解案例中有哪些构成要素以及要素之间的关系，并将他们绘制于一套逻辑系统中的方式完成对一篇案例的分析，对案例的分析即完成了。行为分析法主要将分析的视角聚焦在教育管理案例事件的角色人物身上。案例中角色的行为离不开其认知态度、观点立场等个性化特征。将人物行动的前因后果掌握清楚，对案例中涉及的问题也就有了解决的方案。决策分析法用固定的决策模型或工具分析教育管理问题，使用这类分析方法分析问题会更精确，但要注意依据不同情况辩证使用，不可全盘照搬。

撰写案例分析报告除了锻炼学生的分析能力，还考查了学生的书面表达能力，流畅通顺的分析报告可以为学生在课堂讨论中的发言提供良好助力。案例分析报告的评价标准主要有三个方面：首先，表达要尽量直观易懂。在课堂讨论时，表达效率是决定观点表达成败的一个重要因素，能否快速抓住老师和同学的注意力并使他们明白自己的观点，分析报告表达的直观易懂，具有关键的影响作用。其次，在列举佐证观点的材料时，学生可以尽可能寻找一些同学间共有的经验以助大家就某一观点产生共鸣。最后，尽可能从不同的角度思考教育管理问题发生的原因以及解决策略，以求分析结论尽量严谨完整。

第六章

教育管理案例教学的组织与实施

　　教育管理案例教学的具体组织与实施是教育硕士培养的关键环节。不同于传统教学的课堂讲授，教育管理案例教学需要教师充分调动学生自主学习与自发讨论的积极性。"哈佛模式"作为案例教学的典型代表，探索出了案例教学的三大环节：课前准备、课堂实施、课后评估，三者构成了一个良性的闭环。教育管理案例教学同样遵循这三大环节。在具体实施上，需要基于教育管理相关理论以及教育管理现实问题展开教学。课前准备阶段已在上一章具体讨论过，本章主要介绍教育管理案例教学的具体组织与实施过程。

　　在课堂实施阶段，教育管理案例教学包括案例引入、案例讨论、情景练习以及实践体验四个环节。其中，案例讨论是教育管理案例教学的核心环节，也是体现教师的准备、引导是否成功，学生能否真正学有所得、掌握解决教育管理现实问题能力的重要部分。课后评估包括学生进行课程反思、撰写反思报告以及教师进行案例反思与课程总结。教育管理案例教学组织与实施的过程不仅是学生学习的过程，也是教师在盘点总结教学问题与教学创新过程。这一阶段中，教师可以进一步思考如何因地制宜地灵活应对教学问题，探求个性化的教学方式，提升教育管理案例教学能力。

一　教育管理案例的引入与呈现

　　经过教师的认真准备，教育管理案例教学可以正式展开。教师开展教学的第一步是从合适的角度与方向引入并呈现案例内容。教育管理案例的引入与呈现是案例教学的中心环节。①

(一) 案例引入

在呈现和讨论具体的教育管理案例前,教师需要通过发布案例导引以及介绍该教育管理案例发生的背景,将教育硕士引入特定的教育管理问题情境中,引导教育硕士对案例内容进行初步了解和认识。

1. 发布案例导引

教育管理案例导引类似于导游发布的游览导引,其目的在于提前为学生规划教育管理案例在课堂实施中的流程安排,使学生在课堂学习中做到心中有数。

教师在发布案例导引时,可以结合在准备阶段确定的重难点、教学环节以及提前布置给学生的思考题,设置课堂节点提醒学生注意课堂思考分析及讨论的时间安排。在突出以学生为主体的教育管理案例教学过程中,教师发布案例导引对教学成效的影响较传统教学课堂来说要大得多。因此,这一环节在教师组织开展教学时是必不可少的。

2. 引入讨论案例

教育管理案例教学旨在培养学生在未来的实践中解决教育管理问题的能力。因此,教师在引入将要讨论的教育管理案例时,需要向学生说明案例中故事发生的背景信息。这无论是引导学生结合自身以往经验对案例进行深入思考,还是后续的课堂讨论,都至关重要。下面以教育部学位与研究生发展中心案例库中的《学校要求教师手写教案》案例为例,介绍引入案例时所涉及的内容。

【案例6-1】

学校要求教师手写教案

T校新任校长提出教师必须手写教案一事备受争议,遭到老师们

---

① 王玉辉:《案例教学在教育硕士培养中的应用——以语文学科为例》,《沈阳师范大学学报》(社会科学版) 2012 年第 3 期。

的强烈反对。为什么要手写以及如何写才能提高教师的教学水平和促进学生的全面发展是教育者们要探寻的问题。此措施实施过程中遇到了老师们工作强度加大、教学经验丰富的老师缺少、部分老教师拒绝参与、教案评价不到位和教案实际运用困难等问题。吴校长提出了任务均衡分配、个性化教案、精简教案内容、优秀教案展示、建立教师教学评价档案及学校领导带头研教的措施，并取得了不错的成效。

以上是该案例的内容概要，在呈现案例中这些具体的内容与问题前，教师可以将校长要求 T 校教师手写教案的背景信息作为引入的切口。

2018 年 1 月，《中共中央 国务院关于全面深化新时代教师队伍建设改革的意见》指出有的地方对教育和教师工作重视不够，在教育事业发展中重硬件轻软件、重外延轻内涵的现象还比较突出。备课、写教案是一名教师最基本的任务，同时也是体现教师专业能力的重要组成部分，要加强教师队伍建设，必须加强教师专业能力的培养。

中共中央全面深化改革委员会第十次会议审议通过了《关于减轻中小学教师负担进一步营造教育教学良好环境的若干意见》，指出切实减轻中小学教师负担，让中小学教师潜心教书，静心育人。所谓减负，指的是在教育教学过程中，我们要少做无用功，摒弃形式主义和弄虚作假，遵从教育规律，采用恰当的方法，勤于钻研、乐于奉献，使自己在专业领域内快速成长。

2016 年 6 月 23 日，《教育部关于印发〈教育信息化"十三五"规划〉的通知》，特别提出要培养教师信息化教学能力，师范生则需要开设与之相关的课程。站在新的历史起点，必须聚焦新时代对人才培养的新需求，教育信息化作为教育系统性变革的内生变量，支撑引领着教育现代化发展。

（原载：教育部学位与研究生发展中心案例库，https：//case.cdgdc.edu.cn/member/case/operate/readContentDetail.do? caseId = e6aaf379f9c84997b3251e5e9d259102&fileId = f003ad6c23f04122baaef48cb63b2759。）

加强教师队伍建设、减轻中小学教师负担以及培养教师信息化教学能力的相关文件，都是 T 校校长与教师关于手写教案的问题发生冲突的背景信息条件。在呈现案例前，教师引入三份背景文件，可以带领学生快速进入课堂，自然顺畅地融入案例情境。

（二）案例呈现

好的案例呈现是为了最大程度发挥案例对教育管理教学的作用。教育管理案例以叙事逻辑为主，因此教师在呈现案例时往往需要扮演故事的角色。哈佛大学公开课"公正：该如何做是好"授课教师迈克尔·桑德尔（Michael Sandel）教授信手拈来，利用大量案例来讲授深奥的政治哲学，令人印象深刻。① 但是，单纯地描绘故事情节容易使教师忽视在教学中引导学生自主思考的主线任务，只呈现"是什么"的问题而忽视对"为什么"的解释时，教师的作用就难以发挥到极致。当案例内容的呈现以"现象""特征""概念""类型""因素""机制"等探究逻辑的方式来展示时，学生对案例的分析思考就不会停留在表层，而是更加深入。具体案例的呈现可以分为以下几种模式。

1. 先案后理型

先案后理型就是先展示案例后归纳相关的教育管理原理。教师可以通过下发纸质材料或 PPT 演示的基础方式呈现案例的原文，并引导学生根据之前的思考总结相关教育管理原理。这类模式最为常见和直接，教师可以在教学开始阶段使用这类模式，在引导学生分析具体实践问题的同时注意对理论的总结归纳。

2. 先理后案型

先理后案类型是教师在案例导入环节先讲解教育管理的原理，再出示相关的案例。教师运用有关的原理来分析这些案例，用相关原理来解释和论证这些实际事件中存在的问题，使理论与实践相结合。这一类型既能提高学生的理论素养，又能增强学生的专业分析能力，从整体上提升学生的综合实践能力。

---

① 张艳：《浅析国内大学法学教学中的案例教学法之不足与对策——从哈佛大学"公正：该如何做是好"一课说起》，《学理论》2013 年第 21 期。

3. 案理同步型

案理同步型是教师在展示案例的过程中根据教育管理原理知识体系，进行分阶段、分层次地解析案例。开发这种综合性的案例应该包含教育管理实践中的多个方面内容，对于案例内容进行分阶段的剖析，对于案例所涉及的不同层面问题，采用不同的原理来进行分析。采用这一模式，可以由浅入深，逐步向学生展示逻辑与推理的力量。对于案例的分析还可以在不同的层面上来进行，展示不同的教育管理原理在分析问题中的逻辑力量。[①]

为在呈现案例时激发学生参与课堂的热情，教师在呈现的形式上也可以根据实际情况采用不同的方法，最终目的在于在课堂中构建案例中管理者的行动逻辑并唤起学生对情境的回忆。对于人物对话丰富的教育管理案例，教师可以邀请学生通过角色扮演的方式呈现；对于有视听资料的案例，教师可以通过多媒体设备进行展示；对于内容较为繁复的案例，教师可以在采用书面呈现的同时为学生提供安静回忆的课堂时间。

二 教育管理案例的小组讨论

案例讨论是教育管理案例教学的核心环节。案例讨论的质量往往代表了教育管理案例教学的质量。如何把握好教育管理案例教学的精髓，使学生最大程度地参与课堂中的讨论、辩驳，需要教师按照一般性程序组织好小组讨论、课堂上的组间辩论以及最后的小结。

小组讨论作为开始课堂讨论的第一个环节，学生往往处在寻找方向的阶段。此时，教师的主要任务在于协调组织学生建立小组并就具体的目标问题展开讨论。学生们目标明确，小组交流不沦为形式主义。通过精诚合作、人人参与的讨论，求同存异，形成对目标问题相对一致的思考和结果。

（一）建立教育管理案例讨论小组

在传统的教学课堂中，教师也常常将学生分为不同小组进行教学活

---

① 肖庆华：《案例教学法在教育管理教学中的运用》，《经济研究导刊》2012年第18期。

动，但这种分组一般具有随意性和不确定性，学生在小组内作为临时的合作伙伴，合作和讨论的效果都很难达到教师期望的状态。而在教育管理案例教学中，小组讨论作为课堂讨论的重要组成部分，对教师的教学以及学生的学习效果都影响重大。因此，教师应当按照一定的程序协调学生分组，确保最大化学生小组讨论的课堂效果。

1. 小组规模

在教育管理案例教学中，小组最大的优势在于人人都可以参与其中、合作交流。因此，课堂小组的规模不能过大也不能过小，以 5—8 人为宜。规模过小的小组难以全面讨论具体的教育管理问题。虽然组内相对容易达成一致的观点，但这样的一致往往不是最佳的问题解决策略。规模过大的小组可能会出现较多的分歧，虽然对于发散学生思维有益，但有可能会出现散漫无序的现象。同时，规模过大的小组很难平衡成员发言，无法做到组内讨论人人参与，在很大程度上削减未参与者对案例讨论的积极性，降低小组讨论的学习效果。

2. 人员构成

确认小组构成规模后，教师可以自主分配小组人员，也可以引导学生自由组合。但无论怎样分组，小组人员的构成都应当遵循一定的原则。

首先，同一小组内成员之间需要具备一定的差异性。个性特点的不同、管理实践经历的多寡，甚至年龄性别的差异都有可能使组内讨论产生分歧，有分歧就会有思考，对教育管理问题的分析也会更加深入。其次，同一课堂内不同的小组之间应当保证能力的一致性。也就是说，每个小组对教育管理案例分析的总体水平，尽量避免出现较大的差异。教育管理案例教学课堂小组的分组并非临时组合，而是贯穿教育硕士整个教育管理案例学习阶段的合作伙伴，无论是教师还是学生都应当谨慎选择小组成员，确保小组讨论和课堂讨论的顺利进行。

3. 职责分工

小组成立后、讨论开始前，组内成员的职责分工是必不可少的。小组作为教育管理案例教学课堂中的微型组织，同样需要管理者，即小组组长承担计划、组织、协调以及控制的职责。作为高度自治的讨论小组，组长的确定可以由个人推荐和组内投票相结合的方式完成。组长负责在讨论开始前协调确定具体案例讨论的问题、目的以及组员的任务分工。在讨论过程中把握讨论方向不发生偏离，并在讨论结束后组织组员及时总结凝练讨论结果。小组成员可以承担包括记录、计时、汇报等任务。需要注意的是，在讨论时组员既要完成自身的任务，又要积极参与对教育管理问题的思考和讨论中。

组内任务的分工并不是一成不变的。每位学生在小组讨论中都可以尝试不同的任务和分工，发挥个人所长，助力小组讨论更加成功。学生勇于尝试不擅长的任务，可以更好地锻炼个人能力，在教育管理案例教学中真正学有所得。

（二）确立小组讨论程序

所谓小组讨论程序就是在小组内部讨论时小组成员间相互约定的讨论原则以及关键点导引图，明确每个阶段组内成员讨论的方式以及内容，做到讨论有序，结论有所依。

1. 小组讨论原则

不同小组的讨论原则因人而异、不尽相同，只要做到组内成员一致认同并坚持遵守，就可以在很大程度上保证讨论合作的顺利进行，避免产生讨论问题之外的矛盾和争论。总体而言，小组间需要遵循的讨论原则有以下几个方面。

（1）保持合作态度。小组讨论的要义在于通过合作达成解决问题的目的，因此，组员间要想提升小组讨论效率，就要在合作中达到共赢。合作的态度包括但不限于在发表观点前做好充分准备，做有意义的发言建议；在讨论过程中与组员间维持良好氛围，尊重他人的发言，组员间产生矛盾时尽力化解冲突，信任并支持组长的管理。合作的成功需要小组内每位成员保持集体的意识，突出个性化的同时始终不忘团结主旋律，尽可能做到求同存异。

（2）明确学习目的。无论是个人发言还是小组合作，对于每位组员而言，学习是最终目的。组员间不同的思考角度、学习方法以及突出优点都值得被发现和学习。小组讨论之所以重要，是因为除了教师教学和自主学习，学生间的相互帮助对其解决教育管理问题也是有重要意义的。特别是对于教育管理中出现的问题，并不是仅有某一种确定的解决之道。

拥有教学经验的教师与拥有一定工作经验的教育硕士看待同一教育管理问题时，思考角度并不一定会完全相同。或许前者更注重教育，后者更注重效率。如果他们作为同一小组成员相互借鉴，两者分析思考问题的能力就会更上一层楼。

（3）兼备表达和倾听。在小组讨论的过程中，准确表达和仔细倾听都是积极参与的表现，且缺一不可。准确表达自己对教育管理问题的见解，为集体贡献分析思路，是每位组员都需要努力做到的。做到有质量地倾听和记录他人的观点与思考，对小组讨论结果和个人思考的广度及深度大有裨益。

2. 小组讨论阶段

小组内部讨论流程整体上需要组长把控，以确保在规定的时间内完成讨论任务。大多数情况下，小组讨论可以根据教师之前发布的思考题为依据进行阶段划分，可以为每道题目的方向留出讨论时间，也可以更倾向和专注于讨论某一问题。

确定好讨论题目后，小组成员可以针对讨论的问题依次陈述观点，通过头脑风暴的方式提出见解和对策。接下来，组长可以根据组员头脑风暴的结果对成员的观点进行分类总结，相同观点合并，争论性观点则进入下一阶段。每位组员可以向组内对立方提出一到两个问题进行深入讨论，在这一阶段，对所有观点的赞成和批驳都是可以出现的。最后一个阶段需要小组内进行观点总结，将基本达成一致的观点以及对相关观点的反驳意见都记录下来，以便在集体讨论中为本小组观点提供支持。

在分阶段讨论的过程中，小组内成员要尽可能地代入自己更偏向的案例角色中，站在明确的立场阐述自己的观点。在总结小组观点时，同一小组的组员间应尽可能保持相同的立场，即使出现的有暂时不可割舍的两种立场观点时，小组内部也应做到立场角度不相互矛盾。同时，尽可能准备充分的事实及理论依据支撑，以帮助小组在集体讨论中能够积极回应其他学生的诘问。面对不完全确定的问题，无法在小组内部讨论出相对完善的决策时，组内的记录员与汇报者也要及时记录好问题，以便在接下来的课堂讨论以及后续课下反思回顾中寻找答案。

三 教育管理案例的集体辩论及小结

（一）集体辩论

在小组讨论结束后，教师需要引领全班学生共同参与课堂讨论，也就是集体辩论。集体辩论主要需要由各小组表达各自观点，其他小组成员及教师针对其观点进行讨论，表明赞同或反对的同时阐明理由。这是一种以一个小组为主进行汇报，其他小组根据该组汇报进行集体讨论的过程。"批判不能简单地等同于否定，具有一种消极的意义，而是区分和划定边界。批判在根本意义上是生成性的，因此是思想的发生。"[1] 所以，批判既能让主体深化认识，也能够帮助客体知晓不足。汇报形式多样，可以是口头汇报、表演汇报、文本汇报，或将这三者融合的综合汇报。无论是哪种形式的汇报，都需要每个小组向师生清晰展示其对于教育管理事件的观点角度。这种以小组演示为主的优势在于，教师的课堂组织工作相对容易，学生讲解起来思路连贯；但其主要的问题是，对案例的分析演示容易抓不住重点，演示的时间分配也可能不合理，演示重点不突出。较为糟糕的情形是，一些学生只是复述了一下案例的基本素材，缺乏透彻的分析过程。一些学生甚至认为开展案例教学是教师想偷懒，其重要原因之一就在于教师在课堂上面对学生发言放有余而收不足，同样只是扮演一个被动的听众，对学生的案例演示过程缺乏控制。因此，在小组间集体辩论的过程中，教师的引导是极其重要的，要把握讨论的节奏，指引讨论的方向，引导学生基于问题来讨论，帮助学生在事实的基础上深化对理论的理解。

除此之外，集体讨论还有一种形式，即每位课堂成员都是讨论的主体，各成员基于教师和学生提出的问题进行批判。此时，小组汇报的形式被削弱，每位学生均有同等的权利参与案例的讨论，集体辩论的热情容易在这一环节被激发出来。教师也需要发挥更大的引导作用，由浅入深、循序渐进地就案例素材逐一提出各种问题，由学生举手示意或教师指定学生作答，在多个回合的问答中，教师引导案例讨论深入，逐步让

---

[1] 彭富春：《哲学与当代问题》，《武汉大学学报》（哲学社会科学版）2005年第5期。

学生找到案例的关键问题及相应的对策。同时教师控制好讨论节奏和时间，在恰当的时机进行提问。当讨论出现偏差时，教师需要适时引导学生回到正轨；当讨论渐入佳境时，教师需要进一步引导学生直面焦点问题和冰点问题，引导讨论走向深入。整个案例讨论的内容和进度基本处于教师的控制下，通过对学生展开启发式的提问，能够让学生深刻体会如何分析与解决相应的管理问题。相对于分组展示讨论的形式，虽然对教师的管理知识水平、课堂驾驭能力及现场控制能力提出了全面的挑战，但只要使用得当，教学效果将非常理想。①

(二) 案例小结

1. 结束讨论

在教育管理案例教学讨论进行到后期，教师需要适时提醒学生结束案例讨论，及时进入总结环节。教师可以通过多种方式引导学生结束讨论，包括但不限于对分歧点的投票、提出其他解决问题的思路、回顾总结观点或直接请学生总结案例带来的启发。

2. 案例点评

第一个点评是对小组的合作精神、团队意识、言行举止、方法运用、过程参与、观点创新进行的点评；第二个点评是对各小组提出的思路再次进行综合，帮助学生探究事实本质、界定核心概念、拟定思维框架、指明观点价值、厘清知识图谱等。

在案例教学课堂结束前，教师需要花 10—30 分钟对学生课堂表现及案例本身做一个简单而精辟的总结。对学生的课堂表现做出客观、中肯的评价，有助于让学生明确自己在分析问题、表达观点等方面的差距，并为未来的改进指明方向。对案例中教育管理者所面临的困境及其原因、努力方向、实施举措等进行提纲挈领的点评，给出一个分析及解决相关管理问题的基本逻辑框架，有助于引导学生建立更加合理的思维框架，培养学生的独立思考能力。在案例课堂中，学生经常就教育管理的一些难题向教师提问，为了更好地回答这些问题，教师要尽可能多地掌握与教育管理案例相关的信息。尤其在发展迅速的教育环境中，需要密切追

---

① 刘刚：《管理学科案例教学的准备与组织工作》，《中国高教研究》2010 年第 5 期。

踪案例事件及其相关信息,以使点评更符合当下时代的实际情况和客观需要。如果条件允许,教师也可以将案例所涉及的当事人请进课堂。当然,面对复杂的管理情境,在很多情况下,并不存在唯一正确的解决方案,为了鼓励学生的创新思维,避免让学生盲目迷信教师或教育管理实践者等的观点,教师在点评时还需要强调,自己或某位教育管理者所提出的问题解决方案只是一家之言,并不是解决问题的标准答案。

此外,教师要想充分发挥案例点评的深层作用,在点评总结中能够超越课堂讨论的内容范畴,就需要做到转换角度,或进阶到更高层次评价问题、升华案例涉及的某个具体问题。当然,教师对于教育管理案例中涉及的复杂问题的思考各有不同,个人的教学风格与诠释方式都有所不同。但无论是怎样的教学风格,在历经个人讲解及分组讨论之后,教师都有可能对案例产生新的理解。在教师总结案例所涉及的知识、分享经大家共同讨论而产生的新认识后,课堂教学趋于尾声。

3. 好的讨论的特征

在教育管理案例教学课堂中,讨论是占主体地位的环节。因此,评价一堂教育管理案例教学课是否精彩,好的讨论的特征应包括以下几点。

第一,学生比教师说得多。传统教学是"以教师说明为中心"的教学,即使是有关举例子的教学,教师仍然是通过讲解突出例子的说明作用,学生依旧在课堂中处于从属地位,被动地接纳知识、听取教师的教诲。这种以教师为主、以学生为辅的"教师主导型"的授课模式在很大程度上限制了教师与学生、学生与学生间的沟通互动,学生的个性化发展与自主学习能力的培养都会受到限制。教育管理案例教学则更多地融合较为现代的教学观念,将"教师主导型"转变为"学生主导型",鼓励学生在集体中张扬个性。在此基础之上,学生积极发言的程度即"学生是否说得多"成为衡量教育管理案例课堂讨论的标准也就不言而喻了。学生说得多,表明学生的参与程度比较高,如学生踊跃发言、相互辩论并不断向教师和同学提出问题,特别是提出挑战性问题,则说明讨论具有较高的质量。问题产生于思考,问题越多,表明思考越丰富,自主自愿的参与性越积极。因此,当教师进行教育管理案例教学时,要给予学生更多的发挥空间。

第二,教师提出问题,而不是给出答案。叶圣陶曾讲过:"教师之为教，不在全盘授予，而在相机诱导。"① 教师培养学生"给答案"是教育管理案例教学的大忌。首先，它违背了教育管理案例教学所倡导的辩论、推理、自主判断等独立思考的能力；其次，它剥夺了学习主体的平等参与权；最后，它提前终止了案例教学过程。那么，面对案例是发生在别人身上的故事，不剥夺学生"剧中人"身份的合理方式应该是什么？避免让教师的地位优势、知识优势替代或干扰学生主动独立的思考或许是处理这个问题的最好方法或基本原则。具体而言，面临一个或多个需要学生自主解决的问题、难题甚至困境，教师不是立即告诉学生是什么和如何做，而是通过强调一些信息线索，鼓励学生分析案例交织的问题和困境，继而提出问题的解决方案，在学生推理判断、寻求问题解决可能秉持的立场以及方法技巧的过程中，体现学生参与主体身份的真实存在。换言之，案例讨论之所以有利于促进学生分析问题、解决问题能力的提高，主要依靠教师对学生阐释的倾听和学生疑问的对话，而不是省略这些环节。但是，教学实践中，教师时常出现担心冷场而忍不住自问自答的情况，结果往往事与愿违。教师越想竭力摆脱沉默，反而会遇到更大的沉默。实际上，课堂上出现少数学生不讨论、不发言、不应答的"三不"沉默情况，其原因是多方面的，例如案例无趣、频繁上课的疲惫或是准备考试的焦虑等。另外一种情况是：有一些学生不愿意当众发言，但并不意味着不思考，或许由于性格内向不善言谈而惧怕发言；或注重内心思考、喜欢深思熟虑之后发表观点。

第三，避免陷入与学生的争论，要用问题去回答问题。在讨论中，对学生进行回应可以推动学生进行有深度的思考，但回应过于频繁既干扰学生参与、影响课堂既定进程，也使教师陷入与学生的争论或辩论，使"导演"越位为"演员"。教师应控制讨论的次序和秩序，让学生在开始阶段处于讨论的中心，此时，教师只是辅助者的角色，合适的方式一般是用问题去回答问题。但是，讨论时常会出现观点五花八门、不着边际的情况。此时，教师应及时干预，适当引导，避免讨论过于偏离主题，从而提高案例讨论的有效性。除了内容观点的适时切入，教师还应注意处理技巧。冷淡、批评、粗暴打断等方式，不仅影响讨论氛围，也会挫

---

① 叶圣陶：《叶圣陶语文教育论集》，教育科学出版社1980年版，第44页。

伤学生的积极性与主动性。

第四，讨论结束时意犹未尽。讨论进入最后阶段，学生的情绪依然高涨、观点依然勃发，甚至依依不舍，则说明讨论是有质量的。如约翰·巴赫所说："如果你的学生出了教室，仍然在谈论课堂上的案例，就可以认为这堂课是成功的。"① 课后学生仍津津有味地谈论这个案例，甚至围拢到老师身边争先恐后地发表意见，或下次上课时他们带来自己查阅的相关资料，说明案例的研发、课堂教学的设计、案例的讨论是成功的。相反，则表明这堂课存在需要改进的问题。

第五，教师宜"动"不宜"静"。与传统教学主讲固定站位模式不同，案例教学要求教师与学生实现"零距离"空间站位与"零时差"观点跟踪。教师避免站在一个位置远观，而要走到学生中间，随时了解讨论情况，及时运用各种手段处理各种问题，提高讨论质量。在课堂讨论的过程中，让学生分组自由寻找空间，如席地而坐聚集在教室后面，或坐在讲台上甚至走廊上，多个空间便于教师自由穿插。

综上所述，评价是否组织了一场好的课堂讨论，大致需要把握以下几个方面：学生发言的时间占比更多；教师在讨论中提出问题而非解答；讨论结束时学生感到意犹未尽；教师与学生的"零"距离。

四 教育管理案例教学的课程反思

反思是教育管理案例教学的最后一个环节。在本环节中，教师在引导学生进行课程反思时，可以从不同角度的反思中总结课程教学中的收获，归纳课堂中出现的问题并找到解决策略，为之后的教育管理案例教学提供经验。

（一）布置反思报告

在教育管理案例的课堂教学结束之后，教师要给学生布置作业，即反思报告。总体而言，反思报告主要包括课堂表现反思与课程收获总结

---

① ［德］马克斯·韦伯：《社会科学方法论》，杨富斌译，华夏出版社1999年版，第63页。

两个部分。课堂表现反思的主要目的是引导学生回顾案例分析讨论的过程，总结经验；课程收获总结则是引导学生归纳总结分析案例所运用到的教育管理理论，帮助其日后将理论灵活运用到教育管理实践中。

1. 谈谈表现

谈谈表现主要让学生在课后通过自我评估的方式，总结个人优势以及不足之处，汇集成学生个人对教育管理案例分析的实战经验。学生在进行自我评估时，主要可以从以下几个维度进行反思。

首先是对课程正式开始前的准备工作，即撰写的案例分析报告进行自评。学生主要可以依据小组讨论时对分析报告的贡献程度、课堂讨论结果与分析报告的匹配程度进行评估。其次是课堂讨论参与的积极性。在教育管理案例教学的课堂中，学生虽然是课堂的主体，但是基于学生数量以及讨论时间的限制，并不是每位学生都需要发言。主动在课堂上发表自己的观点，有助于学生通过自主学习形成对教育管理事件的个性化判断，切实达到教育管理案例教学的目的。此外，是否有效回应教师提问也是一种自我评估的维度。在部分较为复杂的教育管理案例教学中，教师往往会通过提问的方式引导学生思考案例分析的方向，或是针对学生对案例分析的基础进行深入分析的提问。学生在这种情况下正确积极的回应有助于个人思考的深入以及分析、解决问题能力的培养。最后学生可以根据课堂讨论中其他人的观点反思自己的分析，如与他人角度是否一致、观点是否鲜明、小组内部和小组之间是否形成较为一致的判断。这些评判标准都是为了体现教育管理案例教学使学生学会合作的同时，也使其形成独立解决问题的能力。

2. 谈谈收获

谈谈收获主要需要学生在结束一篇具体教育管理案例学习后，整理课堂学习前后自己分析教育管理案例所运用的相关理论知识以及分析程序、方法，反思有何收获和提升。此外，学生可以超越教育管理案例的限制，反思由案例所引发的个人价值判断和行为认知的变化。

在具体呈现的过程中，学生可以采用书面报告的形式展示课后的反思以及未在课堂上解决的疑问。写作逻辑结构上，学生可以采用总—分的框架进行叙述。在"总"，即摘要概括的环节，学生需要通过更为凝练的语言来阐述个人的观点态度，做到清晰鲜明。在具体展开论述的环节，学生可以从案例出发，延伸个性化的思考分析。案例分析的模式可以按照背景介绍、问题发现、问题原因、决策方案这四个部分进行建构。第一，背景介绍要陈述清楚案例发生的时间、地点、人物、事件，要言简意赅且不重复叙述，使即使没有阅读过案例原文的读者也可以迅速明白故事脉络。第二，问题发现要交代清楚案例中的矛盾点、主要矛盾、次要矛盾以及矛盾的主次方面。第三，在问题原因阐释的部分，学生需要结合自身已有的和课堂讨论中提及的管理知识和理论，从理性的角度审视问题生成的深层原因。第四，决策方案要应用教育管理的相关知识去提出相应的解决策略，在课堂讨论结果的基础上，结合以往的教育管理知识学习以及理论实践，提出有效的应对措施，给予读者教育管理行动启示。① 这种模式在提升学生分析能力的同时，有助于培养其书面表达能力和逻辑思维能力。此外，教育管理案例教学作为研究生教育课程，也可以培养学生在课堂之后的延伸性探究能力。

在整体的教育管理案例课程中，除了以上常规反思作业，学生须围绕专题内容开展研究，并提交一份高质量的案例报告。一般来说，案例写作经历如下阶段：选定题目—汇报研究方法和思路—汇报文献综述—汇报论文主旨。课程结束后，学生可以根据师生的点评再次完善案例报告，并提交给教师。教师也可以通过组织教育管理案例分析考试的方式，对学生的学习成果进行最终评估。考试内容可以由教师向学生提供一篇全新的案例，要求学生自主对案例内容进行书面分析。这种方法可以相对客观地考核学生运用理论知识的情况及其分析案例的教育管理相关综合性能力。

教育管理案例教学结束之后，教师同样需要进行反思。教师回顾、总结课堂教学中的得失，有助于改进自己的课堂教学效果，提升对教育管理案例教学课堂的掌控能力。教师可以从对教育管理案例的选择和教育管理案例课堂教学效果两个角度进行反思。

（二）分析案例选择

在大部分的教育管理案例教学中，学生是课堂中分析讨论的主体。

---

① 王萌萌：《教育管理案例分析课程内容结构的建构研究》，《林区教学》2019 年第 5 期。

因此，在课后从教师的角度分析一篇教育管理案例是否适合课堂教学时，教师要结合具体学生培养的需要以及课堂后对学生的启发来进行针对性评价。

1. 从学生需要出发

在教育管理案例教学的准备阶段，教师已分析过学生对案例的需要。在教育管理案例课堂教学结束后，教师与学生的关系以及教师对学生学习特点的了解都变得更加深入。教师可以再次审视学生需要怎样的案例，反思案例的选择是否匹配学生学习的需要。这样的反思有助于教师在后续选择教育管理案例时，找到更加契合学生知识经验即在"最近发展区"内的案例，使学生更愿意参与教育管理案例的课堂讨论，激发其分析思考案例的热情，进而有效训练培养学生对教育管理问题解决的能力。

2. 从学生学习成果出发

教育管理案例能否有效丰富学生的教育管理理论、提升其实践能力，需要教师结合教育管理案例课堂教学后学生的分析成果进行反思。具有实际效果的教育管理案例教学一定显著区别于单纯在教育管理课堂上进行举例的教学，不仅仅为解释一种理论的应用方式或是经验层面的知识传授。教育管理案例课程结束之后，学生产生了基于案例的思考，以及逐步形成分析教育管理案例的思维模式结构，是教师真正期望的学习成果。因此，对教育管理案例的评判标准也是以这样的目标为导向的。

（三）反思教学效果

教师从课堂教学效果的角度进行反思时，主要从以下几个方面展开。首先，在教学的第一步，教育管理案例呈现时，教师使用的方式是否恰当，是否遵循了案例本身的逻辑，是否符合学生对教育管理案例的期待。在教育管理案例教学过程中，教师面对不同的学生可以选择相同的案例，以不同的呈现方式进行讲授，这样的教学效果也会大不相同。因此，教师需要时常反思自己对案例呈现方式的选择及创新。其次，教师需要对自身在课堂教学中是否起到引导学生思考的作用进行持续性反思。例如，教师是否恰当并合理运用以下引导学生思考方向的问题句式。"请学生概括主要内容""可以进行具体举例吗？""这一观点/内容在其他方面有体现吗?""学生们是否思考过这个问题?""你们对此的看法是什么?""赞成吗?""还有别的意见吗?"最后,在收集学生的反思报告后,教师对学生作业或考试状况的分析是检验教育管理案例教学效果的有效方式,可以帮助教师较为直观地收获对其教学效果的反馈。对于学生思考较为深入分析清晰的课堂,教师可以将其作为标准和努力的方向;对于效果不够显著的教学课堂,教师需要及时记录并剖析原因,不断改善。

对于学生而言,教育管理案例教学是课程中的一环,是一种区别于传统课堂教学的方式。它不同于某一种具体的教学策略或教学方法、技术,而是一种重在教师引导、力求学生自主发展的对教学效果产生直接影响的教学方式。所谓"求能必须先求知",教育管理案例教学迥异于传统教育管理课堂教学之处,就在于其不仅希望学生在课堂学习后获得知识,更希望他们在"学有所得"后更会"自学亦有所得"。无论是教师还是学生,比起记住教育管理案例中的故事,更多需要他们反思的是,是否掌握对新鲜案例"如何分析"与"分析什么"的能力。在不断的反思中,教师和学生都可以重新审视教育管理案例教学的目标,将较为笼统的"培养能力"细化为特定的知识理论,且更加重点关注获得或应用这些知识理论的过程。

从当前实践情况来看,虽然案例教学理论或教育管理理论能够为教育管理案例教学提供学理性支持,但教师在真正的教学过程中还会面临许多全新的教育困境。从一定程度上来说,教育管理案例教学过程中产生的问题的探究与解决能力,正是学生在教育管理案例教学中期待收获的结果。因此,无论是教师还是学生,不断在教育管理案例教学的课堂上持续摸索,反思不足并总结收获,最终都将更加接近和理解教育管理案例教学的本来面目,推动教育管理案例教学持续健康发展。[①]

总之,教育管理案例教学是以学生为核心主体、教师引导为主线,追求教育硕士培养的质量和效率,强调思考、分析及决策的一种教学方式。对于教师和学生而言,这种较为新颖的课堂活动无疑是具有不确定性与挑战性的。为更好地组织和实施这类教学,教师需要更加注重优化

---

① 和平、宫福清:《从"故事"到"知识":案例教学实践逻辑的反思与重构》,《教育理论与实践》2020年第35期。

教学过程，重视学生思维逻辑体系的建立，激发学生在课堂中的活力与创造力；学生也需要结合自身教育管理经验以及完善教育管理理论学习，积极探索分析教育管理案例的思维方法，主动掌握并形成个性化的分析模式，在此基础之上不断改变和进步。

第七章

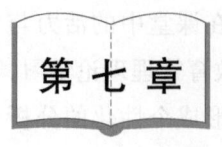

教育管理案例的开发与撰写

教育管理案例的形成离不开规范的开发程序。教师若要实施教育管理案例教学，就需要将如何开发合格的教育管理案例作为一项必备技能。本章将围绕"案例开发"这个关键问题展开，以帮助学习者厘清教育管理案例开发的基本流程。

一 教育管理案例开发的意义

哈佛商业管理学院院长唐哈姆（Donham）指出，没有适当的材料就不能实施案例教学。[①] 他认为，拥有优质的案例教学资源以及熟练掌握案例教学技巧的教师，是实施案例教学的关键因素。因此，在教育管理教学过程中，选择适合的教育管理案例尤为重要。一般来说，教育管理案例的来源分为两种，一是从现成的案例库中直接选；二是基于现实的教育管理实践撰写案例。目前，我国教育管理教学案例库的素材处于极度缺乏的状态。缺乏高质量的教学案例，案例教学的价值就难以体现。就此而言，教育管理案例的开发有三个方面的意义。

（一）为教育管理案例教学提供素材

优质的案例材料可以大大提高教育管理案例教学的效率和效果。教

[①] （台湾）高熏芳：《师资培育：案例教学的发展与应用策略》，九州出版社2006年版，第6页。

育管理领域有大量的实践素材，却缺乏对教育管理实践素材的收集、整理与分析。轻描淡写的记录进行举例说明，往往只对行为语言进行了描述，难以深入涉及人物的心理活动，这样的"案例"较为简单，难以引发学习者的兴趣，更无法深入地思考和讨论问题。

（二）提升教育硕士的培养质量

教育硕士是培养高层次专业化教师的重要阶段，在学习过程中若有优质的教学案例作为教学和学习的工具，对教育硕士的发展将大有裨益。通过教育管理案例教学，以案例为载体，引导学生进行深入思考，运用理论概念解决实际问题，从而提升学生分析和解决问题的技巧。彼得·圣吉在《第五项修炼》中对学习型组织做了详细的阐述，教育硕士通过教育管理案例教学可以模拟学习型组织的真实环境，实现学习小组的共同目标并努力建构起学习共同体。借助这种人才培养方式，将有效缩短理论与实践之间的距离，助力教育硕士初步了解并尽早适应未来复杂的教学工作情境。

（三）为教师提供规范有效的案例开发流程

案例开发是一项严谨的工作。通过将教育管理案例开发步骤明晰化和标准化，有助于教师挖掘自身或周边实践资源，编撰高质量案例，提供有益借鉴。

二 教育管理案例开发的不同定向

案例开发的不同定向是以教师教育的理论定向为基础的，教师教育中的理论定向一般分成五种：学术的、实践的、技术的、个性的、批判/社会的。① 不同的理论定向对教学目标和教育思想的不同理解，决定了教学中不同的关键点或中心关注点。这些不同的关键点或中心关注点也体现在教育管理案例开发中，不同理论定向侧重的方法和目标，其各自的

---

① 王少非：《教师教育中的案例法与教学案例的开发》，《高等师范教育研究》2000 年第 2 期。

开发标准也有区别。

(一) 学术定向

学术定向强调教师作为知识的引导者和学科内容的专家，关注知识的传递和理解力的发展。舒尔曼的"案例知识"教学案例被视为一种有效的方式，旨在通过案例来传达理论知识，让学生更好地理解和掌握相关的实践经验，并且可以更好地运用这些经验来指导他们的教学。麦卡宁奇（A. McAninch）的案例建构方法强调案例应由理论与叙事两部分构成，先呈现某一课程的不同理论观点，将其作为审视叙事的透镜，再呈现以该课题为中心的叙事，最后还应列出相关理论的参考书目。[①]

(二) 实践定向

实践定向强调管理情境的独特性、不确定性和模糊性，注重管理活动的艺术性、适当性和创造性。这种定向认为经验是教学知识的首要来源，也是学习的重要手段。实践定向的案例通常是开放性的，描述教育管理中的两难情境，目的在于培养学习者分析与解决问题的技能，为真实的管理实践做准备。

(三) 技术定向

技术定向不是基于经验，而是基于管理的科学研究，着眼于教师的知识和技能。这种定向将能力视为行为表现，特别强调向学习者提供实践理性的决策模式和应用性的科学原理。因此，技术定向的案例教学特别强调提供特定的决策程序，提供在实践中可以加以参照的技能和行为模式。

(四) 个性定向

个性定向关注学习者个人的专业发展和个性发展，强调将学习者置于学习过程的中心。教育管理的中心目标就是学习者个人的发展，那么学习者的经验及反思极为重要。因此学习者直接参与教学案例的开发，

[①] McAninch A R., *Teacher Thinking and the Case Method: Theory and Future Directions*, New York: Teachers College Press, 1993, p. 89.

以及审视和反思自己的经验就十分必要。

（五）批判/社会定向

批判/社会定向要求学习者必须具备批判性思维和行动能力，以期为教育创造一个更加公正、民主的社会环境，并为教育管理案例的开发提供积极的指导。

三　教育管理案例的基本结构

教育管理案例编写离不开规范性的基本结构，接下来从教育管理案例的类型、主题、正文结构、案例使用说明等关键要素进行阐述。

（一）教育管理案例的类型

美国著名案例教学专家舒尔曼将案例分为三种类型：原型式、范例式和寓言式。[①] 原型式案例主要是借助案例引出理论知识；范例式案例则是为日后可能会重复出现的案例情境提供可参照的行动指南；寓言式案例更多的是传递某一道德观和价值观。一个案例可能属于其中的一种类型，也可能包含全部的类型，所以案例无法绝对地划分到其中的某一类型中。若按照呈现方式，则有以下几种分类。

1. 按照教育管理案例的篇幅分类

一般情况下，根据篇幅的长短可以分为短篇案例、中篇案例和长篇案例三大类。短篇案例通常在 2000 字以下；中篇案例在 2000—5000 字；长篇案例一般超过 5000 字。

短篇案例一般内容单一，情节简单，主题明确，适合在课堂上进行阅读讨论。中篇案例包含的内容较为复杂，涉及面比较广，适合在课前布置，再在教学过程中进行有目的的讨论。长篇案例以解决重大问题为主，解决问题的手段往往也多种多样，适合课前在教师的引导下做某些主题的分析与探讨，学生做好充分的课前准备，再在课堂上解决问题。

[①] 潘云良主编：《案例教学的理论与实践》，中共中央党校出版社 2018 年版，第 72 页。

2. 按照教育管理案例的内容分类

从案例所对应的课程内容来看，可以分为单一性案例、专题性案例和综合性案例。

单一性案例往往只涉及一个管理主题，如师生关系的处理。一般是一事一议，所涉及的范围比较小，问题较为单一。

专题性案例往往是学校对某一方面问题的集中反映，如学校对学生德育工作的管理、对教师教学的管理、校风学风的建设等。案例以专题的形式，能比较集中地描述管理过程中所出现的事件，以解决这一突出的问题。

综合性案例往往涉及多个主题，不过通常是在综合多个主题的基础上突出一个主题。如学校的变革，变革不仅与学校的发展历程有关，还与当下的社会环境、国家的教育政策等有关。综合性案例的分析过程往往比较复杂，所牵扯的人员和范围也比较广泛，必须使用综合性分析的手段。

3. 按照教育管理案例的学习功能分类

这种分类方法是基于案例本身的性质和学习功能，一般可以分为评价型案例和问题解决型案例。

评价型案例介绍某教育管理案件的全过程，有现成的解决方案，要求案例使用者对解决方案进行评价，并指出其优点和疏漏、不足之处。这种案例描述了问题发现和处理的全过程，在扩大学生知识面的同时，也加深其对理论知识的理解。

问题解决型案例是一种常见的案例形式，要求学生在学习的过程中发现问题、分清主次、探究原因、拟定问题解决的方案与对策，最后做出决定。

教育管理案例还有其他类型，比如影视型和实录型案例等，与本书所探讨的文字型案例相比，更具有直观性。但是，文字型案例理论知识的传递往往更具有思考性和启迪性，也便于与教育工作者们进行交流学习。

（二）教育管理案例的主题

选择一个合适、明确的主题是教育管理案例开发的关键。从广义上来说，凡是涉及各类学校管理活动的事件，均可以归纳为教育管理案例的主题。

1. 学校管理制度

学校管理制度是指学校管理者在一定社会环境条件下，遵循教育规律，制定的学校管理机制、管理原则与方法、机构设置等相关规范。学校管理制度是保证学校管理活动走向法治化、规范化和科学化的重要途径和手段，要求具备一定的灵活性以适应学校的发展和社会的变化。

2. 学校领导决策

决策是管理活动的核心之一，决策活动包括决定或制定政策、计划、行动方案等。学校领导决策的质量，直接关系到学校工作的成败。学校领导决策涉及的内容十分丰富，比如科学地决策以实现学校工作目标、聘任及培养新教师、与教职工进行有效沟通等。

3. 班级管理

班级管理是教师有效地利用班级内外的资源，并通过有效的计划、组织、协调和控制，以达到教育目标的过程。班级管理是教师实施教育教学的基础，也是学校和家长都高度关注的问题。

4. 教学管理

教学管理是为了实现教学目标，按照教学规律和特点，对教学过程进行全面管理。教学管理是学校工作的重心，因此也是教育管理案例最为关注的主题之一。比如，"双减"政策对学校教学的影响、对课堂教学纪律和秩序的不同认识等。

5. 德育管理

德育即育德，是学校管理活动的重要内容之一。德育工作要有意识地实现学生对社会思想道德的内化，当然这也是社会和家庭共同努力的长久性教育过程。

6. 家校共育

家庭与学校的合作是为了促进学生的成长和发展。家校共育包括教育思想的互补、教育内容的互补和教育方法上的互补等，是推进学校教育走向系统化、协同化、民主化的重要载体。

7. 学生个性化教育

《国家中长期教育改革与发展规划纲要（2010—2020年）》强调，要更新人才观念，树立多样化人才观念，尊重个人选择，鼓励个性发展，不拘一格培养人才。注重因材施教，关注学生不同特点和个性差异，发展每一个学生的优势潜能。学生个性化教育的主题包括学生的人格特征、行为品质、兴趣爱好等多个方面。

8. 教师专业发展

教师专业发展是指教师作为专业人员在专业思想、专业知识、专业能力等方面不断发展和完善的过程。教师专业发展是教育管理领域所重视的主题之一，教师专业发展与人才培养质量息息相关。

9. 中小学教育科研

中小学教育科研是用教育理论研究教育现象，探索新的未知的规律，以解决新问题的一种创造性认知活动。当下中小学教育科研是教育管理者强调的内容，存在的问题也较多，包括科研形式化、教育理论与教育实践脱节、科研管理的刻板与滞后等。

（三）案例正文结构

案例正文是案例的主体部分，是对案例所涉及的主题及情景的描述。其结构通常包括标题、引言、正文、结尾、说明和附录、思考题、问题分析、注释等要素。

1. 标题

晋代陆机《文赋》曰："作诗非难，题为难。题如文眼。"[①] 意思是，文章的题目是文章形神之精华的凝聚。在拟案例标题时，应当抓最重要、最本质的内容，做到不落俗套，引人入胜。好的标题有两个作用：一是引起人阅读的兴趣；二是让学习者对案例主题有基本的了解。

案例标题有以下几种类型。

（1）直言型。直言型案例标题通过标题就能知道案例的内容，不用隐喻、双关语句等，一般情况下是对案例内容的高度概括。如《一所农村学校的教育科研管理之路》《家校共育的喜与忧》。

（2）反问型。反问型标题手法通过反问的方式引发学习者的思考。这种标题通常会抓住学习者的好奇心，使其愿意读完案例一探究竟，判

---

① 陆机：《文赋集释》，张少康集释，人民文学出版社 2005 年版，第 145 页。

断作者的观点与自身是否有相同之处。如《奖金该不该发》《论文收得上来吗》。

（3）一语双关型。一语双关型标题既有表层含义又有深层含义，通常读起来更耐人寻味，给人深刻的印象，也可以隐晦地表达其他意思。如《野百合也有春天：一所乡村小规模学校的强校提质之路》《花开不止在"春天"：初中英语"一链三阶"单元整体设计的新尝试》。

（4）问题提示型。问题提示型标题可以让学习者从标题中大致获取基本信息，如事件的性质、发生的时间、地点、背景等，也能够从中联想到事件的梗概，如《学校该不该实施封闭管理》《教案的归属权在谁》。

（5）画龙点睛型。画龙点睛型标题往往能够抓住整篇案例最本质的东西，一语道破，或者是能够在理论上点题，标新立异，增强案例的感染力。这类标题能够带领学习者在阅读过程中往既定的方向进行思考，如《别让教科研成为一纸空谈》《教师"排队怀孕"为哪般》。

2. 引言

引言是案例的开场白。一个好的引言是良好学习的导入，能帮学习者进入分析状态。撰写案例的开头，提倡"开门点题"的格式，即第一句话就要概括出案例中的主要人物和主要问题，同时激起学习者的阅读兴趣，使之跟随案例进入思考。

3. 正文

这一部分是案例的主体，对事件的发生、发展过程进行比较细致周到的描述。在这部分，语言的表述要准确生动，除了交代清楚事件的来龙去脉，还要重视情节描述的手法，比如以冲突性或者是反转性的方式制造一些高潮，以加深学习者对案例的印象。内容为基于客观事实的真实描述，一般应包含必要的时间、地点、主要人物、关键事件等信息。表述要完整准确、条理清晰、决策点突出，数据真实可靠。

4. 结尾

大多数情况下结尾是对正文内容的总结，但是结尾的方式要根据案例的需要而有所不同。比如以戛然而止的方式结尾，会有种令人意犹未尽之感。又如以启发式问题进行结尾，会引起学习者的深入思考。特别要注意的是，避免刻意追求圆满式的结尾，因为它极大地限制了案例的讨论空间。所以，一般提倡用"镜头淡出式"和"问题待解决型"等方式结尾。

5. 说明和附录

为了增加文章的真实性和可信度，一般要对案例中难以理解的部分进行必要的注释，对引用的文献进行详细的标注，也可以在案例正文后附上一些说明性的材料，如文字和图表等。

6. 思考题

在案例的正文之后，一般会根据案例内容设置若干思考题，以启发学习者对案例的进一步思考。但这种方式存在一定的缺点，思考题由作者所给出，学习者在阅读的时候往往会跟随作者的思路进行分析，这样可能会禁锢学习者自己的想法，打断其既有的思路，不利于养成独立分析问题的习惯。所以，也有人提议，思考题适用于初次阅读案例分析类书籍的学习者。

7. 问题分析

问题分析是否保留取决于案例的用途。如果案例是用于教师教学指导，那么就应当保留。此时进行问题分析是为了完成既定的教学目标，根据一定的理论框架对该案例做出的定性分析。其存在的主要作用就是为教师和学习者提供教学参考思路，因此要求条理清晰、有理有据。如果案例是用于课堂教学或者是小组讨论，一般情况下要去掉问题分析，避免禁锢学生的思想。

8. 注释

除了上述要素案例结构还应加以一些必要的注释，使之更完整。

（1）篇首注释

一般放在案例首页的最下方，以横杠与正文隔开；也可以将其中一部分以小号字印在首页左侧；极个别的附于全篇末页的下方。

（2）脚注

脚注一般是对正文中出现的某些情况、技术问题等的注释，常以小号字附于有关内容同一页的下方。脚注往往是指学习者平常难以了解到的、琐碎的，放于正文中又过于拖沓的内容。

总之，注释是为了使案例更完整，其结构并不是固定的，可根据情况灵活使用。案例的结构也不是一成不变的，有些篇幅较小的案例，不需要严格按照上述结构进行撰写。结构更多是强调案例的可读性和逻辑的合理性，采用上述结构方式也是为了便于案例的传播和学者之间的交流。

（四）案例使用说明

案例使用说明也被称为"教师使用手册"，是案例的重要组成部分。对采用案例教学的教师来说，案例使用说明是不可或缺的结构性要素。

1. 案例使用说明的功能

案例使用说明可以是建议性的、指导性的或预见性的，目的是给使用该案例教学的教师提供有用的信息。目前，中国案例教学还远未普及，广大教师对案例教学法还不熟悉，许多青年教师更是缺乏教学经验，若有详细的案例使用说明书作为指导，对教师来说无疑是雪中送炭。所以，目前应当提倡编写案例使用说明。

2. 案例使用说明的结构

编写案例使用说明是为了应用。若有一种比较成熟的既定结构，将会使案例使用说明更富有系统性和层次性，便于使用和管理。一般而言，案例使用说明包括以下几个部分。

（1）教学目的与用途。明确该案例适用的课程与教学对象，说明适用的课堂类型或专题领域，以及教学对象。此外，需要说明该案例所对应的教学目标。教学目标通常与适用课程、教学对象有关。有些案例的教学目标针对某些课程理论或专题内容，有些案例则是综合性的。

（2）启发思考题。启发思考题紧扣案例内容，重点呈现案例事件的起因、问题解决过程、启示及意义等关键内容的思考。一般设置3—5个问题，既作为课前准备的索引，也可以作为课中讨论的有效载体。

（3）分析思路。在案例使用说明中，要给出案例分析的基本思路和逻辑路径，如果能给出清晰的思维导图，将更有利于使用者掌握案例分析的脉络。在分析思路的说明中，要明确案例的问题所在，基于核心问题进行分析，最终解决问题。

（4）理论依据与分析。案例使用说明需要将学生应掌握的概念和理念排列出来。为案例使用者提供理论依据，并对理论的使用和分析进行说明。这部分内容需要根据案例所涉及的主题对相应的理论进行整理，使之符合案例分析的要求，从而使学生在探究案例的过程中掌握尽可能多的知识。

（5）关键点。每个案例都有一些关键点，这些关键点对整个案例的分析具有重要的作用。明确了关键点，解决问题就会有针对性，就会更加深入地分析案例中的问题，并有效解决。

（6）背景信息。案例背景是案例发生的基本背景信息，但囿于篇幅，案例正文中一般不能涵盖所有与文中的事件、情境相关的信息。背景在整个案例分析中是必不可少的，对事件具有补充和说明的作用。案例背景能促进教师对案例更深入、全面的认识有助于提升案例教学质量。

（7）课堂设计建议。课堂设计通常涉及课堂时间如何合理安排的问题，例如一节90分钟的案例教学课，通常可以将引入案例时间设定为10分钟，小组讨论15分钟，分析过程30分钟，师生互动30分钟，反思与总结15分钟。

（8）补充材料。为有助于学习者更好地理解案例，案例使用说明中也可以附录一些国家重要政策文件、年度统计数据、背景学校的一些辅助材料等，这些通常以图表、附录等形式补充在案例之后。

（9）其他教学支持。其他教学支持是指对案例教学有支持作用的一些手段和资料。通常包括：①计算机支持。列出支持这一案例的计算机程序和软件包及其可得性，以及在教学中的使用建议或说明。②视听辅助手段支持。如电影、音乐、样品和其他材料。

案例结构并不是一成不变的，在实际编写案例使用说明时，可以采取不同的方式。一般来说，案例使用说明对于从事案例教学的新手教师会有帮助，而经验丰富的教师可以在借鉴案例使用说明的基础上，结合个体风格和自身优势，进行一定程度的优化或创新。

四 教育管理案例的撰写

案例教学有效实施的重要前提是具备高质量的案例。要编写出高质量、切合教育管理实际的案例是一项颇为艰巨的任务。那么，如何进行案例的撰写就成为学习者最为关心的问题。

（一）案例的撰写主体

教育管理案例是指对教育管理事件中积累的大量事实材料加以分析、综合和整理，选择并编写出的具体、明确、生动而有代表性或典型化的教育管理实例。案例不是单纯事例，而是"（典型）事例＋专业（理论）分析"。① 目前，国内进行案例开发呼声最高的是中小学一线教师。教师掌握着丰富的教育教学事件，往往可以得到一手的案例材料，使撰写的案例更具有真实性。撰写教育管理案例不仅要求教师撰写有关自身实践的案例故事，还要求教师用教育学的眼光，对案例中包含的教育经验进行分析、透视和诠释。② 即使是专门从事商业案例编写的哈佛大学，在近一个世纪里编写的精彩案例数量仅有一百多例，案例开发的难度由此可见一斑。③ 舒尔曼认为普通教师不具备编写案例的能力，提倡由专家来指导一线教师进行教学案例的开发。④ 顾泠沅也强调："没有专家与骨干教师等高层次人员的协助与带领，同事之间的横向互助常常会囿于同一水平的反复。"⑤ 因而，中小学教师撰写教育案例需要借助专业教育研究者的合作与参与，否则开发教育案例只能是空中楼阁。

为了提高中小学的教学质量，我们建议在学校建立一个专门的案例教学研究团队，并且在各个部门之间进行协调配合，同时充分利用各种资源，建立有效的工作流程，实现全面、系统的教学案例开发。案例开发的教育研究者首先应对相关教师进行专业培训，组织教师学习课程改革与教学改革的新理念及案例开发的专业知识，整体提升教育管理案例开发团队的专业素养。然后，建构"案例开发—教学"一体化模式，推动案例开发者依托各自的科研项目进行调研，获得项目研究的资料，收集案例素材，并在教学过程中不断完善案例。

---

① 刘录护、扈中平：《教师教育中的案例教学：理念、案例与研究批判》，《教师教育研究》2015 年第 3 期。

② 夏正江：《从"案例教学"到"案例研究"：转换机制探析》，《全球教育展望》2005 年第 2 期。

③ 史美兰：《体会哈佛案例教学》，《国家行政学院学报》2005 年第 2 期。

④ 潘云良：《案例教学的理论与实践》，中共中央党校出版社 2018 年版，第 110 页。

⑤ 顾泠沅、王洁：《教师在教育行动中成长——以课例为载体的教师教育模式研究（上）》，《课程·教材·教法》2003 年第 1 期。

中小学教师撰写教育管理案例，将会在以下几个方面受益。首先，撰写案例可以帮助教师积累经验，为教师实施教育提供理论基础。其次，教师在撰写过程中对自身的实践进行反思重构，不断从经验中学习，提高对教学经验的感性认识。最后，教师经常撰写案例，能提高其自身观察能力，激发其教育教学策略。

（二）案例的撰写步骤

1. 案例的采编

采编案例是案例撰写前的关键环节，它由一系列工作组成，需要遵循一定的规律，按照一定的程序展开。

（1）确定主题。案例采编的首要工作就是确定案例主题，给案例采编工作一个具体的指导性目标和方向。在实践和采编中，比较适合作为案例主题的包括以下内容：创新性的教育管理事件、具有可复制性的典型教育管理实践、教育管理实践的失败经历等。此外，上述管理事件还必须符合如下标准：确保事件能反映当下教育现状，有足够的细节可供讨论和探索，事件具有典型性和特殊性，逻辑清晰，条理清楚，有一定的冲突、困境等。

（2）资料的收集与整理。收集与案例相关的素材和资料，是案例采编过程中极为重要的一环。没有准确而丰富的素材和资料，难以开发高质量的案例。案例收集的途径一般有三条：①通过实地访谈中小学管理者进行收集；②通过报纸、电视、广播、杂志等媒体进行资料收集；③通过查阅书籍进行收集。

实地访谈是收集案例的最佳渠道，在经历具体案件的过程中，能够充分了解案件的细节，体会理论与实际之间的细微之处。[1] 在实地访谈的过程中，可以了解到学校管理相关的失败或者成功的经验，比如，《创构"U-G-S-F-N"教育共生体：一所农村薄弱学校的逆袭之路》。[2]

---

[1] 吴兴柏：《"案例教学"中的案例收集》，《教学与管理》2007年第22期。

[2] 教育部学位与研究生发展中心案，https://case.cdgdc.edu.cn/member/case/operate/read-ContentDetail.do? caseId = e6aaf379f9c84997b3251e5e9d259102&fileId = f003ad6c23f04122baaef48cb63b2759。

网络具有信息量大、传播速度快等特点，因此是案例素材收集的理想渠道。通过网站搜索相关案例的效率较高，且容易找到最新发生的一些典型案例。

阅读报纸杂志等也是经常使用的收集资料的方法。报纸杂志往往汇集了曾引起社会广泛关注的热点事件，这些事件经过时间的洗礼，依然具有典型性。通过阅读书籍，可以理解理论的问题，也可以透视理论与实践之间的盲点，在案例撰写过程中激发教师主动学习、主动研究的意识和兴趣。

（3）素材的筛选与加工。通过多种渠道收集到的大量素材，不能直接使用，因为它们通常非常凌乱、分散和粗糙，其中还包括一些对案例写作无用的冗余资料。写作者必须对材料进行甄别和筛选。在对材料进行甄别和筛选的过程中，需注意区分三类材料。一是只需进行加工整理就可形成案例内容的材料，这类材料必须真实、典型、富有时代感，能体现事件的诸多要素。二是具备案例的基本特点，但内容上还有欠缺，需要进一步丰富的材料。三是不具备构成案例内容的冗余材料。区分这三类材料之后，写作就可以根据案例的主题和使用目的进行加工。将第一类材料按其与主题的密切程度进行排序；剔除掉第二类材料中无关紧要的部分，萃取其中的精华，并对其不足之处进行补充；对第三类材料弃之不用。这一过程的实质是去粗求精、去伪求真。

（4）形成案例正文。如前所述，完整的案例包括案例正文和案例使用说明两个部分。从整个案例的逻辑上来讲，案例使用说明应该与案例正文一起构思，甚至要根据"案例使用说明"中的教学目标、分析思路等要素来设计和构思案例正文的结构。案例使用说明需要通过案例教学实践来进行检验和修正，所以案例正文和案例使用说明的撰写贯穿了整个案例采编的全过程。

2. 案例的结构安排

案例结构体现的是案例中相关信息和资料思路和顺序。一般在撰写案例之前需要明确案例结构的编排，这样有助于将收集到的素材和资料进行合理的填充，使内容丰富而又层次分明。

通常案例的结构安排有如下几种方式。

（1）逻辑结构。将收集到的大量的素材按照一定的逻辑进行划分，一般是采用小标题的形式进行分门别类,将案例呈现一定的层次和节奏感。这样的安排赋予案例条理清楚、逻辑严密的特点。

(2)叙述结构。叙事结构一般以时间顺序展开,强调背景信息的重要性,用一种易于理解的方式进行叙述,将案例娓娓道来,使人感受到案例描述背后的浓厚的文学色彩。但是这种方式存在一定的弊端,学习者可能会被案情所吸引而忘记对案例的思考,所以需要根据案例内容谨慎采用。

(3)情节结构。情节结构是将案例进行更为生活化的描述,使案例看起来更生动,在编写的过程中会设置一些悬念,使案例的推进更富有戏剧性。这样能够激发学习者的阅读兴趣或者是思想上的冲突,使之投入案例中。

上述结构安排并无优劣之分,案例撰写者可根据个人的喜好进行选择和创造。

3. 案例的撰写程序

(1)整体规划。根据案例的主题,确定案例的主要内容、结构安排、时间安排和进度要求等。这是对案例撰写进行的全面的规划和总体安排,是案例撰写的基础。在做规划的时候需要思考清楚这几个问题:案例的关键问题是什么?案例的脉络结构是否能够描述清楚?学习者能否从该案例中获得收获?回答这一系列的问题需要对案例事件进行整体的思考和酝酿。一个明确完整的规划能够在撰写案例的时候起到事半功倍的作用;相反,一个粗糙的案例大纲将会耗费撰写者更多的时间进行案例的反复修改或重写。

(2)内容创作。内容创作是一个创造性的过程,既可以采用文字记录的方式,也可以采用录音的方式记录自己的灵感,最后将灵感进行汇聚、编写。在编写过程中,要围绕案例的主要问题进行分析,这些问题包括:案例内容是否表述清楚;对学习者来说是否具有吸引力;对教师工作者来说是否能达到教学目标。

(3)修改完善。修改完善主要是对案例进行一定的润色。例如,对文字的精雕细琢,对内容的删繁就简,增加一些理论支撑以提高文章的说服力等。在实际的案例撰写过程中,案例一般要经过3—5次的修改完善才能使用。

4. 案例撰写的技巧

（1）撰写手法。为了能够撰写出高质量的案例，往往在撰写手法上有一个总体要求。首先，要把握好分寸。案例在撰写的过程中往往是虚实掺半，但是要以高度的真实性为标准，对案例进行适度的描写，让学习者能够尽量接近真实的情境。其次，把握"实"和"虚"之间的关系。撰写案例不排斥虚构，只要合乎逻辑，不牵强荒诞，情节上允许根据情况做一些处理。目的是使情节与人物更典型、更集中、表达更精确。最后，要注意保持客观的撰写角度。案例教学的目的是培养学习者的独立分析能力，因此，在案例撰写过程中不能流露个人倾向，要做一个客观描述者。

（2）内容表述。如何将案例用简明的语言表述清楚是案例撰写的重点和难点之一。案例内容表述涉及的问题有很多，主要包括以下几个方面。首先，要划分清楚的段落。段落应帮助学习者跟上情节的发展即思维的变化，当思路或话题变化时就要另起一段。其次，句子表述要清晰。句子太长，会增加读者理解的难度。同时，要使用人们习惯的语法进行写作，标点符号要使用正确。再次，选用词义清楚的措辞。案例的文字越是明白简练，越有利于进行有效的沟通和交流。所以，凡是用普通语言能表述的就避免使用难懂的词语。最后，尽量少使用抽象和判断性的语言，如"对""错""好""坏"等。

（3）信息掩饰。所谓信息掩饰就是将案例中的敏感信息进行适当的掩盖和装饰。比如更改学校名称或人名，将某些事件中较为明显的特征进行模糊处理等。通常来说，案例越简单，掩饰工作越容易。信息掩饰通常不应提前进行，因为"撰写—讨论—修改—再讨论"的过程仍在多次重复。因此，信息掩饰一般在案例撰写基本完成的时候进行。信息掩饰可以做到尊重和保护案例中所涉及的学校和个人，避免不必要的麻烦。

（三）案例的撰写原则

约翰·巴赫总结出案例三要素：一个复杂的问题、一个深邃的观点和详细的现实情况。① 瓦塞曼指出，良好案例要具备的特征：贴近课程、叙述品质高、案例可读性强、能触动情感、制造困境。② 史托维其和吉甫提出评鉴案例三个标准，分别为：案例与教学目标的相关性、案例的真实性、案例所处的情境要具急迫性。③ 上述标准更多的是从一般案例的角度出发，教育管理的教学案例结合以上标准，归纳出以下八项撰写原则。

1. 以学习者为中心原则

以学习者为中心是指编写出反映学习者困惑的问题案例以及与学习者专业特点相结合的案例。确立以学习者为主体的案例教学精神，不仅体现在课堂上，而且体现在案例开发阶段。在撰写案例时，要牢牢把握以学习者为中心的原则，开发出与学习者专业特点相结合的案例，这样不但可以提高教学的针对性，还可以增强学生的专业认同感。

2. 理论性原则

理论性是指案例应当表征一定的教育理论知识，不能背离理论知识而独立存在，否则就会成为"轶事或无道德意义的寓言"④。要围绕已定的教学重点和难点问题撰写案例，确保内容与所授理论原理紧密相关。使学习者在阅读过程中面临问题时，思考是否能用相关理论解决该案例中的问题，是否每一步的操作与决策都有理论作为支撑。通过"案例 + 理论"的撰写模式，不仅使学习者能掌握相关的原理和方法，也为日后将这些理论和方法付诸实践奠定了基础。

3. 真实性原则

真实性是指案例需要贴合实际，所塑造的人物形象、事件必须贴近学习者的工作或生活，不是凭借想象和创造出的事件。离开了真实性，案例就难以反映人和事的真正性质和实际情况，也就不可能达到应有的

---

① ［美］小劳伦斯·E·林恩（Laurence E. Lynn, Jr.）：《案例教学指南》，郄少健、岳修龙、张建川、曹立华译，中国人民大学出版社2016年版，第89页。

② 傅永刚、王淑娟：《管理教育中的案例教学法》，大连理工大学出版社2014年版，第104页。

③ 颜海娜、聂勇浩：《案例教学中的案例选择与编写——以"行政案例分析"教学为例》，《行政论坛》2012年第2期。

④ 周君华、宫照玮：《案例、案例库、案例教学再认识》，《中国成人教育》2021年第2期。

教学效果。为了使案例具有真实性，案例开发人员在设计案例时需要立足实践，对事件的发生发展过程、人物思想活动的描写要符合逻辑。有研究表明，学习者更倾向于阅读真实的事件。① 因此，在收集资料和撰写案例的整个过程中，要坚持一切从实际出发、实事求是的原则，把握好案例开发的真实性，为进一步的科学分析解读打下坚实的基础。

4. 典型性原则

典型性是指具有一定代表性的典型事件，代表着某一类事物或现象的本质属性②，具备一定的可借鉴性。选取的案例材料，不仅适用于特定的人或者学校，还是很多学校所普遍存在的问题。案例应该描述事件发生的典型情景，或者能够代表事物或人物的本质属性，同时能引起大多数人进行思考和探究。案例中所存在的难题可能是自己学校所存在的棘手问题，也可能是在未来的发展中遇到的问题。通过该案例所得出的结论和总结的规律，具有普适性和迁移性，对今后很多学校的教育管理实践都具有参考价值。

5. 时代性原则

时代性原则是指案例中的事件应置于当代主流价值观的框架之中，交代清楚事件发生的时间、地点和背景。一个具有时代性的案例，就是对当前典型的社会性事件进行筛选、提炼、系统地建构而成的具有一定教学价值和意义的反映时代特征的案例。案例教学要与时俱进，将一些具有时代特色的事件提炼和转化成优质的教学案例。尽管该事件随着时间的推移关注度会有所下降，甚至不符合当下的价值观，但仍带给人启迪，具有强烈教育价值。具有时代性的案例，也将会成为穿越时空的经典性案例。

6. 启发性原则

启发性是指案例能够启迪思路，引人思考，进而深化理解学习的内容。一个好的案例，其背后必然具备启发性的教学价值，深究有料、细思有悟。启发性要求学习者主动共情案例中的角色，运用自己的知识进

---

① 柯政、田文华：《对叙事和叙事研究的另一种叙述》，《当代教育科学》2017 年第 14 期。

② 张家军、靳玉乐：《论案例教学的本质与特点》，《中国教育学刊》2004 年第 1 期。

行分析判断，做出自己的决策。撰写案例的目的就是让学习者通过案例进行思考、探索，培养其独立思考问题、分析问题、解决问题的能力。在案例撰写过程中，要梳理学生思考问题、分析问题和解决问题的思维方式，并积极引导他们能够基于该角度和视野看待问题。

7. 矛盾性原则

矛盾性是指案例内容有一定的争议性，案例中各方的冲突比较明显且论据充分。一个优秀的教学案例必然是充满矛盾性和争议性的，否则整个案例将缺乏令人感兴趣的情节，案例的价值也会大打折扣。在撰写此种案例时，要切忌平淡。案例要描写出矛盾各方激烈的争论及问题的不确定性，问题足够复杂，没有标准答案，以期激发学习者的发散思维和实际解决问题的能力。一个优质的案例，因其蕴藏着没有明确答案的复杂问题或争端，不仅为学习者提供讨论材料，也为教师根据教学目标进行案例解读、寻找答案或解决方案提供了空间。

8. 中立性原则

中立性原则是指撰写者在写作过程中要注意案例的语体色彩，对案例的描述应当客观，不能带有主观的感情和观点。从事案例开发的人，应当具备科学严谨的精神。案例是传播事实的教学载体，最基本的要求就是基于所获取的资料的引导，把发生的事情客观真实地呈现给学习者，不能将自己的价值观念掺杂其中。案例撰写者应当秉持中立，明确书写案例的目的就是提供信息，陈述关键事实，使学习者身临其境面对问题、解决问题。否则，可能会因为撰写者的主观判断而对学习者的独立思考产生干扰，影响案例教学的结果。

舒尔曼指出，案例教学法是否能成为一种最有前途的教学方式，取决于良好的教学案例的成功开发。① 开发出高质量的教育管理案例是教育工作者目前需要解决的问题，本章阐述的案例开发与撰写的步骤、原则等，为教育工作者提供了一套可供借鉴的案例撰写方法，也为案例教学的顺利开展奠定了良好的基础。

---

① 王少非：《教师教育中的案例法与教学案例的开发》，《高等师范教育研究》2000 年第 2 期。

下篇

教育管理案例的分析与应用

专题一

学校领导与决策的案例分析与实践

王校长的无为而治

【案例正文】

王校长是重点高中的校长、市级优秀教研员、区教育优秀代表。他的大部分时间需要花在参加各类活动上。王校长不在的日子,学校的工作仍然能够有序开展。如果他在学校,他一有空就去办公室和一线教师交流,同时经常和学生谈话。在与教师和学生沟通的过程中,他也能收到来自学生、教师的需求和反馈。如:体育教研组组长反映,目前国家重视体育、劳动教育的发展,但是学校开展体育、劳动教育的空间与时间不足,器材也不完善,需要学校进行改善;一位老师反映,由于高中学习压力过大,许多学生有这样那样的心理问题,希望学校能够加强学生心理健康宣传建设。对于这些要求,王校长通常会说:"这些情况我都了解了,某位校领导具体负责管理这方面的问题,你们去找他进行协商解决,我回去跟教务处通知一下,让他们尽快处理。"

在一次学校的年终工作总结会上,王校长念了教职工写给校长的一封信。信上说:"当校长应该对具体的事情表态,让教职工安心、学生放心。"念完信件,王校长对教职工写信的行为给予肯定,认为这是教职工对学校关心的体现,然后表示:"校长有校长的职责,校内事务很多,需要多方面协助,协调好各种工作、保证学校的运行发展,这才是行使校长的权力。但是在实施中,每项事务都有具体负责的领导。所以作为校长,我无法随便表态。"对于王校长在大会上的说法,一部分教职工不赞成。这一部分教职工认为学校领导成员众多，校长应该起到最终决定的作用。如果校领导班子在某一问题上发言不一致，校长应该表明自己的态度，这样才能提高学校办事效率。

面对部分教职工的不理解，王校长对教职工袒露自己的心声："校长责任制并不是校长想怎么样就怎么样。必须和各个部门进行协调，如果协商不成功，校长的想法也不能实施。有些事情是没有先例可以参照的，尤其是关于学校改革的事情，更不是校长一个人说了算。如果学校里的所有事情都是校长说了算，都靠校长来管的话，那就不只是所谓的有职有权了，那是校长个人专权。学校教职工、领导们集体决定的事情，校长不能任意更改。对于有专人负责的事情，校长也不方便站出来去干涉其他人的工作，这样非但不能激发教师、领导们的工作积极性，反而形成了部分教职工、领导对校长个人的工作依赖。"王校长的想法得到了校领导成员们的认可，但是一些教职工提出一个问题："如此说来，校长不也算是有些不作为吗？"王校长回答说："校长要管好自己该管的事，不干涉不在自己职责范围内的事。这样看起来似乎权力很大，但本质上就是专权了。如果不把权力下放到分管领导身上，那校长就真的失去了管理学校的能力了。"王校长这样给教职工解释，希望教职工能够理解校长的职责分工，在工作时能够达到各个层级紧密合作，让师生都满意学校的工作。

【思考题】

1. 校长应该如何界定自己的职责范围？
2. 你如何看待王校长的"无为而治"？
3. 校长如何更好地与教职工进行沟通，解决教职工、学生的需求？

【案例分析】

一　依据法律法规确定校长职责范围

在中国当前教育体制中，校长在教育行政工作中有着举足轻重的地位。依据《中华人民共和国宪法》《中华人民共和国教育法》《中华人民共和国教师法》和其他法律条文规定，中小学校长作为人民教师队伍的关键群体，在各级学校领导集体中所处的地位十分重要。校长要对基本的教育理论有一定的见解，了解教育理论发展的脉络，并且要有良好的学校管理能力。作为校长，还应该具有敏锐的创造性思维能力、改革创新的精神和开创工作新局面的勇气。

学校作为科层组织，在组织设计中按照分工原则由各部门成员各司其职。各成员在履职时必须具备一定的权力以确保责权统一，从而圆满地完成组织任务。校长在组织上发挥其特定作用，居于统筹全局位置，不必凡事亲为。校长的职责包括：贯彻党和国家的教育方针和学校的工作计划；团结和领导学校领导班子，拟定学校教育、教学工作方案；对学校的行政机构进行综合管理，建立和完善规章制度；组织校园精神文明建设和环境文明建设，协调各种关系等。

除了这些制度与组织的规定，校长职责范围的确定还与校长对自身的职业要求有关。有的校长对自身职业要求较高，自觉担负起学校的各项事务，这些事务有可能甚至超出了自己的职责范围。有些校长对自己职业要求较低，可能不愿意管理学校的琐事，只是想当个"甩手掌柜"。前者需要较高的职业道德修养、自我约束力，同时要具备管理众多事务的能力。比如新闻报道的白发校长张鹏程，他在学校里不仅负责学校的日常管理，还负责学校的后勤工作，既是校长又是老师，既是后厨又是生活老师。这已经远远超过了体制所规定的校长职责范围，这依靠的是张校长极高的道德素养和对学校、学生深沉的情感。

制度规定职责范围，职业要求会使校长自觉扩大自己的职责范围。以高尚的品质去担负更多责任的校长值得我们尊敬，但按照制度规定管理学校的校长也值得我们认可。案例中"无为而治"的王校长选择了适合自己学校的模式，从他和师生的谈话中也能看出他对学校的良苦用心。他其实已经用制度为自己划分了自己认为合适的职责，但是许多师生并不理解。所以，重要的是如何让师生理解自己的管理模式、适应学校的运行方式。

二 根据学校情况选择领导方式

集权式领导和分权式领导都各有优缺点，都需要在特定的情境下使用。集权式领导下，领导者的命令统一，下属较好施行，办事效率较高。但是，这种方式也存在诸多的不足。首先，管理者由于要决定学校的大小事宜，容易陷入日常琐事中，不能从宏观上把控学校整体发展。

其次，这种方式既不利于培养学校的中层领导，也不利于调动下属的工作积极性，并且容易引发决策片面化、专权化的问题。这种方式适合没有决策能力与经验的中层领导，或者中层领导不愿意干预决策、决策影响较大、组织处于危机或者突发事件中等。分权式领导有助于决策科学化、组织成员的组织承诺增强、下属成熟度提升等。但这种方式也有它的缺陷——管理者很容易被架空，导致组织失控和多头领导的问题。分权式领导在如下情况中是合适的：环境是复杂且充满不确定性的，中层领导有能力、有经验进行决策，有意愿参与决策，并且决策不能直接起决定作用。

面对案例中的学校管理问题，应该分阶段进行处理。在平时，该学校发展平稳，校长事务繁忙，可以适当地放权，让其他校领导和下属进行学校的日常管理工作。在学校改革时期，学校的多种制度可能会发生变更，工作中可能会出现无先例可参照的情况。这时，负责决定的人尽可能是唯一的，不然可能会造成学校管理的混乱。

作为一校之长，校长要兼顾校内外诸多工作，非常繁忙，难以兼顾学校建设的方方面面，更多从大局进行把控。因此，学校会设置若干个副校长职位，将学习、德育、纪律、建设等工作分给他们来具体负责。这样既有利于组织成员之间的交流、协调，也能保证校长有更多的时间关注学校的未来发展规划。王校长这种管理理念具有一定的价值，在实践中是值得肯定的。即使王校长外出工作，学校也能照常运行。校长不可能什么事情都亲自去做，这样会导致负担太重，学校也难以形成自组织运行的机制。但是校长也不能什么工作都完全放手，这样就会形成多头领导的局面，也不利于学校正常运行。要注意的是校长要做好监督工作，保障办事的效率，防止分权的领导不作为。同时，校长要保持与教职工、学生的常态沟通，做到对学校的事情了然于心。

三　创建民主氛围促进校内交流

学校的运行需要师生共同努力，更需要领导者共同努力。学校要更好地发展就需要师生与领导层建立良好的沟通渠道，对学校的发展问题达成共识。案例中的王校长已经明确了自己的职责范围，但师生对其工作仍存在较大意见。在这种情况下，校长要做的就是与师生建立有效沟通，建立有效沟通的基础是要做好学校的民主风气、文化理念建设。校长的关键职责之一即是树立发展理念，构建良好文化。校长应该多与学校的学生、教师沟通，通过言传身教，让师生了解学校对于自己的期待、自己哪些表现让人欣赏、哪些表现和组织期许不符，树立一个将组织成员目标和组织目标相结合的共同理想。校长作为积极理念的拥护者，应该确立全体人员的组织价值观，并让他们意识到基于组织价值理念所采取的行动将受到组织赏识。需要说明的是校长可放权，但职责不放权。校长可不具体实施事务，但是一定要关注和了解事情的进度。有些事务并不是一定要亲自去处理，请有关部门反馈信息，了解事态发展情况，也能让职工感到校长对他们的重视。个案中王校长常常去老师那里体察民情，但碰到不属于他具体分管的事，就告诉老师向有关领导反映处理情况，给老师留下了校长没有权力和责任的感觉。之所以会有这种印象，是因为一般教师对学校组织原则和校长领导风格缺乏深入的了解。对此，王校长要和老师及管理团队进行充分的沟通交流。

校领导与教职工要做好沟通，需要从思想、行政工作、生活、情感上进行全方位的沟通交流，以便于校长时刻了解教职工心中所想、眼前所见、实践所需。校长和教职工要有思想上的沟通，要对学校各项工作任务和教师工作计划进行讨论，以提高学校各项工作的效率。同时通过民主管理加强对教师工作的支持，关注一线教师对学校教育、教学工作提出的新建议、新看法，并积极采纳。校长要注意同教职工之间的交往与合作，在工作中保持密切联系与合作，不让学校工作脱节。校长和教职工要多进行感情投资，经常与教职工交流，了解教职工的工作状态，关心教职工的工作心态。

做好学校的工作，满足教职工、学生的需求，不仅需要校长一个人的努力，学校的领导层都需要贡献自己的力量。这就需要校长做好制度建设工作，通过学校制度建设，提高中低层领导的办事效率，切实解决学校发展中遇到的困难。首先，可以建立问题解决奖惩措施，预防学校中低层领导不作为、乱作为问题。其次，可以进行定期的教职工茶话会，让教职工有机会与校领导进行谈话，发表自己对校园建设的意见。最后，校长一定要明确自己的定位，做到统揽全局、分工领导、关心师生、关注学校发展，坚持民主决策、民主管理。

一项有争议的人事聘用

【案例正文】

最近，X 中学的几位校领导之间产生了一些分歧，事情起源于一项有争议的人事聘用。

为响应中宣部印发的《新时代学校思想政治理论课改革创新实施方案》，X 中学经充分讨论，决定提高对思想政治课程的重视程度。于是在新学期的教师招聘方案中，对招聘的思政课教师增加了一项硬性规定即：应聘者的政治面貌必须是中共党员（含预备党员）。经过筛选，该校在众多求职简历中挑选出几位较为合适的人选。再经几轮面试后，一位某师范院校的应届毕业生王同学凭借出色的表现在一众候选人中脱颖而出。同时，该生出示的所在院校推荐信等证明材料中也明确标注他的政治面貌为预备党员，基本符合 X 中学招聘条件。基于此，X 中学很快就与该生签订了三方就业协议，约定待该生毕业后即可进入 X 中学任职。

但就在新学期开学前不久，王同学主动向学校坦白了一件事：他并不是预备党员。原来，王同学在投递求职简历时只处在入党过程中的发展对象阶段。他所在的院校每年 5 月会新增一批预备党员，其辅导员也承诺会在王同学毕业前将其列入最后一批发展预备党员的名单，所以王同学在求职时将政治面貌一栏填写为"预备党员"。但一些外部不可抗因素影响了当年的发展预备党员工作程序，发展期的推迟导致王同学并未在毕业前夕被发展成为预备党员，而此时王同学已经与 X 中学签订了三方就业协议。经过一番激烈的思想斗争，王同学最终决定向 X 中学坦白实情，主动说明情况，并诚恳地向 X 中学表达了自己的歉意。

就是否应该履行这项已经签订的人事聘用协议，选择继续录用王同学入职 X 中学担任思政课教师一事，X 中学主管人事的校领导们展开了激烈的争辩：有领导认为王同学在未发展成为预备党员的情况下，在投递简历中填入了虚假信息，这是严重的欺骗行为。王同学应聘的思想政治教师岗位的首要条件是为人正直、诚实守信，倘若基本的道德素质尚未达标，如何能承担起培根铸魂、启智育心的重要工作？另一位校领导则认为王同学未能成功发展成为预备党员是受外部不可抗因素的影响，并非其本人在主观上造成的问题，他也对自己的错误做出了诚恳的道歉。况且他的教育背景非常贴合该岗位的要求，其面试过程中在专业知识和教学技能等方面也都有不错的表现，综合考虑下确实是该岗位的合适人选，不应该因为政治面貌的原因就对他整个人进行否定。加之临近新学期，应届毕业生们已经错过求职的黄金期，倘若此时拒绝王同学，可能会给他后续的求职过程带来不小的心理压力。

究竟该不该录用王同学？这项有争议的人事聘用引发的讨论还在继续……

【思考题】

1. 该校领导对是否录用王同学持不同意见，你支持哪种观点？
2. 从过程的角度看，该校在人事聘用工作中存在什么问题？该如何完善？
3. 假如你是 X 中学校长，面对这项有争议的人事聘用会作何决断？

【案例分析】

学校教师招聘是学校人事管理工作中的重要一环，它关系到学校能否招聘到满足岗位需求、符合本校实际需要以推动学校实现良好运转的人员。所以，招聘环节作为学校人事管理的"入口处"，必须加以严格把控，以确保所聘人员符合招聘条件和岗位需求。但要将"把好入口关"从一句口号落到实处并非易事，不仅需要学校人事管理者严格依照招聘规则和程序开展工作，也离不开其在面对错综复杂的现实情境时，展现出的运用管理艺术和交往技巧灵活处理人事关系的能力。在本案例中，X 中学发生的人事招聘风波牵涉到以下两方面问题需进一步讨论。

一　X 中学教师招聘为何引争议？

（一）贵在制度，无规矩无以成方圆

教育家陶行知曾指出，规章制度是"学校所以立之大本"，是师生员工的"共同约言"。教育管理离不开制度管理这种基本方式，根据组织制定的成文规章和制度进行的程序化管理方式，更能建立起规范、正常的工作秩序，以规避"人治"方式在管理工作中所出现的随意性、盲目性。

特别是在学校人事管理过程中的人事招聘环节，以规范化、明细化的规章制度作为前提，才能使招聘和应聘双方都有规可循、有矩可蹈，才能最大限度地追求招聘工作的规范化、招聘过程的透明化、招聘结果的公正性。对于本案例，X中学在发布教师招聘伊始，便遵循国家关于《新时代学校思想政治理论课改革创新实施方案》的相关政策导向。对于承担学生思想政治教育和道德品质教育双重重任的思政课教师而言，具备中共党员的政治面貌意味着其应具备更高的思想觉悟，对国家大政方针有更敏锐的理解力，对学生世界观、人生观、价值观的引导更偏向马克思主义科学化方向，这对深入开展思政课程、筑牢学生理想信念之基大有裨益。因此，X中学结合招聘岗位的特征和现实需要，对应聘思政学科教师的应聘者们增加的"政治面貌必须是中共党员（含预备党员）"的硬性规定是具有一定合理性和必要性的。对于这种具备合理性特征且通过组织内部一致认可所制定的制度，一经发布便有严格执行的必然要求。众人对王同学的人事聘用起争议的根本矛盾之处在于：王同学的政治面貌不符合既定制度规范，即使在面试考核中他表现出高水平的专业知识和教学技能，也难以掩盖其在简历提交中存在的有意篡改其真实政治面貌的事实。思政课教师是承担立德树人、启智润心重任的重要角色，倘若不能以身作则、做到为人正直、诚实守信，恐怕其在入职后开展的教学工作中难以为学生树立良好榜样。"无规矩无以成方圆"，即使王同学具备承担教学任务的知识技能，但在涉及原则性、根本性的问题上，绝不能因人情常理作出妥协和退让。

（二）输在执行，招聘程序不合规范

回归X中学人事招聘案例，引发争议的核心问题在于：为什么X中学已对本校要招聘的思政学科教师作出明确的招聘规则和制度约束，却依然招不到心仪的教师人选，甚至陷入对王同学"录与不录"的两难境地？事实证明，制度制定后还要依靠有力的执行，倘若缺乏合乎规范的执行，再好的制度也难以发挥其制定的初衷。对X中学的人事聘用争议进行溯源，可以发现其主要问题就出在人事招聘的执行过程。一般而言，要获得学校教师岗位，必须在满足岗位要求的知识技能和资格条件的基础上，依循规范的程序履行手续。在手续履行完成后，经由学校任用才能实现人事聘用。因此，学校要想招聘到符合岗位需求的人员，必须严格执行规范化招聘程序、留意甄选方法和手段的灵活运用,尤其对待简历审核必须慎之又慎。而案例中 X 中学教师招聘存在一定简化程序的嫌疑,例如,X 中学仅对收到的简历进行简单筛选,对简历内容的真实性并未进行细致核实。学校教师招聘是招聘者和应聘者双向选择的结果,尤其招聘方更应灵活运用申请表分析、笔试、面试、履历背景调查等多重甄别手段对应聘者进行全方位考察,以严格把好"入口关"。X 中学既已决定提高对思政课的重视程度,则更应加大对思政课教师招聘中新增规定的履历核查力度。而 X 中学对简历进行简单筛选的简化行为无异于放弃了选择的主动性,单凭应聘者一面之词是不足以保证信息的真实性的。另外,王同学所就读的师范院校,在明知其尚未成为预备党员的情况下,依旧开具相关推荐信等佐证性材料,对 X 中学作出错误的人事聘用决定同样具有一定的错误引导。

二 王同学的去留问题应作何决断?

(一) 以制度化束之,学校教师招聘方能规范

制度一经制定便须严格执行,缺乏执行的制度往往会沦为毫无约束力的一纸空文。在 X 中学引发争议的人事聘用中,其制度的合理性是毋庸置疑的,但在执行力上尚有提升空间。尤其在招聘程序上,尽管 X 中学先后开展多轮面试筛选,但仍过于侧重对应聘者专业技能等能力素质方面的考察,忽略了对候选人的道德品质和履历信息真实性的审核。由此导致 X 中学未招聘到符合要求的教师,且陷入两难境地,付出了较高的管理成本。前来应聘的王同学也因未严格遵循规章制度办事,在应聘过程中未将实施情况坦诚告知校方,最终引发争议,建议 X 中学对王同学作出不予录用的决定也是其理应承担的责任。经此风波,X 中学应有所警醒。在后续招聘过程中,X 中学需提高甄选手段,严把"入口关"。严格遵循规章制度和招聘程序,与应聘者、应聘者背调地形成多方印证,加大对应聘者信息真实性的甄别力度。

(二) 以人性化行之,学校人事管理方显艺术

对于 X 中学校领导中存在的"支持录用王同学"的观点,看似合情但于理不合。也许持该种观点的校领导认可人性化管理之道,但需加以修正的是,人性化管理并不等于"讲人情"。王同学未按规章制度行事有错在先,尤其在涉及政治面貌等关键信息中有所隐瞒的行为,是对所应

聘岗位要求品质特征的违背，因此不应作出退让或妥协。但学校管理也绝非强制指令、冰冷行事的机械化运转。现代学校管理中更青睐人性化管理思想的引入。在坚持以制度为先、制度为本的前提下，管理双方相互尊重，实行更近乎人性的管理行为将更有利于提升学校管理行为的张力，增强管理的艺术性和人文性。例如对待王同学的去留问题，X中学可严格依循规章制度，作出予以解除聘用关系的决定。但鉴于王同学最终主动坦白实情，不存在恶意隐瞒欺骗行为，且王同学具备出色的专业知识和技能证明了其与思政课教师岗位的适配性。所以X中学可作出综合考虑，将王同学推荐给兄弟学校进行考核，倘若通过考核便予以录用。这样既遵循了规章制度，维护了X中学的权威，又没有因一次错误就否定一位年轻的毕业生，让其在吸取教训后有继续尝试的机会。这样的周全考虑、全面考量更能传递学校管理的温度，彰显人性化管理的艺术与魅力。

（三）以信息化辅之，学校人事聘用方有保障

纵观X中学的这场人事聘用风波，其起因涉及人为隐瞒因素、对规章制度的忽视、执行程序不合规范等，但根本矛盾在于王同学简历中的政治面貌问题未能被及时核查，引发后续一系列矛盾冲突。这或许可以引发我们更深层次的思考：学校如何在人事聘用中有效规避因信息不对等造成的决策失误，降低因错误决断付出的管理成本？解决方案可从甄别手段和方式入手。现代管理理论强调加强信息工作，注重对信息的搜集和运用。随着现代信息技术水平的不断提高，通信设备和控制系统在管理中的作用愈发突出。因此，可以尝试在学校人事管理中引入现代信息技术手段，例如，建立人才信息库，利用大数据对应届毕业生或其他求职者的信息进行采集、储存、分析、调用和反馈，可以及时、准确、有效地核验求职者信息的真实性。避免因信息闭塞或蓄意隐瞒造成决策错误，尽可能减少人事聘用误判的风险，降低管理成本，提高学校人事管理效率和水平。

学校人事聘用是一项关系教师招聘和学校人事体系正常运转的重要工作，不仅要求管理者严格依循规则和程序行事，也对学校领导者选人、用人的人事关系处理艺术提出更高层次的要求。因此，兼顾制度与人性，并借助现代信息化手段加以甄别和筛选，才能让学校人事管理工作愈加

行稳致远。

教师总是请假，你到底管不管！

【案例正文】

2015年10月党的十八届五中全会决定全面放开两孩政策，这意味着一对夫妇可以生育两个孩子。全面二孩政策于2016年1月1日起正式实施。这一政策让很多教师有了要二孩的打算。X高中是市里一所生源最好、规模最大的高中，每年在校师生达几千人，其中教师人数为五六百人。全面两孩政策开放之后，将近100位教师有了要二孩的打算，这导致了一个问题——大批教师因生育需要请长假。面对该问题，X高中的校领导对教师们的请求基本也都批准，但学校里还有许多其他请假的原因，比如一些教师出国深造学习、家中出现紧急情况、师资培训等。每一种请假原因都合情合理，但校领导们很头疼，因为教师频繁请假的局面带来了许多矛盾和冲突。

场景一：X学校某教室

星期一，小张老师照例去医院进行孕期检查，其负责班级的学生们今天又见不到张老师了。上课铃响，推门而入的又是一位陌生教师，学生不由得在下面窃窃私语："又换代课老师啦，这新老师看着斯斯文文，可以不用听课了，哈哈。""这个老师看着好年轻啊，也不知道讲课怎么样，上次那个代课老师讲的内容我都没听懂，要是这次的老师还不行，那我这次测试肯定完蛋了。"学生们有暗自窃喜的，有满面愁容的，也有不以为意的。下课铃响，教师们陆续回到办公室，刚进门就听到跟小张老师搭班的一位班主任在办公室嘟嘟囔囔："这小张老师怀了孕，最近总请假，我们肯定是理解的，但就是经常接到家长跟我抱怨的电话，有的说自己家孩子都不好好听课了，有的说自己家孩子最近作业质量差了一大截，一问原来是代课老师上的内容孩子根本没听懂……反正是各种各样的情况，我都愁死了，也想不出有什么好办法能解决这个问题呀，总不能不让小张老师请假去孕检吧？"

场景二：X学校餐厅

小王和小李是大学同学，近来两人担任了班主任，今天他们一起吃饭又聊到了学校里最近请假教师过多的事情。小王："唉，最近课太多了，这么多老师赶在一块儿请假，请假教师的班级都让我这个年轻教师去代课，作为新手这压力实在是太大了。本来刚进学校没多久，教学经验少，好多事情刚上手，对各种各样的工作都是细致细致再细致，但一下子接手这么多节课，每个班进度参差不齐，光是备课我都被压得喘不过气，我都想辞职不干了。"小李："可不是嘛，我最近也是。跟我一个组的老师一个因怀孕检查频繁请假，另一个老师看领导最近批假挺容易，也因为家里的一些事情请了假。本来我都快适应之前的工作节奏了，这下倒好，本来只要把心思放在一个班级，现在只能把原来给一个班级的时间和精力分给好几个班，每天不停地在各个班之间来回穿梭，头都要大了。"

场景三：X学校校长办公室

"咚咚咚。"校长办公室的门又响了，坐在办公桌前的校长不由得皱起眉头，抬起头就看见教务主任向他走来，手里拿着一沓厚厚的白色纸张——大部分都是教师们的请假条还有几张排课表。教务主任开口道："校长您看，这周请假的教师数量又增多了。课我都没法儿排了，有些年轻老师的课差不多都要排满了，之前让年轻教师分担压力的方法现在已经没法继续了，如果再增加工作量，年轻教师肯定也不乐意，而且身体也挺不住。目前有的班级有些课还没有老师来代。督导组向我反映现在的情况是有些老师排课太多，压力过大，严重影响了工作积极性。也有学生反映换老师太频繁，学生家长那边也有电话打过来说不放心这样老换老师，说当初就是看重我们学校教师的教学能力，现在老师频繁更换真担心我家孩子的学习。"

校长愁眉苦脸地回答道："全面两孩政策是国家颁布实施的，教师正常请假肯定是没问题，但是现在教师请假扎堆、请假频繁的问题，我们还是应该想办法规范一下，防止一些教师请假太过随意。如果教师实在有事，我们当然也非常理解，要按照正常程序批假，但出一份《教师请假规范条例》这件事一定要提到最紧急最重要的位置上来，要对不得不请假的教师负责，也绝不能让请假随随便便。"教务主任："这个规范条例确实是非常必要的，已经刻不容缓了，另外学校是不是也应该找一些优秀的代课老师作为后备的师资力量，这样既能保障本校年轻教师的工作量，也可以大大提高代课教师的上课质量。""这个主意不错，你下去将规范条例和后备师资储备两项任务具体落实一下吧，一定要好好解决这个难题。"校长说完陷入了沉思。

针对因教师请假出现的矛盾，X学校开始制订和颁布《教职工请假条例》，具体流程如下。

1. 学校老师请假频繁导致矛盾突出，校长着手希望解决此事。

2. 校办公室开始查找请假相关的文件，在教育厅、财政局和人社局所颁发的文件里查找与请假相关的内容，若没有关于请假方面的明文规定，则继续搜集与教师职业操守、旷工旷课相关的文件。

3. 拟草案：从文件中找出教职工请假相关的依据，并且不能违背相关文件。初步制定教职工请假条例，明确奖惩措施。

4. 党委会讨论：校长负责制下的校长、书记、副书记组成的党委会开始讨论草案的相关内容是否合理，并进行修改。

5. 包括教务处、政教处、后勤部、团委各部门领导组成的行政办公会再对文件进行研究。

6. 教务处根据学校教师的实际情况对草案的实施进行具体的评估。

7. 通过学校工会正式颁布文件。学校工会成员包括工会书记、副书记、工会委员，均从教师中选出。工会委员民主投票通过条例，并正式颁布。

8. 颁布后，向省里市里教育主管部门汇报，其他学校也可以借鉴学习。

条例中对教师生二胎的请假时间有所规定，针对因其他原因请假的教师，必须有相关证明方可允许，对于无故缺勤、私下找人代课且并未向上级汇报的教师进行相应的惩处。另外，学校开始招收并培养专业的高质量的代课教师。要评职称的教师，其请假状况也是参考之一。

条例颁布后，一开始教师们私下都抱怨学校的请假规定太过于严厉苛刻。但慢慢地，学校教师频繁请假的状况有所好转，基本处在一个合理的范围内，在职教师的课时安排更加合理，工作量超标的问题不再出现，年轻教师抱怨少了许多，变得更有活力，而且适度的奖惩措施也让学校教师的上课积极性有所提高，学生和家长的满意度逐步提升。

X学校制定的《教职工请假条例》实施愈加顺利，教师的课程安排有条不紊，学校逐渐又恢复了往日的积极氛围。

【思考题】
1. 对于教师"集体请假"这件事，你怎么看？
2. 你认同该案例中校长的做法吗？如何权衡好教师产假与学校工作的关系呢？
3. 从学校管理角度，你可以从本案例中得到何种启示呢？

【案例分析】

一　保障教育教学秩序和质量是学校的基本立场

古往今来人们对教师的赞誉和期许不胜枚举，著名的捷克教育家夸美纽斯曾言："教师是太阳底下最光辉的职业。"可以说教师这份职业承载着一份人们对未来的期望，人们希望教师为伟大的教育事业而付出，但不应忘记的是，教师亦是普通人，结婚生子是他们的正常需求和权利。从中国中小学教师队伍结构来看，教师性别比例严重失衡，尤其在小学。中小学以女教师为主体的结构不可避免地出现同时有多个女教师休产假的情况，结果女教师结婚生子的正常需求成了学校正常教学秩序的隐患。学校多采取请其他教师顶班或找代课教师的方式以解决这一问题。表面上看，教育教学活动依然正常进行，但实际上不论是学生、教师或是校长，都承担了不小的压力。请假的教师往往是已经有了一定教学经验的优秀教师或骨干教师，如此一来，学校的教育质量不可避免受到一定的影响。对学校而言，摆在首要位置的是学校的正常教育教学秩序，是学生和家长对学校的满意度和信任度，但教师是一所学校教育教学的实际执行人，教师的正常需求也应当被满足，只有如此，学校才有可持续发展的动力。

现实中，顶班或请代课教师的做法虽普遍，但也存在很多问题，如案例中呈现的，顶班教师原有的教育教学工作加上非教学工作本身是适当的，一旦承担两人甚至三人的工作量就成了超负荷工作。顶班教师精力分散，容易产生更多负面情绪，工作质量也难以保证。教师们聚在一起时讨论的不再是班级和学生，而是自己不堪重负的日常工作，如此一来，教师队伍整体情绪容易趋向消极。请代课教师的做法虽然避免了学校原有教师工作任务过重的问题，但其教学质量没有保证，且时间又不稳定，经常更换教师容易把压力转移到学生身上。因此这一做法虽然在一定程度上稳定了教学秩序，但容易让学校教育教学质量下降，学生和家长都会对学校产生不信任感，长时间请代课教师容易成为学校的隐患。

为此，一些学校除以上两种做法外，也在尝试新的方法，为"教师集体请假"带来的问题寻找突破口。比如有学校采取"教师排队怀孕"的方法，普通人乍一听会觉得难以理解，毕竟怀孕是个人的权利，是完全私人的事情，怎么可以由他人摆布呢？但现实中这样的做法已经越来越普遍，北京教育学院心理卫生研究专家统计，北京的中学有超半数学校存在这样的做法。总的来说，"教师排队怀孕"就是学校依据女教师的年龄和婚姻状况，在教师怀孕前进行统筹安排、列个顺序，通过这种方式尽可能避免"教师集体请假"导致的学校师资不足问题，以此保证学校正常教育教学秩序和质量，这是集体利益与个人利益冲突时做出的决策。

二 生育和正常请假都是教师的权利

每个人的生活都不可避免地会出现一些突发事件，教师亦是如此，按照规定，教师只要正常履行请假手续就不应该有问题。那么问题究竟在何处，教师的人身权利如何得到保障呢？本案例中，学校一开始采用了顶班和请代课教师的方法，但面对越来越多的教学空缺以及家长的担忧，这样的做法已经无法维持正常的教育教学秩序，面对如此难题，该学校领导采取的方法是制定请假规范条例，严格规范请假手续，并着手培养合格的优质代课教师。这一做法确实在防止"跟风请假"的问题上起到较好的规范作用，但对请假理由合理的教师而言并没有约束作用，也不能完全杜绝教学空缺出现的可能。培养合格的优质代课教师虽然在教育教学质量上有了一定保障，但能否取得学生以及家长的信任方面尚有疑虑。另外，培养优质代课教师需要一定的时间和资金，但问题已迫在眉睫，因此需要更有效更快速的方法。且案例中学校制定教师请假条例的程序是自上而下的，上级领导发现教师请假影响到正常教育教学秩序后，意识到需要制定相关规定进行规范，选择从上级颁布的文件中寻找与教职工相关的请假条例，倘若文件中没有，则从其他方面的奖惩中寻找相关内容来拟定条例。在条例的拟订过程中，看似层层讨论、过程民主，但不难发现教师的参与只停留在了形式上，当文件下达到学校工会进行投票时，已然成了"走过场"。学校应该在全面、具体了解教师的现实困难后，在切实关怀不同教师需求的情况下具体问题具体分析，制定真正适合自己学校的教师请假条例。如此，既能关照到尽可能多的教师，也能在真正意义上解决学校目前的难题。

三 班级教师经常变化让人忐忑不安是家长和学生的心声

从案例中看出，顶班教师、代课教师的解决方式给家长和学生带来的是一种不确定性。家长选择该学校，大多是看中了学校师资雄厚、教育质量优越，家长支付学费和其他费用换取学校的教育教学服务，可以说家长与学校就此签订了契约。顶班教师、代课教师如何得到家长和学生的信任呢？"顶班教师真的有精力同时为几个教学进度不同、班级风貌也迥异的学生提供教育教学服务吗？教师是否会区别对待不是自己'本班'的学生呢？代课教师有经验吗，教学质量有没有保证呢……"在竞争压力巨大的高考面前，诸如此类的问题总会在家长的脑海中盘旋。平心而论，家长的态度和要求可以理解，家长很难做到对孩子任课教师的变化无动于衷，但学校若只会通过牺牲教师的权利来满足家长和学生的利益，是不妥当亦不明智的。长此以往，学生、家长和学校各方利益都会受损。

四 兼顾"情理"与"法理"，做有温度的决策

案例中引发的冲突主要有以下几个方面：教师层面，没有请假的教师压力增加，存在教师之间以及教师与学校之间的矛盾；家长层面，存在家长与教师甚至是与学校的矛盾；学校领导是否给教师批假的决策中则存在教师与学校的矛盾。

面对工作任务加重的教师，学校不应将其付出视作理所当然，除了精神上的鼓励，还要有物质上的激励，保证教师的付出与收获相对平衡。除了给予部分教师适当奖励，对经常请假的教师亦可以进行适度惩罚，在一定程度上体现公平。面对家长，学校要充分体谅为人父母的心情，在合理安排优质代课教师的同时安抚好家长的情绪，采用实际行动向家长表明学校的态度。

新的生育政策给学校带来的冲击是全方位的，这要求学校领导者要及时观察新动向，敏锐发现新问题，适时实施新措施。教师集体请假给

学校带来了如此大的冲击是因为教育竞争过于激烈，家长、教师和学校对学生学业成绩过度关注，对分数的涨落过于紧张，常常忘了教育事业并不只有分数，学生的成长更像是马拉松。激烈的社会竞争让家长对学生的学业成绩紧张不已，对教师和学校的宽容度也因此大大下降，从这方面看，学校实施"教师排队怀孕"的做法似乎就能说得通了，但我们依然要警惕，对教师而言，这样的制度已然涉及侵害个人权利的模糊地带。

因此，学校在制定相关条例、做出决策的过程中无视教师个人需求，进行强制安排是极为不妥的。学校应充分了解学校每一位教师的实际情况，尊重个人需求，提供教师建言献策的途径，如此才可能做出"有温度的"的决策。冲突是难以避免的，但站在教师的角度思考，推心置腹、有商有量地讨论，最终做出的决策才能得到贯彻，教师队伍的风貌才会愈加积极向上。即便是要实施"教师排队怀孕"的方法，学校的做法不同，带来的结果也大不相同。

一墙之隔，为何一校两制？

【案例正文】

暑假即将结束，又到了开学的时候。小新的心情特别美好，因为他要跟着原来的学校搬到一个特别漂亮的地方，听说新学校有橡胶操场、明亮的教室等。小新对新校园充满了无穷的想象……

小新自幼跟随父母在城市上学，他的父母都是农民工，他一直以来也在农民工子弟学校上学。但是今年，由于农民工子弟 Y 小学的校舍租赁到期，Y 小学的学生一时间无处可去。区教委便决定将 Y 小学的全体师生搬到附近的 X 小学来念书，X 小学是当地的重点学校。

听闻此消息后，X 小学的学生家长群炸了锅。虽然开学在即，然而此时 X 小学门口站满了家长在向学校讨说法，他们抵制 Y 小学的学生来享用 X 小学的教育资源。在 X 小学门口讨说法的是 X 小学的学生家长们，X 小学的招生政策是必须满足学区划分政策，同时需要查验房产证和户口本，只有满足这些条件，子女才可入学。所以，家长们为了让孩子能在这里上学背负了巨大的经济压力。

X 小学的学生家长们在听说 Y 小学的学生要搬到 X 小学时，纷纷表达了强烈的不满，因为当时为了孩子们能在这里上学，他们不惜花费高价买了学区房。他们认为，如果 Y 学校的学生家长们轻易地分享了他们花费大量金钱和精力获得的教育资源，谁来补偿他们受损的利益呢？由于 X 小学学生家长们的强烈抵制，X 小学不得不重新思考解决问题的办法。最后经 X 小学校领导及区教委的商量决定，对 X 小学和 Y 小学采用"一校两制"的管理办法。即 X 小学和 Y 小学进行"独立管理"，可以共享部分教育资源，但为了方便管理，两校之间用栅栏进行"隔离"，使双方拥有各自独立的教学和活动的空间。开学迫在眉睫，为了不耽误孩子们上学，X 小学的学生家长们不情愿地接受了这个办法。

9 月 1 日，终于迎来了新学期的开学日。小新和同学们来到 X 小学后特别兴奋。这里的操场跑起来不再扬起尘土、教室看起来宽敞又明亮、教室里的多媒体丰富又先进，小新和朋友们沉浸在巨大的喜悦之中。然而，眼前突如其来的一道栅栏却挡住了他们向前去的路。这道栅栏的另一侧正在举办热热闹闹的迎新活动，学生和教师们看起来都那么轻松愉悦。小新看到这个情景，心中的喜悦荡然无存，围绕着他的是满满的失落感……他有一瞬间觉得这个栅栏隔开的好像是两个不同的世界。

入学后小新慢慢了解到，他们是在同一所校园上学的两个不同的学校，只不过共同享用着部分教育设施，平时两所学校走不同的门，学校的操场也错开时间使用，而那道栅栏就是两所学校的"隔离线"。小新有时候会对着栅栏发呆，他不懂，为什么两所学校明明在一起却又完全不同。他也不懂，为什么他和栅栏另一侧的孩子好像从第一天见到时就不一样。

有一天小新终于忍不住问父母，"为什么我们和门那边的小朋友不一样？"小新父母听后觉得很心酸，认为孩子的心理受到了伤害，因为小新说 Y 小学的学生在 X 小学都有"寄人篱下"的感觉。渐渐地，越来越多的 Y 小学的学生家长不满意学校的这种做法。他们觉得孩子受到了不公平的对待，冰冷的铁栅栏意味着歧视，这会令他们的子女产生自卑的情感，从心理上认定自己比其他孩子"身份低微"。于是 Y 小学的家长向学校提出申请，为了孩子们的心理健康，必须拆除栅栏。但是，X 小学的学生家长也不让步，他们始终认为 Y 小学的学生已经违反了"学区房"

的政策，享受了"学区房"的资源，对 X 小学的学生和家长来说已经不公平，如果现在再把栅栏拆除，就更不公平了。

后来，"隔离墙"的问题被各媒体报道，社会上关于"学区房"的舆论波涛汹涌。但是，谁也没有找到更好的解决问题的办法。最后，隔离栅栏依旧没有被拆除，只不过校方在栅栏上挂满了装饰花盆。

【思考题】
1. 你觉得这堵墙背后的隐喻是什么？
2. 你怎么理解当下社会的教育公平问题？
3. 拆一堵墙容易，如何消解教育不公呢？

【案例分析】

案例中 Y 小学和 X 小学家长为何有冲突？Y 小学的学生家长们认为自己的孩子受到了教育歧视，既然在同一个校园内，那就应该拆除隔离墙。X 小学的学生家长们则坚持认为，他们遵循当地的政策，按照要求购买学区房，享受 X 小学的教育教学资源无可厚非。Y 小学突破了"学区房"的规则，享受 X 小学的教育资源对他们来说不公平。

从形式上来看，隔离墙是将一个校舍隔开成为两个学校的分割线，对两个学校来说是为了相互独立、便于进行校园管理。从实质上看，这堵墙是一道无形的分割线，将经济条件不同的家长群体分为两个互不干涉的阵营。面对优质教育资源不均衡的环境，经济条件较好的家长群体有能力购买学区房并选择高质量的学校以供自己的孩子上学读书，而农民工由于收入低和流动性大等原因，难以为子女选择高质量的学校。与其说这堵墙是为了方便管理，倒不如说是为了阻碍不同群体之间相互流动。虽然我国法律有明确规定，所有适龄儿童平等地享受其区域内所有公办学校的入学权利，但是政府也颁布了"就近入学""单片划区""多片划区"等一系列的政策，由于政策的矛盾性和社会市场经济的复杂性，学区房这种现象依然存在。

一　优质教育资源供需矛盾是长期存在的突出问题

教育部门可以合理利用该地区公共的教育教学资源，因此将 Y 小学的学生安置到闲置的 X 小学也合情合理。但是，究其本质让 X 小学和 Y

小学的学生家长们都敏感的是"教育不公平"的问题。近年由于城市发展迅速，需要大量的人力资源，农村大量的新生代劳动力也应运而生。新生代的农民工大多接受过基础教育，逐渐改变让孩子做"留守儿童"的旧打工模式，改为以"家庭化"的形式进入城市务工。案例中 Y 小学的学生正是这新一代农民工的孩子，他们的成长与学业跟随父母的工作地点到处流动。对于国家来说，解决适龄流动儿童接受义务教育是亟待解决的问题。城市颁布的一些入学要求是否能够保障随迁儿童顺利入学？他们是否能和城市的学生享受到相同的资源？

现实情况是，城市教育布局不尽合理，政策也不尽完善，优质的教育资源配置并不均衡。随迁子女往往是在办学质量较差的民办农民工子弟学校入学。而且随着近些年民办农民工子弟学校陆续拆除，一部分流动儿童如案例中的 Y 小学一样并入 X 小学，采取"一校两制"的管理方法，一同享受公办学校的教育资源；也有一部分儿童因为城市里不再有他们可以上学的机会而被迫成为"留守儿童"；也有极少的一部分学校将农民工子弟学校的学生与原学校的学生进行完全合并随机分班。这三种做法都备受争议，中产阶层想要维护既得利益，弱势群体对此也持怀疑态度。

二 政府要关注和保障义务教育的基本性公平

Y 小学和 X 小学的学生家长们都在追求教育公平这一目标。教育是维系社会公平的基石，一旦有人打破"公平"规则，必定会掀起有关"教育公平"的争论。教育公平通常是指每个社会成员都享有同等的教育权利与教育机会，享有同等的教育资源、受教育机会和教育质量，并享有同等的就业机会。按照当前国内外对教育公平的划分，教育公平包括教育起点公平、教育过程公平和教育结果公平。

（一）教育公平的组成要素：教育起点公平

教育起点公平是教育公平的实质，也是实现教育公平的前提条件。本案例中 Y 小学的学生属于弱势群体，他们几乎不具有选择的权利。虽然法律中明确规定人人享有平等的受教育权和均等的受教育机会，但是政府也根据社会资源分配与现实情况颁布了一系列的入学政策。这些矛盾的政策与条款，使农民工家庭的孩子依旧处于较低的教育起点。

义务教育阶段教育均衡发展是实现教育起点公平的基础。《中国教育现代化 2035》中也明确提出，教育现代化应致力于面向每一个适龄学业的儿童做出努力，要着力保障他们拥有均等的受教育机会和平等的受教育权利。《中华人民共和国义务教育法》中规定，"地方各级人民政府适当设置小学、初级中等学校，使儿童、少年就近入学"。"就近入学"的政策，原本就是为保障教育公平而出台的政策，旨在保障每个学龄儿童享受平等接受教育的权利，使其不受到阶层地位或其他先赋性因素的影响。教育政策跟随社会的发展不断完善，随着流动儿童越来越多，各地也出台了相应的随迁子女入学政策，以保证适龄儿童顺利接受教育。但是因为各地经济发展速度的不同，教育资源更倾向于发达地区或者是一些"重点院校"，这也是造成区域、城乡乃至学校之间教育质量差距不断拉大的原因。由于学校教育资源不均衡，购买"学区房"的趋势越来越火热。从这个角度看，X 小学的学生家长们也是"学区房"的受害者。

教育部在 2022 年的工作要点中提出，为推进义务教育的均衡发展，教育部会出台优质均衡的教育服务体系，以确保每个孩子享受公平的教育。但是，若要实现政府所颁布的一系列政策的公平公正，首先得保证为各地区的受教育者提供大致相同的教育资源。

(二) 教育公平的组成要素：教育过程公平

教育过程公平就是学生在教育过程中，每个人都能获得适合自身发展需要的教育资源，最大限度地发挥每个人的潜能，实现每个学生个性化的成长。美国教育学家 James Samuel Coleman 的研究表明，学生经过相同时间的学习，取得不同的学业成就，其原因是学校资源的配置大不相同。我国在 1970 年前后实行过重点学校制度，由于当时各地教育资源分配极度不平衡，教育资源稀缺，政府希望集中优质教育资源去办一所较好的学校，因此把所拥有的顶级的人力、物力都集中到这个学校，以办一所重点学校完成当地人才培养的重任。这一制度的实施背景是因为急需培养一批人才以满足国家经济发展的需要。但是这一制度在发展过程逐渐变为社会教育不公平的争论焦点，因此这一制度在 20 世纪 90 年代被教育部明令取消。就教育资源的分配来说，目前我国发达地区的教育资源比欠发达地区丰富，城市教育资源比乡村丰富。案例中 X 小学就是重点公办院校，拥有丰富的教育资源，所以 X 小学的学生家长们不愿意与 Y 小学分享自己努力争取得来的资源。

同时，重点学校配置越好吸引到的教师质量就越高，家长更倾向于选择好学校，学校的生源质量也就越高，这一现象目前已经形成了"怪圈"。这个"怪圈"进一步加大了校际差异，从而导致教育过程的不公平，本案例中Y小学的学生家长们因此认为自己的孩子受到了"差生歧视"。

（三）教育公平的组成要素：教育结果公平

教育结果公平是教育公平追求的终极理想。教育结果公平是指让每一个人实现自身价值，在教育过程中都有平等的机会来获得相应的教育成果，为每一个人提供平等的实现个人才能的机会。

假设在各个学校教育资源均衡的情况下，Y小学和X小学的学生可以在起点自由地选择适合自己发展的学校，在受教育的过程中每一人都能保证个性化成长，那么结果公平就是自然而然的结果。若要确保每一位学生都能获得个性化的成长，恐怕公办院校难以实现；若要实现"因材施教"，还得允许各学校百花齐放、各有所长；因此教育行政部门提倡民办教育。更多的民办教育意味着学生个体的权利得到更多的选择、尊重和保障，而这恰恰是人们追求公平背后的目的。

三 对弱势群体子女需要给予一定的关注和补偿

现代社会中的教育作为一种制度性存在，离不开适宜的制度框架。因此，遵循特定的理念，形成一种良好的制度保障氛围，是确保教育公平且有质量的重要基础。基于正义论的视域，无论是从可分配的教育资源，还是学生的精神生活，都应加以关注，兼顾教育资源的合理分配与尊重人的尊严与价值。

（一）提供多样化的教育资源

差异化分配意味着每所办学院校得到多样化的教学资源，利用不同的资源创办属于该校的办学特色。目前中国的公办学校所提供的大多是同质化教育，同质化往往不能够满足个体的独特性发展需要，为了实现人的全面发展过程中的独特性，多样化不失为一种较好的教育选择。而且从本质上来说，发展学生的个性是学生进行自由选择的一种方式，从某些方面来说也是遵从了教育的公平原则，因为教育公平就是要最大限度地挖掘出每一个孩子的闪光点。案例中，若该地区所有的学校都可以按照不同的办学特色进行教育资源的分配，也许会在很大程度上缓解

"学区房"和"教育不公平"的现象。

(二) 重视对弱势群体的补偿

本案例中所体现出来的流动儿童是中国教育弱势群体中的核心人群。由于教育资源分配不均衡,中国先后颁布了一系列的补偿政策以帮助教育弱势群体顺利完成教育。概括地说,补偿原则是带有给弱势人群进行利益补充的某种不平等分配。中国基础教育在教育体系中一直处于弱势地位,而在基础教育中义务教育的弱势地位更为明显。就补偿原则来说,我国教育资源应向当前的弱势群体和地区进行倾斜,使不平等得到改善,促进教育的均衡发展。"两免一补"政策就是根据补偿性原则对义务教育阶段的儿童进行补偿,为他们提供学业、生活等帮助,使他们能够顺利地完成学业。

美国在20世纪中叶已经开始研究教育平等与教育资源均衡发展的问题,并先后提出了平等的理念,出台了弱势补偿等原则。比如,先后施行的"助残入学""双语计划""先行一步计划"以及《中小学改进法》《不让一个儿童落后》等教育政策,以消除差距,促进平等。英国、法国、日本等国家也陆续进行了教育改革以保障教育公平。追求教育平等是各国一直在研究的课题,是各国在教育现代化发展进程中必然会遇到的问题,也是必须解决的难题。教育弱势群体是在每一个历史阶段都客观存在的群体,弱势补偿应是每个社会阶段中政府不可推卸的责任。中国的教育补偿政策尚不完善,处于不断提出问题、解决问题的初级阶段,还需借鉴历史上各国优秀的补偿经验,总结成就和教训,制定符合我国国情的教育群体弱势补偿政策。

总而言之,目前我们还不能找到令所有人都满意的解决办法,但教育公平为社会的发展指明了努力的方向。从根本上说,只有国家公办义务教育资源趋于均衡,这类不正常的"一校两制"的局面也才能得到消解。

专题二

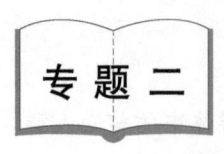

学校德育管理的案例分析与实践

校园欺凌谁之过？

【案例正文】

X小学最近因为一件校园欺凌案件出了名，令人震惊的是，这场校园欺凌案件竟长达5年，案件披露出的诸多细节更是让人匪夷所思……

亮亮出生在农村，爸爸妈妈都不在家，自幼跟着爷爷奶奶生活。亮亮到了该上学的年龄，为了接送方便，爷爷就把亮亮送进了村里的X小学上学。亮亮既聪明又努力，老师们都非常喜欢他。到了二年级，亮亮被班主任H老师任命为副班长兼语文课代表，平日里帮助老师收发作业、监督同学们的背书情况。

班主任H老师的脾气不好，经常体罚学生。如果有学生调皮捣蛋，或是作业没有完成，或是课文没有背下来，他们不是被H老师罚站一整天就是被打手心或者是后背。学生们即使受罚，回家后也不敢告诉家人，久而久之大家都很害怕H老师。

起初亮亮勤勤恳恳地催促同学们按时交作业、认真背书。每次抽背时如果有同学背不下来，他就如实上报给老师，这些同学免不了一顿皮肉之苦。久而久之，同学背不下来时，他们就会拿自己的零食送给亮亮，让他"放过"自己，亮亮看到这些零食忍不住答应了他们的请求，自此这种"等价交换"就在私下悄悄进行。

三年级，随着学业任务的加重，背诵任务逐渐增多，这也增加了亮亮的"特权"。在尝到一年多的"甜头"之后，普通的零食已经不足以满足亮亮的胃口，他开始索要钱财。X 小学的学生大多是留守儿童，为了给亮亮凑钱，有些同学甚至将自己的新文具、新玩具卖给别的同学换成钱交给亮亮。亮亮越来越享受这种"交换"，胆子也越来越大。

X 小学在整个小学学段是不分班的，到了六年级，亮亮仍然是班级的副班长。此时，亮亮已经开始公然收取"保护费"，即只要交给亮亮十几元到几十元不等的"保护费"，就算是作业不写或者课文不会背诵，亮亮也不会告诉 H 老师。若是不交"保护费"，就算是认真写完的作业也会被撕碎扔到垃圾桶，课文就算背得滚瓜烂熟也会被当作不合格上报给老师。

轩轩也是一名跟着爷爷生活的留守儿童，从一年级以来一直在 H 老师班里。轩轩学习成绩一直处于中上游，但是偶尔也有背书吃力的情况。轩轩手里没有多少钱，亮亮就三天两头地找他的麻烦。轩轩也曾向老师反映过亮亮的种种行为，但是老师并不相信。亮亮听说之后，反而气焰嚣张地带他的朋友们"教训"了轩轩一顿。轩轩不敢再告诉老师，爷爷又特别"听"老师的话，轩轩自然也不敢告诉爷爷实情。后来，轩轩无奈之下只能偷爷爷的钱。爷爷发现之后，二话不说就狠狠教训了轩轩。面对长期的欺凌，轩轩逐渐变得抑郁、焦虑。他经常晚上做噩梦，白天上课无精打采，久而久之成绩一落千丈，最后直接抗拒上学。妈妈听到此消息赶紧从外地赶回来陪伴轩轩，在妈妈的开导和鼓励下，轩轩终于说出了实情，同时在几名同学的佐证下，亮亮的"恶行"终于被揭露了。

这一事件引起当地教育主管部门的高度重视，派专人进行详细的调查。在调查过程中，调查人员发出"这么多年的欺凌，为什么家长和老师都没有发现任何的端倪？孩子受这么多委屈怎么会不告诉家长和老师"的疑问，在场的东东回答道："因为怕被亮亮揍。轩轩曾鼓起勇气告诉爷爷，但是他反而被爷爷揍了……"在亮亮对轩轩进行报复性殴打的恫吓下，孩子们不敢再披露亮亮的"恶行"。这些遭受过挨打、辱骂的儿童，变得越来越沉默，甚至不敢与亲近的人对视，在询问关于学校方面的事情时经常眼神躲闪。可绝大多数家长们却忽视了孩子们的这些"反常表现"，导致问题越来越严重。待真相大白之时，受害学生的家长特别恼怒，甚至他们与亮亮的父母对簿公堂时，亮亮的父母态度嚣张并企图颠倒是非，一口咬定孩子们的行为是自愿的。

经教育局与警方的共同努力，最终认定了该起案件的部分事实并作出处理：撤销 H 老师的班主任职务和教师资格，撤销 X 小学校长职务。但此时，班级里的其他孩子也像轩轩一样出现了轻微的抑郁倾向，留在孩子们心里的伤疤又该如何愈合？

【思考题】
1. H 老师的教育管理方式有哪些不妥之处？
2. 为什么留守儿童更容易成为受欺凌者？
3. 如何构建有效解决校园欺凌的机制？

【案例分析】
一　班主任的不当管理与校园欺凌有显著的关联

案例中亮亮在小学五年期间，行为轨迹逐渐偏离正常的轨道，为什么家长和老师从来没有发现任何端倪？为什么会出现如此匪夷所思的问题？

（一）从事教师职业必须有较高的职业道德素养

教师职业道德素养对于学生发展的影响意义深远。一个优秀的教师往往是学生成长道路上的灯塔。本案例中，H 老师没有正确认识到教师职业的价值和意义，作为班主任，他对于不会背书、作业没完成、调皮捣蛋等的学生一律粗暴地采用体罚的处理方式。这种体罚行为已严重违背了中小学教师道德标准，对受害学生易造成师源性心理伤害。

师源性心理伤害几乎是不可弥补的，这种伤害对年幼的学生来说影响巨大而深远。如果学生持续在暴力的环境中学习与成长，会形成自卑、退缩、压抑等消极性格，这些消极性格又会反过来增加受欺凌概率，由此形成恶性循环。H 老师缺乏对学生的关爱，导致小问题逐渐演变为不可挽回的局面。作为班主任，在整个教育活动中，要以尊重人、关爱人为核心理念进行教育管理。

（二）班主任应直面欺凌问题

班主任作为学生学习和人生路上的引导者，应该尽力保护学生免受伤害，保障学生身心健康发展。H 老师在轩轩受到欺凌时，并没有站出来制止而是选择了视而不见，这无异于纵容欺凌者继续肆意妄为。在遭受到校园欺凌后，受害者往往会选择隐忍，但是隐忍反而会助长欺凌者的嚣张气焰。在此情景下，班主任要扮演好两个角色。一是学校生态的维护者。在维护良好的校园生态中，应主动干预而非袖手旁观。二是欺凌行为发生时的引导者。案例中轩轩之所以会受到欺凌，原因就在于他遭到了围观者和欺凌者的双重压迫。若此时班主任角色缺失，必定会导致班级生态的进一步恶化。但如果班主任在得知这种情况后，立即站出来加以制止，欺凌就会被终止。案例中轩轩向H老师告发了亮亮的恶劣行径，但H老师并没有做任何调查，就摆出"不相信、不处理"的态度，使轩轩遭受了更大的打击，在其他同学眼里亮亮的存在更是一种"威胁"。班主任在校园欺凌事件发生之后，应及时对欺凌者采取措施加以制止，并且做好心理疏导工作。而且，班主任在处理校园欺凌事件的过程中必须保持客观公正之心，不能掺杂个人感情色彩。否则不仅会影响到班主任的权威与公信力，还会对实施欺凌行为的学生造成"得到默许"的错觉，从而导致更多欺凌者继续实施霸凌行为。

（三）选拔、培养合适的班干部有利于班级成长

从亮亮能够连续多年担任班干部的情况可以看出，H老师在班干部的选拔与培养方面做法失当。班干部是班主任和同学之间的桥梁，班干部应该诚信且具有强烈的责任感。同时，教师也不可对班干部过分偏袒和爱护，以免导致班级声音的"失真"。班主任要重视班干部选拔，选拔关心集体、办事认真、作风正派，具有一定领导能力和组织能力的同学担任班干部。优秀的班干部群体可以促进班级凝聚力的不断提高，达到更好的班级管理效果。

二　校园欺凌：儿童心理受伤害的重要诱因

中小学阶段的留守儿童在农村较为普遍，儿童在自主探索世界的初期由于没有父母的陪伴，缺乏家庭的关心、关爱和关注，往往会受外界不良影响，滋生不良行为，而缺乏家长陪伴和呵护的留守儿童极有可能成为校园欺凌的主体。除了家庭中父母角色的缺失，学校教师角色不到位、学校管理方式不当以及社会对于留守儿童校园欺凌事件的漠视态度等，都是助长欺凌之风的导火索。

青少年时期，人生观、世界观和价值观也处在重要的形成阶段。在此过程中一旦受到不良价值观的影响，比如校园欺凌，这将对欺凌者和

受欺凌者的成长带来不可磨灭的影响。2017年，教育部首次从官方层面明确界定了校园欺凌的概念，在文件中指出"中小学生欺凌是发生在校园（包括中小学、中等职业学校）内外、学生之间，一方（个体或群体）单次或多次蓄意或恶意通过肢体、语言及网络等手段实施欺负、侮辱，造成另一方（个体或群体）身体伤害、财产损失或精神损害等的事件"。在本案例中，由于亮亮连续担任了5年班干部，他可以轻松地利用自身的"权势"对同学们施加言语欺凌、身体欺凌，并且日益肆无忌惮。一部分学生对亮亮产生了盲目崇拜，跟随亮亮一起对别的同学施加暴力，这对他们正确价值观的塑造也产生了阻力。

另外，由于留守儿童缺少来自父母的引导和支持，面对校园欺凌，他们或是困顿于"受欺凌者"角色茫然无措、忍气吞声；或是以"欺凌者"自居，嚣张跋扈、得寸进尺。对此，中华全国律师协会未成年人保护专业委员会副主任于娟娟也有相同的感受："流动、留守儿童的父母往往忙于生计，很少关心儿童的教育问题，使得这些儿童要么因缺少保护，成为被欺负的对象，要么走上歪路，成为校园'小霸王'。"

案例中当轩轩告诉老师亮亮的所作所为时，老师没有做出处理，导致轩轩遭到亮亮的打击报复。对亮亮这些欺凌者而言，他们即使知道欺负同学的行为是不对的，却难以抵挡欺凌行为带来的"甜头""特权"，难以认知自身行为的危害性与严重性，导致其今后在缺乏监督的情形下继续做出欺凌行为。对于轩轩等被欺凌者而言，在受到欺凌的时候，没有人能够给予他关心和安慰，这让处于欺凌中的轩轩抑郁的情绪越来越严重，亮亮的行为也越来越肆意、逐渐偏离正轨。因此，留守儿童、流动儿童等相对弱势群体必须引起学校的高度重视，采取一系列的手段进行家校合作，共同关注留守儿童的心理健康，从而正确引导留守儿童的行为。

三 如何构建预防校园欺凌的多维机制？

（一）培养和谐的师生关系

首先，班主任应对欺凌行为做出明令禁止。H老师对校园欺凌的轻视是导致对学生、学校和自己的教学生涯造成不可挽回的损失的重要诱因。班主任作为学生在校期间的第一责任人，应积极主动地学习并掌握一定的应对校园欺凌的方法和手段，逐步提升自己对欺凌事件的正确认识，最终做到在实际工作中合理预判、敏锐觉察、及时阻断校园欺凌行为。

其次，班主任应该选择恰当的教育惩戒方式。H老师在学生没有完成作业的情况下动辄采取粗暴的体罚方式实有不妥。这种不恰当的教育惩戒方式极易影响小学生品德的形成和行为的塑造。如果教师企图通过对学生施加体罚以达到期望的学习效果，只会适得其反。更有甚者，这类简单粗暴的处理方式对亮亮一类的"潜在欺凌者"形成"潜移默化"的示范和影响，最终引发他们学会"暴力威胁""以暴制暴"，采取不恰当的方式对待自己的同学，直至发生校园欺凌等一系列不当行为。

（二）形成紧密的亲子关系

校园欺凌发生的家庭因素为父母没有引导儿童形成正确的道德观。父母应该采取一些科学的育儿方式，比如在平时的交往过程中以理服人，对儿童采取有效的沟通方式，提升儿童的道德素养。也可以通过在生活实践当中，身体力行地引导儿童进行道德实践训练。案例中，亮亮的父母态度嚣张、拒不认错，甚至颠倒是非企图维护亮亮。这种行为与"保护"二字毫无关联，长期的纵容和溺爱只会导致他们在错误的道路上越走越远、越走越偏。

对于留守儿童的父母来说，应当做到如下几点。首先，成为孩子积极的倾听者。给予孩子表达的机会并认真倾听，以平等的姿态与孩子进行交流，给孩子足够的安全感，获取孩子百分之百的信任。其次，成为孩子情绪的观察者。由于留守儿童与父母相隔较远，且校园欺凌具有一定的隐蔽性，这对留守儿童的父母提出了更高的要求。这就需要父母熟悉孩子每天的活动情况，能够及时对孩子出现的不良情绪进行疏导。最后，成为正向的传播者。在孩子与家长对某一暴力事件进行讨论时，父母需向孩子传递一些积极正向的信息，引导孩子树立正确的观念，摒弃暴力事件传递出的负面价值观。

（三）建立人文校园关系

第一，转变传统观念，重视学生德育培养工作。近些年来，中国不断强调素质教育的重要意义，重视"五育并举"。案例中的亮亮，是老师心目中的"好学生"。亮亮作为班干部，按理说应该做一个品学兼优的楷模，帮助班主任一起营造友爱和谐的班集体氛围，但亮亮的行为恰恰相反。他仗着老师的偏信和偏爱,向班内同学施加了多次欺凌,并以此为乐,甚至有些同学出现了盲目崇拜,与亮亮一起对别的同学施加欺凌。这反映了现在的学校往往还是以分数衡量教师的教学成果,教师也"唯分数"论,甚至采取不恰当的教育方式达到教育目的,忽视了对学生的德育培养。学生缺乏基本的法律和安全常识,无法分辨校园欺凌行为,这也在无形中为校园欺凌的滋生埋下了隐患。

第二,重视校园精神文化,关怀学生道德成长。根据 Nel Noddings 的教育学观点,面对校园暴力事件的发生,最好的做法就是改变整个学校的精神面貌,注重营造学校整体的氛围感。案例中亮亮对其他学生长达五年的欺凌,从未反思改正,说明校方在建设学校精神文化方面做得还远远不够。校园精神文化创建,能够在潜移默化中完成对学生精神层面的熏陶,帮助他们建立正确的"三观"。校园精神文化应当以团结友爱为核心,也只有经过团结性校园精神文化建设,才能逐步强化学生之间的团体意识。一个精神层次极高的学生,在他人遭受欺凌的时候绝不会成为暴力参与者,也绝对不会袖手旁观。

第三,开展法治教育,增强学生的法律意识。留守儿童普遍缺乏关于校园欺凌方面的法律意识,这也是校园欺凌的最大成因。留守儿童已经缺乏良好的家庭监管,学校就必须加强对他们的法制治育,否则他们很容易以无知者的身份误判行为,造成严重的后果。因此,欺凌现象的发生和程度就无法得到控制。由于留守儿童缺乏科学的教育引导,学校应积极主动地开展反校园欺凌宣传教育,帮助学生及时辨别校园欺凌问题,例如,去电影院观看教育影片、举行法律知识小课堂形式的讲座等。提升学生法律意识,要求学生自觉地用法律意识来规范自己的行为,时刻提醒自己、严格要求自己,这样在一定程度上能减少校园欺凌的发生。

"顶撞老师"事件引发的思考

【案例正文】

身为小学毕业班的班主任,张老师对学生要求很严格,尤其是在纪律方面。每周一的升国旗仪式,六年级二班的队伍都是整整齐齐的。可是在这一次升旗时,国歌响起,大家都在敬队礼,队伍后面的男生小明却故意捣乱，向后扭动身体和几个同学讲话，并伸手去抓旁边的几个同学，弄得队伍后面的几排学生都乱动起来。班主任就站在队伍的外侧中间位置，目睹了这一切。等国歌声停止，张老师走到小明身边，大声对他说："升国旗是个非常严肃的事情，你怎么这么不遵守纪律，大声说话！"小明怒瞪着张老师说："我没说，你看见了？我说话了你有证据吗？没有证据就别说话！"小明当着全班同学的面，顶撞了张老师。张老师当时生气极了，全班同学都在看，有些爱出风头的男孩子在捂着嘴笑，还有的学生在等着"精彩"继续。但是张老师是一位老教师，已经参与教学工作三十余年，对于处理此类事件很有经验。虽然她很生气，但她控制住了自己的情绪，她知道热事情要冷处理。为了避免事情进一步恶化，张老师没有再接小明的话，转身向前慢慢走去。顿时学生队伍安静下来，大多数学生都等着看老师怎样处理这件事。升旗仪式结束后，各班按秩序进教室，小明在队伍中高高地晃着头，一副得意的样子。

小明十二岁，正处于青春叛逆期，他想：这次我可赢了班主任，现在你知道我的厉害了吧。同学们肯定会另眼相看我的，我看你老师到底有多大本事，你能怎么我？他心里美滋滋的，根本没有把老师当回事儿。

这不禁使得张老师联想到前段时间去小明家家访的经历，她在半路上遇到了另一名学生的奶奶，这位奶奶和张老师说了小明家的许多事。小明是外来务工随迁子女，老家是外地的，为了生计，父母到这里来打工。父母感情不和离婚后，他和妹妹跟了父亲，他父亲再婚了，继母怀孕又快生孩子了，无暇顾及他们兄妹俩，他们有时连饭都吃不上。小明非常羡慕班上的同学，因为他们有零食吃，有新衣服穿。小明在这样的家庭环境中长大，行为习惯很不好，我行我素。记得五年级开元旦联欢会时，有些同学感恩老师，把好吃的东西送给老师，可是小明上前去抢着要吃，像街头流浪的孩子，说话也很不文明，说话流里流气的。张老师心里明白，小明的行为不仅仅是简单的叛逆，更多的是他家庭环境和生活压力的反映，她对小明生出了更多的怜惜。作为班主任，她不仅要维护班级的纪律，也要关心每个孩子的成长。想到这里，张老师决定这件事不能简单地责罚了事，她需要找到一种合理的方式，让小明既认识到自己的错误，同时也能感受到来自老师的关心。

下午第一节课间，张老师和班长一起商量如何处理这件事。班长是个能力很强的学生，一般简单的问题自己就处理了。放学时，老师让班长和小明到办公室。老师平心静气地问："小明，今天你在升旗时扭头说话，又顶撞老师，你觉得自己做得对吗？"小明说："不对，但是，不对是不对，又不是就我自己说话。"张老师又对班长说："班长，你怎么看待这件事情？"班长对着小明说："你肯定做得不对。第一，你不该在升国旗的时候讲话，老师都讲过多少遍了，升国旗敬队礼，要热爱祖国。第二，你不光自己不遵守纪律，还招惹别的同学一起捣乱，这样很影响我们班的形象。第三，你在全班同学面前顶撞老师，这样很不尊重老师。小明，你说说你做得对吗？"小明说："老师，对不起，是我错了！我今后一定改。"

次日，张老师在班会课上谈了对此事的处理方式，向学生讲述了发生此事后身为班主任的所思所想，并称赞小明知错就改。班长站起来说："小明，老师原谅了你，你不打算感谢老师吗？"小明起身说："谢谢您，以后我会改变的，不信，请看我之后的行动！"班内响起了热情洋溢的掌声。

【思考题】
1. 怎样看待张老师的处理方式？
2. 师生冲突的原因和危害有哪些？
3. 有效减少师生冲突矛盾的办法有哪些？

【案例分析】
一 权威式角色互动加剧师生冲突

在案例中，张老师的处理方式为什么没有让小明深刻地认识到自己的错误，反而越发认定自己是对的，师生的矛盾在进一步激化呢？案例中的小明虽然调皮且执拗，但是师生冲突并不能将错误全部归结在小明身上。从师生互动类型入手进行分析。当教师采用权威式领导时，教师常常形成对学生的权力压制；采用民主方式领导时，教师给学生创造发表意见、展现内心的安全环境；采用放任自由式领导时，教师放弃自身权利，班级管理常常较为混乱。对比案例中张老师与小明的师生互动，不难发现这种互动方式可以归类为权力专断式的师生互动。在这种互动中，教师是权力的掌握者、规则的制定者，在日常活动中扮演裁判员的角色。学生则受制于教师权力，是规则的约束者、活动的参与者。在这种类型的师生互动关系中，学生行为常常表现为三种：学生完全被驯服、学生反抗教师权威、学生表面被驯服。无论是哪种学生行为都不是新时代教育所期望的。完全被驯服的学生会失去自我判断力，没有创新意识与自我精神，不符合培育时代新人的要求。学生反抗教师权威、学生表面被驯服这两种情况将师生放在对立面，这会导致师生关系的异化。当教师用权力压制学生时，学生为维护自我尊严常常采取顶嘴、狡辩等方式回避与教师的深入交流，不利于化解教师与学生的矛盾。

案例中，张老师采取的就是权威式师生互动，她对小明的教育实际上是用教师权力去压制小明，让小明迫于教师角色所附带的权力去承认自己的错误，并没有从学生的角度去思考为什么这样做。小明是一个执拗的孩子，他用自己的狡辩回避与张老师的正面交流，在教师权力的压制下，他的自尊心受到了伤害。即使他知道自己做的是错的，也不愿意承认，不愿意自尊心受到二次伤害。所以师生互动最后以失败告终，师生矛盾也在这样的互动中进一步激化。

二 角色冲突是师生矛盾的深层原因

在学校中，教师和学生承担不同的角色。接下来将基于卡恩等学者提出的角色互动模型理论分析师生关系中的师生冲突，深入探究师生冲突的原因和危害。

（一）角色内部冲突：多重角色下教师自身角色冲突

教师在校园里承担的角色是多重的。教师在学校场域的育人工作中，是指导学生学习的人，即知识的掌握者，在这个角色中教师具有一定的权威性。在学校场域的管理工作中，教师又是学生活动的管理者。在目前尊重教师与学生双主体地位的话语环境下，教师在管理上的角色权威性有所下降，调皮的学生会不断去挑战教师的管理权威。

在学校与班级中，学生和老师发生摩擦都是很常见的。有这种问题的学生往往意志不坚定、缺乏安全感、焦躁不安、傲慢自大，他们通过反驳老师来表现自己。教学中的角色权威性与管理中的权威性下降不是互相割裂的，管理中的权威性下降会使教学中的角色权威性也有所下降。表现为学生不服从教师的日常活动管理，学生不认真听课、不按时完成作业，等等。最后教师的教学工作将难以按照正常的进度开展，学生的成绩也会因为管理问题而下滑。学生挑战教师行为的变本加厉也会让学生自身的人格发展受到很大影响。种种因素的叠加会使教师在工作中受挫，失去原有的教育满足感。因此面对来自学生的挑战，教师必须做出积极的应对以保障自己的权威。

（二）角色外部冲突：学生对自身角色存在认知差异

学生在学校中承担的角色是学习者，在现实中由于种种原因，学生扭曲了对自身角色的认知，将自己与教师放在对立关系中，原因主要有以下几点。

第一，情感需求不足。学生缺乏家庭教育和家长的关爱。家长是子女的第一任教师，家庭教育在子女行为习惯形成过程中起着极为重要的作用。小明的父母离婚了，他得不到父母的关注和疼爱，只能通过这种极端的方式来得到老师、同学的关注。家长也不主动和老师沟通，导致老师处于比较被动的地位。

第二，学生维护自我尊严。升旗仪式是全校的大型活动，六年级学生马上要步入青春期，有极强的自尊意识。张老师在升旗仪式上大声地批评小明，会让他更加激烈地去辩解以至顶撞老师。

第三，行为状态疲劳。小学生的注意力有限，对于大型活动，除了要考虑学生自身原因，也应该考虑学校的组织安排是否合适。活动的安排应该考虑学生的注意力集中时间等因素。

（三）角色期待：师生对彼此角色期待未能达成

所谓"角色期待"就是组织中的每一个人在组织中总是占有一定职位的，对于占有这个职位的人，人们对他总是赋予一定的期望，而人们对他所应具有的行为期望就是角色期待。

从教师角色出发，教师对学生的期待集中于学习、品质方面，学生应该是遵守纪律的、热爱学习的、有正确人生观和价值观的。因此，小明在升国旗仪式上扰乱秩序的行为，破坏了教师对学生角色的期待，当期待不符合实际时，教师会产生不满，这就使得教师与学生的角色互动产生摩擦。

站在学生的立场上，学生对于教师的期望主要体现在知识收获和情感需求上，教师要学识渊博，能够给予学生平等的关爱。在此案例中，教师与学生发生冲突后，张老师大声批评小明，这种做法破坏了学生对教师的情感期待，学生认为教师没有做到"均衡"。

在师生的角色冲突中，重要的并非对对方角色的深入剖析和归因，而是通过角色冲突使双方加深对自身角色认知的。教师应该知道如何用恰当的方式保障自己的角色权威，同时引导学生对自己的角色行为进行反思，这才是解决冲突的最终目的。

三 解决师生角色冲突的有效路径

学生顶撞教师，通常在青少年时期出现，而学生顶撞教师外显为负面行为，内含师生隔阂。如不加以合理指导，必将给教育带来无法估量的危害。所以学生顶撞教师不能使劲压，不然就埋了隐患，应因势利导、找根源、除隔阂。既然顶撞是不可避免的，那我们就正确地对待它。如果学生在家时，父母对自己没好脸色，到了学校后，也许是因为没完成作业、课堂纪律差、多次被批评等，顶撞教师就成为其情绪发泄口。由此可得出学生顶撞教师的两点原因：

一是家庭教育缺位。家长是子女的第一任教师，家教在子女行为习惯形成过程中起着极为重要的作用。小明父母离婚了，父母没有积极与老师交流。对儿童的种种表现缺乏认识。

二是想引起教师和同学的重视。小明自控能力差，经常受到老师的批评，强烈的挫败感油然而生，此时他需要老师的重视与鼓励，所以他采用了这样一种偏激的方式期望获得老师的重视。

（一）多方角色联动，构建防范师生冲突的机制

建立家校联通，全面了解学生处境。师生关系是多种角色互动的共同结果，家长是维护师生关系的重要因素。案例中张老师通过其他学生的家长了解到了小明家的状况，说明家校联通还有一定漏洞。在学生入学时，通过建立学生的个人电子档案，并在学期节点中及时跟踪学生状况，可以加强家校联合教育，减少此类事件发生。

构建师生共治，深入掌握学生动态。角色互动只有在一个公平、民主制度下才能产生更加良好的互动效果。在班级治理中，适当发挥"学生自治力"有利于班级的治理。在义务教育阶段，发挥学生自治力要对学生干部进行思想、行为系统的培训，正确发挥学生干部的作用。

设立心理咨询处，及时发现学生问题。在中学设立心理咨询处很常见，但是在小学很少有这样的机构。小学生身心发展还不完善，六年级更是处于向青春期过渡的阶段，聘请专业人员、设立心理咨询处有利于对特殊学生进行管理。

(二) 明确教师角色定位，提高学生对教师角色的认同感

做一个具有人格魅力的教师。教师人格魅力除专业素养外，还体现为关心学生、有责任感、有毅力、乐观开朗地对待教育工作，这一切都会潜移默化地作用于学生。教师唯有多读、勤思，方能从中吸取更多的养料。

满足学生心理需要。教师应善于辨别学生存在的问题，对学生进行必要的引导与重视。在教学中，教师首先应该细心地去发现学生的闪光点，并充分发挥它们的作用，多加赞美学生。

降低要求，因材施教。对小明这类学生，教师不应该用统一的高要求去约束，应该针对其个性特点，因材施教，多一些赞美，少一些批评。

(三) 深化学生角色认知，树立正确的价值观念

学生是处于发展中的个体，对自我的角色认知不够，此时就需要社会、学校、教师对学生的角色认知加以引导，使之更加明确地认识到自己所承担的角色责任。

从社会层面看，减少负面教育行为的输送，矫正社会中的畸形教育心态，避免学生将学校看作笼子，将教师看作"守笼人"。应该让学生认识到教育是使人更加完善的途径与方法。教育在社会中的意义是积极的。要让学生真正意识到自己是需要学习的人。

从学校层面看，学校应该尽到所承担的职责。学校的功能首先在于育人，其次在于教学。育人首先要知人，知人之弊端，方能对症下药。学校作为教师和学生发生联系的平台，应该主动承担起协调师生关系的责任、弘扬尊师重道的传统美德。让学生真正意识到自己作为晚辈和学习者需要尊重传授自己知识的老师，让学生有是非观、羞耻心，养成正确的价值观。

从教师层面看，教师作为教育的直接实施者，应该有良好的教师道德、教师风范，注重养成自身良好的、规范的教师行为。做到关爱学生、爱岗敬业，让学生在学习中感受到教师作为师者的权威，在潜移默化中让学生认识到自己的角色属性。

从学生层面来看，应该让学生对自己的身心发展历程有一定的认知。在认知的基础上，学生能对自己的行为做出正确反应，而不是一直被动地接受来自父母、教师、学校的约束。

只有从多个方面入手积极矫正师生关系的异化，从社会心理、学校

教育、教师德育的角度出发去建设学生良好心理认知，才能真正减少师生冲突，建设新时代亦师亦友的良好师生关系。

课间打闹"是非"多

【案例正文】

　　夏老师是某小学六年级的一名语文老师兼班主任，尽管在班会课上再三强调，但还是无法有效制止学生课间打闹行为，最近班里接连两起发生在课间十分钟的意外事件引起的纠纷让他很是头疼……

　　一天课后，尚同学气势汹汹地来到办公室告状，说林同学把他的眼镜踩扁了，究竟是怎么回事呢？原来，尚同学课间外出，随手把眼镜放在课桌上，结果林同学在和其他同学打闹时，眼镜被无意间碰到掉到了地上。在与同学推搡追逐的过程中，林同学一不小心一脚踩了上去，眼镜被踩扁了。事后，夏老师先找来了林同学，当面询问事情的原委。林同学的描述与尚同学并无出入，他承认是自己和同学打闹时不小心弄坏了尚同学的眼镜。夏老师让两位同学各写一份情况说明书交给他，随后联系双方家长进行沟通。因林同学的家长在外地务工，所以只能电话商量解决方案。起初，林同学的父亲很爽快地答应给尚同学配一副眼镜。但是，当他听到新配一副眼镜要 800 块钱后，马上反悔了。林父称自己的儿子不小心踩扁了尚同学的眼镜，确实存在过失，但也是因为尚同学自己没有及时把眼镜收起来，这才造成了意外，所以尚同学也有责任。他要求夏老师划分一下责任，至少不能让他们家承担全部的责任……

　　班级的另一起事故发生在一次延时辅导课的课前，女同学小李捂着嘴巴哭着来办公室找班主任夏老师，说自己的牙被碰掉了，流了好多血。六年级的孩子乳牙已经基本换成了恒牙，夏老师赶紧安抚受伤的小女孩，并查看牙齿受伤情况，发现小李右边第二颗门牙被碰掉了四分之一。询问情况后得知，当时小李正拿着水杯站在教室后门旁边喝水，突然被男同学小豪撞到，保温杯的不锈钢杯口猛地撞到了她的门牙上，酿成了此次事故。夏老师叫来小豪询问情况，小豪称自己没注意到后面有人，是女同学小王推他，他才撞到了正在喝水的小李。而小王说是因为男同学小豪骂她，她很生气才推了他。事情既然已经发生，又有同学受伤，夏老师很快联系了三位家长来学校商量解决方法。三位同学家长很快来到了学校，夏老师当着办公室其他老师和三位家长的面又一次向三位学生询问了事情的来龙去脉，与先前描述基本没有出入。描述完后，夏老师让两名"肇事"的同学各自回班写情况说明书，同时请班里的其他"目击者"也写下情况陈述。经过简单的协商后，两位"肇事"同学的家长表示愿意承担相应责任。受伤女孩的父亲决定先带孩子去牙科医院检查，其他两位家长也主动要求一起陪同前往。同时，夏老师也在第一时间向主管校长报告了此事。

本以为这次意外事故即将顺利解决，但当天晚上夏老师联系三位家长询问情况时，三位家长在赔偿金额上产生了分歧。受伤同学的家长咨询了牙科医生和其他学校的一些类似情况的处理办法，向夏老师反映："小李是一个女孩，碰坏了门牙，影响美观。而且现在牙也不能一次补齐，医生预测要过了女孩的生长发育高峰期才能将牙齿完全补齐。牙齿受过外伤，有可能以后还需要种植牙……考虑到孩子们也都不是故意的，六年的同学情谊，两家总共赔偿6000元把这件事了结就行了。"接下来夏老师与另外两位家长进行沟通，小王的妈妈对赔偿没有意见。而小豪的爸爸一听要赔偿这么多钱，立马不乐意了，说："夏老师，要不是小王推我儿子，也不会撞到小李。您可得划分下责任，小王才是造成事故的主要原因。"小王妈妈一听也不乐意了，开始与他争辩究竟谁该负主要责任……

面对如此情况，夏老师一时语塞，究竟该如何处理？夏老师陷入了沉思……

【思考题】

1. 面对"课间十分钟"引发的意外事件，教师应如何有效应对？
2. 夏老师应如何回应双方家长的诉求？
3. 在处置校园意外伤害事故过程中，教师应扮演怎样的角色？

【案例分析】

中小学的课间十分钟是较难监控和管理的时间段，由于该年龄段的学生活泼好动，又尚未形成良好的自制力，追逐打闹等行为引发的安全事故屡见不鲜，课间十分钟也因此成为"多事之秋"。每当此类事件发生，班主任是学生求助的第一选择，其处置行为和应对策略是否及时有效将直接影响该类事件的解决结果。若处置不当，该类冲突极易引起家校矛盾，严重时甚至有上升成舆情事件的隐患。

一 课间打闹惹是非，怎么办？

本案例中的两起事故是典型的由课间打闹行为引发的意外事件和校园伤害事故，但两起事件又有所差别，事件一是由无心之失造成的学生财产受损事件，事件二则是典型的由课间打闹行为引发的、受害程度较重的学生人身伤害事故。夏老师在两起事件中的处置和应对过程中都有诸多做法值得肯定，对班主任处理类似事件具有借鉴意义。

首先从矛盾的起源入手，两起矛盾都是学生课间打闹引发的意外事件，属于无心之失。夏老师在了解事件的原委后，先让涉事学生各写一份情况说明书，着重叙述事情的经过，同时让班级其他的目击同学也写一份情况说明书。这样做有以下考量：一方面，尽可能还原事情真相，让教师能够掌握更多信息，这是处理矛盾的前提；另一方面，第一时间"取证"，留存好一手信息才能在和家长沟通时有理有据，避免教师陷入"口说无凭"的被动境地。

其次，夏老师在两起事件的处置中反应迅速，都在第一时间给家长打电话反馈情况，并请家长尽快赶到学校，通过面谈处理相关事宜。夏老师的可取之处在于处理校园矛盾时毫不拖沓，抱着解决问题的态度积极采取行动。

再次，夏老师在处理问题时兼顾到当事学生的心理感受，体现出"以学生为本"的人文关怀。夏老师考虑到学生尚未具备处理此类问题和赔偿的能力，倘若受伤学生家长有刁难行为或双方家长在交涉过程中产生分歧冲突，恐对学生的心理和人际关系造成不良影响。因此，在教师和家长商议解决方案时，他让涉事学生回到教室回避的做法是值得肯定的。

最后，涉及学生人身伤害这类情节较重的事件时，第一时间将相关情况汇报给学校主管领导。一方面，这种做法符合学校管理规章制度，便于学校方面同步事件进度，以最大可能维护学生合法权益和保障校方合法利益不受损；另一方面，作为组织的一员，夏老师在面临难以凭借个体力量作出决断的问题时，及时向组织反映，可以集组织众人之长，借鉴其他教师对此类事件的处理方式，以便做出更好的选择。

二　家长诉求不统一，怎么回应？

存在于组织生活中的个体是动态依赖的，当组织成员在意见不一或目标实现受阻时常流露出负面情绪，这是组织内部人际冲突的起源。本案例中的两起事，涉事学生家长要求班主任老师"划分责任"的诉求，是典型的人际冲突的三大属性之一——意见分歧的表现①，倘若不加以有效回应，有加剧负面情绪，甚至延伸出干涉行为的风险隐患。要有效回应家长们的意见分歧，还要结合具体的冲突情境对认知要素进行拆解。针对案例中的两起事件都涉及的"责任划分"和"赔偿问题"，教师可依据有关法律法规，并结合其他教师处理同类事件的经验回应家长们的诉求。根据《学生校园意外伤害事故处理办法》第二章第八条相关规定："学生伤害事故的责任，应当根据相关当事人的行为与损害后果之间的因果关系依法确定。"依据此项规定，对照实际情况可知，引起两起事件损害后果的学生都存在一定的主观过失。因此，相关学生或其监护人应依法承担相应责任。但所谓"划分责任"并非"拍脑袋""凭感觉"随意做出的决定，对涉事主体的过失行为与损害后果间的因果关系作出客观的判断才是公正合理划分责任的有效途径。具体而言，案例一中林同学课间与同学打闹追逐行为是引发尚同学眼镜掉到地上，进而导致损害后果发生的主要原因，所以应承担全部责任。事例二中，小王和小豪的推搡是造成了小李同学牙齿受伤的主要原因，所以二人需要共同承担对小李同学的赔偿。至于小豪爸爸口中"小王推了小豪才导致意外伤害到小李"的说法，需对小豪是否"出言不逊在先导致激怒小王"的行为作出情况核实，依据实际情况再由涉事方家长们自行协商赔偿方案。

一线教师虽不是法官，但在实际的班级管理与教育教学工作中教师也应该以法律傍身，学会运用法律知识来处理教育教学过程中遇到的各类问题。可以说，依法执教是教师处理学生矛盾冲突的坚强护盾。

三　家校沟通有难度，怎么破？

事实上，类似案例中的校园矛盾冲突事件在协商处置的后续阶段，通常会由学生与学生之间的人际冲突演变成家长与家长之间，甚至家长

---

① 宝贡敏、汪洁：《人际冲突理论研究评述》，《技术经济》2007年第11期。

与学校之间的矛盾冲突。在面对此类问题时,通过协商方式使问题"始于校,止于校"通常是最优的解决方案。但如果家长不同意学校或班主任教师提出的调解方案或对调解方案未达成一致,也可以诉诸司法途径,运用法律手段依法维护自身合法权益。

因此,教师需要扮演好"协商者"的角色,尽可能地在双方家长中斡旋、调解。这就不可避免地涉及与家长们的交往。结合诸多优秀班主任的丰富经验,总结出以下教师在与家长沟通过程中需要遵守的原则。

第一,尊重是家校沟通的前提。在处置类似案例中的事件时,教师首先要以平等、尊重的态度与家长沟通,让家长体会到教师是公平公正的,不偏袒或维护任意一方。其次,在沟通过程中,很容易出现案例中小豪爸爸这类"护子心切"、推脱责任的行为。此时教师要尽到教育的责任和义务,真诚地告诉家长,家长作为监护人,不能单纯地替孩子的错误开脱和辩解,应教导其勇于承担责任,并从中吸取教训。当教师动之以情、晓之以理,站在学生的角度,为学生的长远发展考虑时,家长通常情况下都是愿意接受教师的意见或建议的。

第二,态度诚恳是实现家校沟通的有效手段。家校沟通的关键在于相互理解,理解既是家校沟通的条件,也是最终归宿。家长和教师在学生成长成才上有着共同的目标,双方是同盟军和合作伙伴的关系。因此教师需要摆正自己的位置,对家长真诚相待,以达到家校共育的目的。当孩子犯了错,家长也会觉得难堪,此时教师不应再刻薄地批评犯错的学生,而是应该借鉴案例中夏老师的做法,站在客观、公允的角度分析问题,帮助学生找出原因。家长也会感受到教师是真诚地在为孩子的长远发展考虑,就更容易与教师站在统一战线,共同完成对孩子的批评教育并主动承担相应的责任。

第三,方法得当是家校沟通的必备技巧。与家长沟通交流是一门艺术,无论何种情况,教师都应保持稳定的情绪,以委婉、客观的语气陈述问题和观点,避免形势失控,形成激烈、对立的僵局。对家长的疑问要有足够的耐心去解答疑惑,对态度良好的家长要给予更多的理解和支持,对待部分蛮不讲理、横加指责的家长时,教师也要保持不卑不亢的态度,站在公正的立场作出客观评价。

简言之,教师在进行家校沟通时要讲究方法,可以向有经验的教师请教以积累丰富的经验。当教师和家长树立"通力合作、家校共育"的观念，秉持"一切为了孩子健康成长"的理念时，家校沟通难题也将迎刃而解。

四 校园矛盾频发生，怎么管？

中小学校发生意外冲突事件并不鲜见，尤其在课间十分钟这样的"高危时段"，更容易出现学生人身伤害事件，不少校长和教师都对此防不胜防。那么，如何对学生的课间活动进行有效的引导与管理？

一方面，防患于未然，做好校园安全教育工作。根据《中华人民共和国民法典》第一千二百条规定，限制民事行为能力人在学校或者其他教育机构学习、生活期间受到人身损害，学校或者其他教育机构未尽到教育、管理职责的，应当承担责任，[1] 即在评判学校意外伤害事故中学校担责时应遵循"过错责任原则"。案例中的夏老师多次在班会课上强调禁止课间打闹行为，已尽到教育之责，不需承担损害后果的责任，但意外仍未能避免，从侧面显示出其在管理上仍有精进空间。校园安全工作重于泰山，在现实复杂的学校场域中，学校、老师都需要严格履行教育保护职责，高度预见并做足预防工作，例如设立危险警示标识、增加课间安全巡视人员数量等。在安全教育中，学校、教师要充分提示学生追跑打闹可能造成的严重后果，清晰列举并严令禁止高危行为，并根据季节、环境设备变化及时补充完善相关规定。

另一方面，社会冲突理论揭示了物质性因素和非物质性因素两种冲突产生的根源。学生伤害事故纠纷大多源于利益冲突，[2] 归类于前者，即冲突双方在权利、地位和资源分配上的不均，因此解决此类问题可对症下药。事实上，在一般纠纷解决过程中，学生及家长常出于顾及"同学情分"的心理，并不希望当事双方的关系走向破裂，更青睐于"多元化、商谈式"缓和矛盾的方式，在此需求下，教师扮演好"调解员"和"斡旋者"的角色非常重要。矛盾发生后，教师应及时采取以下行为。

---

[1] 张新宝：《〈中华人民共和国民法典·总则〉释义》，中国人民大学出版社2020年版，第448页。

[2] 方芳：《学生伤害事故纠纷化解困境与突破路径——以2017年司法案例中的事故责任认定为切入点》，天津市社会科学界第十四届学术年会论文，2018年10月，天津，第679页。

首先，及时处理，通知家长。在校学生发生事故后，教师应在第一时间处理，安抚受伤害的学生，如果需要救治应立即带学生到附近的医疗机构就医，同时通知家长到校，注意顾及家长的急切心情，待双方家长到校后协商事情的处理办法。其次，调查取证，报告上级。发生事故教师应在第一时间找到目击者，询问当时的情况，争取从多角度了解事情发生的过程，并在第一时间让学生写下情况说明书。如果发生人身伤害事故，教师则要第一时间报告给学校主管领导。最后，多方协调，以情动人，以法服人。教师要及时安抚受伤学生以及被伤害学生的家长，以避免新的不必要的二次伤害事故发生。对肇事学生的家长，教师要耐心说服，有理有据、不卑不亢，让家长感受到教师是站在公平公正的立场上处理问题的，以便家长积极地配合教师，能让学生从中汲取教训，吃一堑长一智。

总而言之，课间打闹"是非"多，尤其是牵涉学生、家长等多方利益主体，置于复杂的教育场景中更难以把握，因此更需要教师运用教育智慧和教育勇气去解决。教师要放下"教育权威"的架子，设身处地换位思考，代入学生家长的角色去面对学生的教育问题，会在很大程度上达成与家长的共鸣，更易于家校合作的开展，更好地助力学生健康成长。

小小"苔花"何以绽放？

【案例正文】

张老师是一位教育阅历丰富的优秀教师，从教十多年来她兢兢业业、诲人不倦，积累了宝贵的教学经验。每每被问及在自己的教育生涯中印象最深刻的一名学生，张老师总会讲起一个关于"一朵小小的'苔花'盛情绽放"的故事……

悦悦是一个很文静的孩子，自一年级入校起，她就表现出胆子小、不爱与人交流的内向性格。不论课上课下，她都习惯做一个安静的旁观者，就像一朵不起眼的小苔花，毫无存在感。但张老师不止一次发现悦悦在舞蹈课上会表现得比其他场合更感兴趣，很多时候她也会情不自禁地随着音乐做出舞蹈动作，并沉醉其中。尽管如此，悦悦从没有主动报名参加学校组织的文化节、联欢会。即使老师再三邀请，她还是表现出抗拒的态度。悦悦明明非常喜欢舞蹈，可是为什么不愿意参加活动、大胆地展示自己呢？

张老师决定向悦悦的家长了解情况以解开这个谜题。通过交谈，张老师得知：原来悦悦还有一个让父母引以为傲的"学霸"姐姐，但悦悦成绩平平，平日又不爱说话，难得父母重视。即使对舞蹈很感兴趣，她却不敢违背父母"分数第一"的信条，只能默默藏起对舞蹈的喜爱，一门心思集中到提高成绩上。姐姐的优秀映衬得悦悦更加平平无奇，久而久之性格变得特别敏感，越来越没有自信。

了解到大致情况后，张老师开始思考：如何帮助这朵怀揣着"舞蹈梦"的小小"苔花"找到属于自己的暖阳，尽情绽放呢？在接下来的时间里，张老师先后多次前往悦悦家进行家访，定期跟悦悦的父母反映悦悦在学校的良好表现，挖掘出悦悦在舞蹈方面的闪光点分享给他们。在张老师"不遗余力"的宣传下，悦悦的父母也逐渐发现，这个平日里默默无闻的小女儿也很优秀，并开始改变自己的态度和行为，尽力弥补先前对悦悦的忽视，努力做到一视同仁。他们开始积极地带悦悦去参加舞蹈训练，越来越频繁地向张老师更新悦悦近期的训练成果，欣喜地告诉张老师，舞蹈老师评价悦悦是个很有舞蹈天赋的孩子……张老师也同步跟进，为了改变悦悦在人前胆怯、缺乏自信的状态，张老师在课上总会多给悦悦提供几次回答问题的机会，在她作出回答后及时给予肯定的点头或微笑。课下也会有意无意地请悦悦给自己帮一些传话、发作业的"小忙"。一开始悦悦还有些不适应，做起来有些勉强。但久而久之，在与老师和同学们逐渐频繁的接触中，悦悦开始发生变化，她不再排斥与他人的接触，课堂发言变得更加自信，课下帮助老师做一些小事时也更加有条不紊。看到前期努力产生了一些成效，张老师开始"乘胜追击"，"怂恿"班上其他爱好舞蹈的孩子带着悦悦排练一个小节目在班会课上展示。尽管是很小的一次展示机会，悦悦却非常认真地对待，反复排练，力争做到完美。班会课上悦悦的精彩展示赢得了同学们真挚而热烈的掌声。这次小小的展示也成为悦悦发生大转变的契机，从这次展示以后，悦悦对学校艺术节、元旦联欢会等活动变得更加期待，能够在更多人面前大大方方跳一支舞。进入六年级后，悦悦的家长向张老师反映，悦悦在舞蹈训练上更加刻苦，每天训练时间达4—5个小时，无论是基本功的训练还是形体训练,她都没有叫过一声苦喊过一声累。即使每天的作业都是挤出休息时间完成的,但她从来没有落下过一次作业,学习成绩一直保持优秀。

小学毕业的时候,悦悦终于收获了自己历经寒来暑往的刻苦训练换取的硕果:她被北京舞蹈学院附属中学芭蕾舞专业录取,成了本市近十年来唯一一名北舞附中录取的学生。张老师欣慰地发现,此时的悦悦已经自信十足、落落大方,在她洋溢的笑脸上,张老师明白,这朵小小的"苔花",已经找寻到自己的曙光,正在艺术的道路上尽情绽放、扬帆远航……

【思考题】
1. 悦悦的成长成才之路体现了什么教育之道?
2. 张老师在对悦悦的教育过程中有什么可取之处?
3. 在悦悦成功之路上,学校和家庭分别扮演了怎样的角色?

【案例分析】

清代诗人袁枚曾在其诗《苔》中用"苔花如米小,也学牡丹开"来歌颂微小却坚韧的苔花。案例中的悦悦正如这首小诗中的一朵小小"苔花",在优秀的"学霸"姐姐的光环映衬下,她显得平凡普通,甚至有些不起眼,在"白日不到之处"默默无闻。但悦悦也是幸运的,她的幸运不仅在于她具有很高的舞蹈天赋,更在于她遇到了一位善于发现学生个性之处并加以培养的优秀教师。当父母仍然信奉"唯分数论""成绩决定一切"时,张老师却坚信悦悦自有其独特之处。通过对悦悦的日常观察,张老师敏锐地捕捉到悦悦对舞蹈的情有独钟,并将这一特征放大,演变成悦悦独一无二的特长,最终成为开启她艺术之路的"金钥匙"。可以说,悦悦这朵小小"苔花"盛情开放的过程,正是一个成功的个性化教育的实施过程。

一 个性化教育的起点是以生为本

现代社会是容纳多样性和异质性的社会,日新月异的社会发展离不开多样化的人才以推动社会整体运转。在现代社会中,具备自信力和创新力的个体常被赋予"有个性"的评价,实际上这正隐含着现代社会对所需人才的衡量标准。所以，现代教育也应顺应社会发展的需要，提高对多样化、有个性的学生的包容度。悦悦父母从"唯分数论""成绩至上"的思想转变为接受并重视孩子的兴趣所在，辅之以积极引导和培养，是个性化教育的生动实践。

个性化教育思想自古有之。两千多年前孔子提倡的"因材施教""有教无类"自不必言说，延续了几千年的中国私塾也正是个性化教育理念的实践产物。发展至近代，个性化教育理念更受推崇，"中国幼儿教育之父"陈鹤琴从儿童心理学出发，提出"活教育"观，引导儿童顺其自然个性充分发展，追求完美人格的塑造。教育家蒋梦麟也认为教育必须遵循个性主义的原则，充分延展人的个性。[①] 放眼西方教育场域，对个性的追求和对个性化教育的推崇更是不胜枚举。最具典型性的是卢梭在《爱弥儿》中对构想出的理想教育对象——爱弥儿实施的长期教育活动正是为其"量身打造"的培养方案，这是个性化教育的生动范例。如此种种，不胜枚举。通过以上个性化教育思想的梳理，不难发现其思想的共通之处在于将学生作为教育的主体，将学生自身具备的天赋才能和个性特点作为实施个性化教育的起点。

学生是教育的逻辑起点。杜威在其"新三中心说"中提出著名的"以学生为中心"取代传统"三中心说"的"以教师为中心"，认为学习涉及经验在学生心理内部的同化和顺应[②]，因此需以学生为出发点，使其保持积极态度。而案例中的张老师对悦悦的悉心培养和关注也颇具"量身打造"的育才意味，她不依从传统意义上的"成功的教育典范"，而是依照悦悦的个人兴趣爱好，充分发展自然赋予她的舞蹈才能，这正是对"以学生为中心"理念的践行，发掘悦悦的个性之处，从而激发其内在积极的心理活动，促进学习的主动发生。

二 个性化教育的契机是教育机智

教育学是一门复杂且精细的学科，它的作用对象是一个具有无限可能性与复杂性的个体，每一个个体都独一无二、无可取代。打开儿童生

[①] 韩立云：《蒋梦麟个性主义教育思想及其实践》，《江苏高教》2014年第4期。
[②] 王晓东、胡富珍：《杜威个性化教育思想的中国化实践与启示》，《河南师范大学学报》（哲学社会科学版）2021年第2期。

命发展的无限可能性是教育的目标所在,对个人的独特性、环境的独特性和个人生活的独特性产生特殊关注,依据关注所得为不同的个人采取不同的教育措施,是实现个性化教育目标的有效手段。

本案例中,张老师对悦悦给予充分的关注和培养,使得她在舞蹈方面具备的独特性被尽数展现并得以放大。可以说,张老师是悦悦成长成才之路上至关重要的引路人,尤其是在帮助悦悦克服胆怯性格、大胆追逐"舞蹈梦"的过程中,张老师有很多可圈可点之处。首先,张老师通过对悦悦的日常活动进行追踪观察,并非简单笼统地将其"毫无存在感"的日常表现归结为"性格使然",这种追根溯源地发现问题所在的做法是"治本"之策。其次,张老师能够将兼顾家长、同学、教师多方主体作用贯穿于对悦悦的引导全过程中,围绕悦悦对舞蹈的兴趣,联合这些与悦悦紧密相关的"重要他人",为其营造益于发展舞蹈特长的学习和生活环境。这充分体现出张老师具备的一种可贵的能力——能积极分辨出什么对孩子的成长是合适的、什么是不合适的。最后,悦悦从胆小害羞的性格转变得开朗阳光,离不开张老师为她提供的与人交往的机会:课上多几次提问、帮忙传个话、发一下作业等,这些细微之事对悦悦产生了潜移默化的影响,量变的长期累积最终催生质变。个性化教育理念认为,每个孩子都是一个充满未知和无限发展可能的世界,等待着教师和家长进入探索,而打开孩子世界大门的钥匙是案例中张老师身上所具备的可贵能力——教育机智。这种机智绝不是神秘的东西,也并非完全由天赋使然,而是教师在经年累月的实践中积累的经验结晶。① 现实教育情境纷繁复杂,教师从"为了学生的发展"理念出发,认真分析教育对象的特征,充分利用现有资源,敏锐捕捉一切利于促成个体生命向积极正面方向发展的契机,这将极大地帮助学生实现高质量、全面、健康、快乐成长。

三 个性化教育的关键是家校合作

教育效果与学校、家庭、社会的教育理念、教育行为一致性密切相关,如果缺乏这种一致性,"多方共育、全面育人"的教育目标就会成为空谈。教育是依赖家庭、学校、社会多方共同维系才得以顺利运行的事

---

① 马克斯·范梅南、李树英:《教育的情调》,《出版发行研究》2019年第10期。

业，个性化教育也不例外。缺乏家长一方的理解和支持，个性化教育难以施展开来。案例中的悦悦在入学伊始之所以一直甘愿做一个"小透明"，隐藏自己对舞蹈的喜爱，很大程度上源于家长。悦悦的家长因为悦悦的姐姐成绩优异而更加器重姐姐的行为，在无形中向悦悦传达出一种信号：成绩是衡量个人成败的唯一标准，这对悦悦的舞蹈梦想是一种压制和摧残。这种失衡的家庭教育环境需要教师一方的及时介入，张老师的出现无疑是一剂良方。通过家访充分收集背景信息，张老师找到悦悦的症结所在；通过向悦悦父母传达悦悦在校期间的良好表现，使得悦悦获得家长的重视和支持；通过与家长保持长期稳定的交流和跟进，悦悦的点滴进步得以被肯定、被鼓励，在追求艺术的道路上行稳致远。由此可见，家校间保持长期良好的沟通、建立起紧密友好的合作关系，对孩子的成长非常有益。

促成家校合作的顺利达成有一定的路径可供遵循：一方面，营造公平公正的教育环境。教育公平观念的树立是教师开展教育教学工作的前提。不仅对待学生要一视同仁，尊重每个孩子平等的自由发展的权利，与家长沟通也应如此，要给予家长充分的尊重。在与家长的沟通过程中，教师既不以"上位者"的姿态发号施令、指点家长的育儿做法，也应不失尊严地传达出积极正确、利于孩子发展的改进方向，这样更易于家长产生共鸣，在教育目的上达成一致，避免"家校对立"矛盾的出现，这将更利于友好平等的家校合作关系的达成和长期稳定的家校沟通渠道的构建。另一方面，开展家校合作应保持一定频率的家校沟通。信息化时代，通信技术的快速发展为家校沟通提供更加多样的方式选择：家长群、"校校通"、企业微信等都不失为保持稳定沟通的良好渠道。但涉及学生个体发展的大事要事时，仍主张效仿张老师开展家访的做法，面对面的交流相较线上交流更加深入，在家访过程中教师更易于准确、全面地传达学生在校的各方面表现，以便家长掌握更多学生在校信息，避免家校合作中出现学校和家庭方面信息不对等的情况。

四　个性化教育的深处是精神关怀

教师常被冠以"灵魂工程师"的称号，是因为教育的过程就是受教育者灵魂得以充实、完善和塑造的复杂过程。灵魂的形塑是基于个体深处的挖掘，教育的深处是个性发展，个性教育的深处是精神关怀。教师这项职业的特殊之处就在于其工作对象的特殊性——具有独立思维和个性特征的发展中的人。因此，对其施加教育引导时更需要寻找适宜的切入口，从不存在一劳永逸的"育人通法"。两千多年前的孔子所提倡的"因材施教"主张就已经触及个性化教育的边界，对实施个性化教育起到思想启蒙作用。主体性和独特性是个性化教育的两个突出特点，也是个性化教育实施的出发点和归宿。学生的主体意识、主体价值、主体地位和主体能力的树立和培养依托于主体性。而独特性则是个性化教育实施过程中所尊重的差异的直接来源，在现实教育活动中常被解读为学生的个性。但需要加以强调的是，个性绝对不等同于特长。在被曲解的"大力实施素质教育"的氛围下，部分家长将"发展个性"简单理解为"发展特长"，对"特长班"的关注趋之若鹜，却对个性发展中的其他隐性却关键的部分，比如性格、品格、人格等不甚重视，殊不知这些是更具挑战的教育内容，只能依靠"感觉"加以关注和培养。在以个性化教育成功"出圈"的浙江省学军小学教师眼中，这种所谓的"感觉"，其实是对学生内心深处世界，即精神世界的深度剖析。[①] 寻求提高"感觉"的准确性和可靠性的途径，耕在日常，成在行动。譬如，面对内敛安静的"旁观者"悦悦，张老师对悦悦细致入微的观察是得以发掘其舞蹈天赋的前提。

而在日常教育教学活动中，更常见的情况是，面对一些在常人眼中"特立独行"，甚至有些格格不入的"刺头学生"，武断地作出处分、警告处理，并不能带来实质性改变，反而激起其对学校和教师更大的敌意。教师们不妨先作一番追踪溯源：造成这些学生"特立独行"的原因是什么？是学生自身的内在个性气质使然，还是外部环境影响和渲染所致？挖出病根后，结合病因对症下药，或是帮助解决造成不良影响的外部因素，为学生发展营造健康积极的家园；或是与学生进行一对一深入交流，从情感上、生活上的小抓手切入，深入学生的精神世界，做深得学生信赖和依靠的知心大朋友。个体的个性、气质存在千差万别，不先入为主地将受教育者的独特表现贴上"异类"标签是尊重差异、实施个性化教

[①] 余慧娟、施久铭：《个性教育的深处是精神关怀——记浙江省杭州市学军小学的个性化教育》，《人民教育》2008年第17期。

育的第一步，同时也是关键的一步。

在充足的物质条件的保障支持下，为受教育者确定个性发展"安全区"，使其体能、智力、活动能力、道德品质、情感意志等综合素质得到充分的自我协调、发展，从而形成优良个性，并借此支撑实现学生个体的人生价值，即使是一朵默默无闻的小小"苔花"，也足以在"青春恰自来"之时盛情绽放。

专题三

教学与科研管理的案例分析与实践

陆校长的改革为何行不通

【案例正文】

新上任的陆校长是一位有抱负的校长，上任伊始他就对Y中学展开调研，并根据调研结果在全校上下开展了一场大刀阔斧的改革。针对教师群体，陆校长主张实施教师岗位责任制。该制度对教师教学的诸多环节做出详细规定，例如，教案必须经由集体备课讨论通过才能进课堂，每节课涉及的教具要严格备案领取，作业必须按时批改并写好总结以供每月检查……在这些举措的规定下，Y中学教师一改往日教学风格，开始按部就班地依照规定执行。但实施一段时间后，一些问题逐渐暴露出来。首先是教具问题，由于学校经费并不充裕，难以保证每一位老师课上涉及的教具都能按时提供，烦琐的备案索查程序也让老师们不堪其扰。其次是教案问题，尽管老师们在集体备课环节严格按照新课标要求编写教案，在教学设计上力求新颖有趣，但具体实施起来只达到了"调动课堂氛围"的效果，学生们大多"启而不发"，教学效果并不理想。还有作业批改定期检查的规定，实施起来也阻力重重，起初老师们尚能按照要求定期提供检查材料，但时间久了大家越来越敷衍，甚至将这一规定看作"走走过场"的表面文章。教师岗位责任制的诸多规定在实际实施以后不仅收效甚微，而且导致老师们越来越不理解陆校长的初衷，大家常常怨声载道。

陆校长的另一项改革针对的是毕业班学生群体，他援引著名教育家苏霍姆林斯基的相关论述，认为生生之间客观存在着"智力背景"知识面的差距；同时，学生作为独立存在的个体，生来具备各异的兴趣爱好和天赋才能。因此，不能用某种统一的模式湮没学生的多样性。由此，陆校长决定对学生进行层次划分，为不同层次订立不同发展目标，实施分层次编班。依据学生的学业成绩表现，毕业年级被划分为快班、中班、慢班三个层次，各层次班级发展目标非常鲜明：快班聚焦尖子生群体，汇集了全校最精锐的师资队伍，主要培养用于冲刺重点高中的"精英群体"，为学校升学考试的优秀"战绩"储备人才；中班则回归教育目的，以发展学生的个性特长为主要目的，培养为社会劳动服务而进行技能技巧训练的中层次人才；慢班则追求"一个也不能掉队"的宗旨，尽力安排各式各样的课内活动以调动课堂氛围，激发学生的学习兴趣。同时，陆校长主张，三个层次的班级编排并非一成不变的，学生通过分数角逐、排名竞争，成绩进步的就有机会实现层次的跃升，反之会下降。但这项改革制度也没有收获预期效果，反而引发一条"层级鄙视链"：快班学生看不起中班学生，中班学生看不起慢班学生，慢班学生反过来"仇视"快班学生。不仅如此，师生关系也出现各种问题，快班学生们自诩"优秀"，以至于骄傲自满，对授课教师不予尊重；中班学生则安于现状，课堂上与老师的互动屈指可数；慢班学生则丧失斗志、不思进取，也不服管教，时常与教师起矛盾冲突……

愈演愈烈的"斗争闹剧"让陆校长不得不改变策略。针对教师的管理，陆校长不再以统一、严格的制度加以约束，而是适当"放权"到各年级各学科的教研组，主张实施"各组自治"，灵活变通。在毕业班学生管理方面，陆校长吸取教训，仅保留少数慢班，取消了快班和中班，以平行班代替，以期消除分层次编班带来的学生间的隔阂。但这些"补救措施"依旧收效甚微，教师们在经历了反复的制度变化后，把陆校长当成了"朝令夕改"的主，认为新制度又是用来"作秀"的一纸空文，当作形式主义敷衍应对。毕业班学生们则在重新组编平行班后，不仅未能摒弃先前的"分层隔阂"，反而在班里衍生出不少"小团体"，鱼龙混杂的情况导致班级管理的难度更大了……

【思考题】
1. 陆校长的各项改革举措为何效果不佳？
2. 陆校长实施分层次教育的方法可取吗？
3. 学校改革中的新举措要如何推进？

【案例分析】
一　学校改革无果因哪般？

陆校长实施学校改革的行为在众多学校领导者中具有一定代表性，他们尝试通过严明的制度来提升学校管理水平和治学风气，这些尝试是值得鼓励的，但学校改革不是一蹴而就或随意发挥的，而是要遵循一定的教育规律。以陆校长采取的学校改革为例，尽管其中的诸多改革举措出发点是好的，但最终仍未能收获良好成效，归结原因有以下几点。

首先，缺乏科学的决策程序。学校管理决策的过程是一个由发现问题到分析问题，再到解决问题的、遵循科学规律的完整的、动态的过程，一般包括情报搜集、方案设计、方案择优和执行反馈四个步骤。在此过程中，情报搜集是作出决策的重要信息支撑，为决策的制定梳理具体实施条件，以保证决策目标的实现，情报搜集的全面性、真实性将直接影响决策的科学性、有效性。在本案例中，陆校长在上任伊始开展过一段时间的调研，并根据调研结果出台新的制度规定。看似是经过调查做出的有针对性的改革，但实际上陆校长在调研过程中并没有深入考察、审慎研究。由于前期情报搜集工作的欠缺，陆校长忽略了学校经费、教师参与意愿等重要的客观因素，后续实施效果不佳在所难免。同时，学校管理不应由校长一人独揽，学校管理决策的制定也不应由校长一人独断。不论是教师岗位责任制还是分层次教育方式，陆校长在Y中学的改革措施都是在未经与其他校领导深入讨论、缺乏可行性论证的情况下就急于实施，这种做法有违科学决策、民主决策的原则。在这种近乎"专制"的管理风格下，Y中学师生难以及时表达自身诉求，阻断了决策方案得到进一步优化调整的可能。即使决策执行过程中暴露出诸多问题，但身在其中的师生们面临"投诉无门"的处境，使得决策方案执行结果难以得到有效反馈。这样一来，就容易出现案例当中老师对新制度心存不满、敷衍执行的情况。

其次，教育理念存在偏差。陆校长将苏霍姆林斯基的"不能用某种统一的模式湮没学生的多样性"的论述，曲解为通过分"快慢班"的方式来适应学生"智力背景"知识面的差距。这一举措的实质是对应试教育的沿袭和追捧。所谓"快班"其实是用于追求优异成绩和高升学率的"应试工具"，"中班"和"慢班"学生在感受到与"快班"资源的差距后难免产生心理落差，加之"标签效应"的影响，导致他们安于现状、不思进取，甚至故意与教师发生冲突以宣泄情绪。作为学校管理者，陆校长的"分层次教育法"不仅未能有效实现预期管理目标，反而因为"层级区隔"加剧了生生、师生间的矛盾。作为教育工作者，陆校长此举明显违背了教育公平原则。现今倡导"全面实施素质教育"就是为了帮助基础教育返璞归真，回归育人初心，避免使学校沦为"应试机器"的生产厂。而陆校长为实现功利性目的强制对毕业班学生划分"快慢班"，导致大部分学生沦为牺牲品的做法，违背了平等自由、公平公正的原则，与素质教育的初衷背道而驰。

最后，校长威信的缺失。威信是威望和声誉的统一，校长威信的缺失意味着校长未能得到所在学校师生对自己的管理理念和领导行为的认可、信赖与尊重。陆校长虽满怀抱负和干劲地对Y中学展开多项改革举措，但他未能审慎考察实际情况、广泛听取教职工意见，致使过于理想化的改革措施被教师们当成"作秀"的表面文章而应付了事。在改革成效不佳的情况下又匆忙下达"补救措施"，导致大家把他当成"朝令夕改"的管理者。由此，陆校长未能在教职工间树立起良好的威信，引起了教职工对他的不满，导致工作中缺乏配合，最终改革举措难以有效推进。

二　有效推进改革何所为？

学校管理是对本校的教育、教学、科研等各项工作进行计划、组织、协调和控制的活动，由此需要学校直接管理者，即校长进行整体考量、统筹规划，在学校开展的各项改革举措也需要依循客观规律，循序渐进地展开。以陆校长为例，想改变改革困境，有效推进各项举措就需要做到以下几点。

第一，加强理论学习，提升自身领导素质。校长作为学校管理中占据重要地位的领导者，既是掌舵者、规划者，更是管理活动的承担者、教育教学工作的指导者，因此对校长自身素质的要求需更加严格。根据领导者素质结构理论，身体素质、心理素质、知识素质、观念素质、能力素质等都是一个好的领导者必备的素质要素。陆校长未经充分调研和民主讨论就急于求成地实施改革措施，可以看出他高水平决策能力的欠缺；对苏霍姆林斯基教育思想的误读说明了其知识素质有待提升，教育专业知识需要进一步精进；划分"快慢班"以满足功利性目的的做法是其缺乏"以学生为本"和教育公平观念的体现，亟待纠正。不仅如此，坚定的政治理念、正确的教育思想、良好的道德修养、高度的责任意识、踏实的实干精神、无私奉献、敢于创新、迎难而上等都是校长们需要为之奋斗的前进方向。

第二，更新教育理念，跳脱"应试怪圈"，回归育人初心。陆校长划分"快慢班"的行为在我国学校教育中具有一定的典型性。尽管在当前的教育场域中，人们全面提倡向素质教育转轨，对"给学生减负""回归教育的初心""实施个性化发展"的呼声越来越高。但由于"输出端"的长久稳定——教育评价方式仍以考试这一传统形式为主，"唯分数论""成绩至上"等功利性教育思想仍根深蒂固。这就导致很多学校在改革中出现不少"阳奉阴违"的制度举措，或是划分"快慢班"，实施区别对待；或是以变相补课、"鸡娃""内卷"实现分数追逐，归根结底都是对应试教育的推崇和沿袭。教育理念需符合教育事业的根本原则。校长作为学校发展方向的掌舵者，更需及时更新自身教育理念，恪守教育公平原则，为使每一位学生得到全面健康的发展而努力。

第三，增加领导智慧，树立良好威信。校长威信绝非依靠上级或职务强制赋予的，而是源于校长的影响力。影响力的来源是多样的，既包含校长在与人日常相处中展现出的个性特点、兴趣爱好、道德品质，也离不开在学校管理工作中显示出的专业知识、能力水平和领导智慧等。就陆校长而言，学习精进的教育理论知识、培养果断的决策能力、树立果敢鲜明的领导风格、就改革方案开展民主研讨等方式都将有效改善他"朝令夕改""失信于众"的形象，提升其在教职工和学生间的影响力水平。同时，校长作为一所学校的灵魂人物，必须以高尚的道德品行为全校师生树立典范，做到言行统一、公平公正。同时以积极向上、越挫越勇、迎难而上的工作态度感染其他教职工，以平易近人、谦和有礼的状态提高与师生交流的频率,以真心换真心,建立良好情感交流的纽带,让更多师生的心声被听到、被收集、被论证、被采纳。这样,即便不那么大动干戈也能抓住学校亟待改革的痛点和要害,同时以非权利性影响力辐射带动校长威信的提升,可谓一举多得。

第四,凝聚改革共识,打造学习型组织。著名管理学家彼得·圣吉在其著作《第五项修炼——学习型组织的艺术与实践》中,提出了构建学习型组织,通过"五项修炼"以培育新型、拓展性的思考模式,充分释放集体的热望。放置于Y中学的教师群体中,构建学习型组织的设想同样适用。回溯陆校长改革举措失利的原因之一是未能与学校其他教职工形成改革共识,整个学校在推进改革中缺乏凝聚力、向心力,出现了"校长卖力往前跑,教师'佛系'拖后腿"的现象。因此,引入彼得·圣吉的"五项修炼"相关理论,陆校长可从以下几点展开下一步工作。其一,引导教师挖掘自我的真实愿望,激发他们为之全心投入、实现自我超越的精神动力;其二,给予教师积极有效表达意见、看法的渠道,同时鼓励其以包容心态倾听多种不同的声音,改善全体教职工的心智模式;其三,结合教师个人愿景,制定学校整体发展的共同愿景,为组织学习提供焦点和能量;其四,定期召开教职工交流会,形成深度会谈、民主商讨的氛围与团队学习的习惯;其五,校长立足系统思考角度,以整体性、全局性、长远性眼光审视学校各项改革举措,面对存疑之处及时反馈、调整,避免"一条道走到黑"。

当代要素主义者切斯特·费恩曾言:"高效率运作的学校往往拥有高素质的校长。"[①] 陆校长在领导者素质结构上的瑕疵是客观存在的,因此也间接造成了他在Y中学开展的诸多改革举措没能"行得通",但通过这些举措暴露出的问题仍具有一定的教育价值和意义。在学校管理的试验场,不会有一帆风顺的改革,也不存在一劳永逸的"成功模板",只有学校领导者结合实际、广泛讨论、审慎研判、及时调整,以敢于创新、"摸着石头过河"的坚定决心迎难而上,学校改革才能成功。

---

① 张丽玉,洪明:《要素主义教育思潮在美国的新发展——当代要素主义者切斯特·费恩的教育改革主张》,《外国教育研究》2006年第3期。

手写教案该不该被抛弃?

【案例正文】

X学校每学期都会固定组织教案检查和教案展览评比活动。学校要求每位教师的教案按有关规范手写，对教案都有统一要求、统一格式、统一标准。每月学校都要教研组收好所有教师的教案并接受教务处的审核；每学期结束时，收好全部教案，教务处将其整理后公布于众，选出好教案予以表彰，这已经是学校的惯例。这样做有两个好处：一是全面掌握教师备课情况，做到教学常规检查；二是督促教师间互相观摩、互相学习。

在这种规定下教师教案撰写出现了几种不同的情况：有些教师为了在评比中获奖，十分认真地对待，在教案的编写上不惜工本，精心写好每一篇教案，追求具体、明确、细致；有些教师不爱写教案，可为了不让自己在集中展览中丢了脸面，便将教案重新抄了一遍，抄得既工工整整又中规中矩，供展览用；还有些教师不重视外在看法和是否得奖，教案写得简单潦草又极不标准，有些地方还以符号取代了文字而画了几幅画，使人难以捉摸它的完整意义。通过摸查，教研组长们了解到，很多教师平时备课时以简化教案取代详细教案，简化教案形式多样：有的是编写在一个单独的本子上，有的是在教科书上编写或者另附于纸上。在教研组长们的一再强调下，教师们不得不在每学期教案检查、展览前，重新把简化教案写成详细教案，上交的就是书写规范、内容丰富的教案，但赶写迹象明显。随后，教务处主任和教研组长们在日常听课中发现，某些教案工整、内容翔实的教师，其课堂教学效果并不是很好，课堂氛围也不够活跃；某些教案潦草、简单的教师，课堂中的氛围却十分轻松，受到学生们的一致好评。

据了解，由于X学校是一所仅建成几年的学校，学校中年和青年教师较多。他们在备课时，能够较好地运用互联网和多媒体技术，常以教参为参考，结合网络和多种教学软件，在简化教案和过程提纲的基础上，制作出精美、生动的课件。而且教师上课时，常以多媒体教学课件为教学内容载体，而非手书教案。据调查，不少教师觉得每年写教案既费时又费力,效果甚微,课堂授课时教案还只是起到备忘录的作用。赶写教案,就是处理好检查文字性问题的"任务材料"。张老师说:"现在都是计算机时代了,老师们打字速度又快。上万字的毕业论文都全程用电脑打的,为什么教案必须手写呢?"年轻的李老师说:"我不喜欢写教案,我所有的教学思路与教学过程,都在备课时列了个简单的提纲,大量的时间、精力被用在制作课件上。上课的时候,也很少再去看教案。"有过十几年丰富教学经验的张老师表示:"教师们上课很辛苦,提交手写教案的必要性不是很大。对于有经验的老教师,甚至将简单的教案写在书上,为了检查和展览而去重复抄写教案,无用劳动占了太多时间。"不同学科的教研组长进行了交流,有多年经验的刘老师表示:"教案好与不好有哪些标准?写教案的原因何在?我认为教案是为自己写的,而不应该为他人写。考察备课程度,教案并不是唯一的根据。考察一节课备课是否到位,主要通过依靠课堂教学实践来实现。不同学科、不同年级的教师对于教案的书写方式可能不一样,而且要求不一样。有的老师为应付考查和展示,课下补教案或者对原来的教案做些改造,完全是弄虚作假。这样做既是无用功,又占用了教师们大量的时间。"

学校各个领导在讨论是否审查教师们的教案时,意见不尽相同。检查教案在很多学校都是一项经常性工作,它具有评价和诊断两大功能。但是在实际工作中,多数学校都会检查教案,提供反馈,与课堂教学检查没有联系在一起,使教案检查出现形式化的问题。基于教师工作任务重这种情况,校长决定为教师的工作减轻负担。若将标准制定为"一刀切""一种模式",那就成了形式主义,对提高教学质量没有好处,但是如果每个人都将教案写得详略得当,简明扼要,缺乏统一格式、要求和标准的话,如何管理好教师备课质量将会是个大问题。教务处主任说,一方面教师的压力实在太大了,教案检查也在很大程度上流于表面;另一方面学生学习质量的提高,还得依靠教师备课水平的认真严谨。教务处主任们决定在这个基础上多听一些课,对于授课有问题的教师要仔细阅读教案,以减轻广大教师的负担。

【思考题】

1. 如何看待案例中的学校越来越多教师反感手写教案的现象?

2. 如何平衡学校制度管理和教师自主权关系？
3. 如何灵活进行课堂教学监督与检查，激励教师认真对待教案写作？

【案例分析】
一 引发教案"矛盾"的主要症结在哪里？

学校正常教学秩序的维系，离不开各项精细化的管理制度。要求手写教案看起来是一件细微的事，但也映射着学校管理的理念。案例中的学校教师对手写案例之所以有着较强的抵触感，究其原因主要有以下几方面。

（一）教案的质量不能精准反映教学质量

案例中教师所写的教案主要存在三类问题：教案潦草不规范、教案有明显的赶写痕迹和教案变"简案"。出现这几种问题的原因是——教师认为手写教案并不能反映教学质量。案例中的教师认为教学工作的重点不应该放在教案上，而是应该放在课堂上。

作为一名教师，把课上好是基本任务。从教学环节上来看，只有备好课才能上好课。对于教师们来说，备课是一件重要且烦琐的事情，备课的环节有很多，教案只是其中一部分。由于时间分配问题，不同教师会有不同侧重点。在案例中，教师选择备课侧重点的依据是：要对教学最有益。这样来看，教师对教学内容、学生情况的把握显得尤为重要。教学内容的准备需要教师熟悉教材、搜集并筛选教学资料、进行教学内容的整合梳理。

信息时代教学资源多样，教师可以借助多种资料进行课堂教学。教学的步骤与逻辑也能借助现代手段呈现。如果一个教师对教学内容和教学策略了然于心，所有的资料运用得心应手，那么重复的抄写就是在浪费教师的时间。

教师职业最终追求的是育人，而不是写一手好教案去参与教案评比。从教师的职业要求与追求来看，案例中的教师不想手写教案的主要原因在于教案的质量不代表教学的质量，过度地追求教案的完美可能会挤占备课的时间。

（二）教案管理方法与评价手段需要更新

案例中的矛盾主要是教师意愿低和学校制度不完善。教师不愿意手写教案而学校制度要求教师手写教案。从管理方法上来说，手写教案比较直观，便于学校检查、管理、存档；从学校管理人员角度来看，手写教案有利于领导层全面掌握教师备课情况、把握教师教学情况。他们认为教案的质量和教学的质量存在正相关关系，但是案例中我们又可以得知教案写得好的教师教学能力不一定强，教案写得不太好的教师教学能力不一定弱，以教案质量判断教学质量所得出的结果并不准确。并且传统的手写教案也有优点，比如有些教师的教学基本功不太扎实，手写教案评比就可以作为督促教师写好字的一种方式。但是，它不能作为评价课堂好坏的唯一依据。

手写教案具有便于管理、检查的优点，但比较费时费力。以前的教师由于条件有限，备课时面临教学资源不足、教具简陋等限制，备好一堂课需要付出很多心血，只有把自己的所见所闻详细写出来才能在教学中讲得清楚明白。中青年教师是伴随计算机与互联网时代的发展而成长起来的，更习惯用现代化的手段办公。对青年教师而言，计算机与互联网已经能够协助教师完成全面而系统的备课，重复的手抄教案工作成了教师的负担。与此同时，一些资深教师由于工作年份久，教学经验充足，也不愿继续手写教案。

二 教案"矛盾"折射的深层现象是什么？

手写教案的"矛盾"实际上是教师与学校管理制度的一种磨合，良性的磨合需要制度充分尊重教师的权利。只有这样才能达到和谐的状态。

（一）教师教学自主权不被重视

教师的自主权可以具体为教师的专业自主权。专业自主权包括教学中制定教学计划，进行教学设计，对指定教科书的使用进行适当处置，选用与课程相关的教学材料，编制校本课程及辅助教材，确定教学方法、时间、进度，布置作业，评定成绩等。由此来看，教案的内容是要由老师确定的，教案的形式也应该采用教师的建议。教案，从本质上讲，就是教师为了落实课堂教学所制定的特定行动计划或教学计划。也就是说，编写教案，其目的就在于更好地引导教师进行课堂教学。

在新时代、新背景下，学校要接受教案形式多样化的发展趋势，并根据这一情况优化教案管理机制。学校教案检查的目的是要保证教学效果，保证教师认真备课。备好课是对学生负责的一种表现，而不仅仅是检查教师是否做了"教案作业"。首先，学校应该摆正对教案的认识，教案不是教师的作业，不能作为评价课堂教学好坏的唯一标准，也不能作为评价一个教师是否努力的唯一标准。其次，进入网络时代，网络化的教学和网络化的备课是顺应时代潮流的必然产物。在教案检查方式落后的情况下，教案检查制度应被重新审视。

（二）教学管理制度激励不匹配

管理与评价制度不能对教师形成正向激励作用，我们将这种现象称为激励不匹配。激励不匹配可能造成工作者积极性减弱和人才流失，针对教案检查矛盾要达到激励匹配需要考虑四个关键点：第一，要明白人和人的需求存在差异；第二，在评价上应考虑教师的贡献而非呈现的形式结果；第三，奖励体现对不同类别和不同分层的区别；第四，考核标准的多样化。

案例中的学校每学期期末收齐所有教案由教务处整理并公开展览，再从中评选出优秀教案进行嘉奖。这些制度忽略了个别教师的个性化需求。其采取的评价与奖励方式并没有激发教师写教案的积极性，反而让教师讨厌写教案。主要的问题在于：首先，案例中的学校在教案的管理上使用统一的手写教案。这一举措做到了管理的统一性，但没能很好地关照到不同教师的备课习惯，忽略了人与人之间的需求的差异性。其次，通过上面的论述可以知道教案的最终目的是指导教学从而提高教学效率，并不是为了写教案而写教案。最后，激励形式的单一和一刀切也是导致手写教案不受教师欢迎的重要原因。学校评价教案的标准是完整、美观，符合标准的教师可以得到的奖励是评优、展览。这些奖励并没有从教师的实际需求出发，因此对教师没有吸引力和激励作用。

教案检查的根本目的是保证教学质量，而不仅仅是检查教师任务。某些教案工整、颇受肯定的教师，其课堂教学并没有达到想象中的高水平；某些带班成绩优异、教学受到学生喜爱的教师，教案却写得简单、潦草。提高学生的学习质量应通过改进教师的课堂教学来完成，功在课前、利在课中，单靠统一、规范的手写教案是不能满足的。只有明确课堂教学和教案之间的联系，才能有利于我们的课堂教学。

三 解决教案"矛盾"的关键在何处？

教案"矛盾"的两个主体分别是学校和教师，那么解决"矛盾"的关键也应该从学校和教师两方面寻求答案。

(一) 尊重教师教学自主权利

年长教师由于时代的限制，备课时面临教学资源不足、教参种类稀少、教具简陋等情况，备好一堂课需要付出很多心血，找到的资料需要手写记录帮助记忆，因此需要写出详细的教案在课堂上指导教学。对新时代教师而言，当计算机与互联网已经能够协助教师完成全面的备课、制作出精美而翔实的课件，使教学思路更加清晰时，重复性的手抄教案工作便成为一种负担。与此同时，部分老教师工作年份久，教学经验充足，然而随着年龄逐渐增长，老教师精力下降，手写教案对于他们来说无异于画蛇添足，他们也不愿继续手写教案。

目前，我国教师群体不断更新、网络技术持续发展，教学与科技的结合日趋紧密，手写教案的优势不再如往日那样突出。计算机的应用可以更加高效地厘清教学思路、整合教学资源，还在创设教学情境等方面超越了手写教案，成为一种备课、教学发展趋势。

现在的课堂不同于往日的课堂，现在的课堂不仅要有知识的传递，更要求具有丰富性、趣味性。传统的手写教案备课方式不太容易实现课堂内容和形式的丰富性与趣味性，教师必须寻求新的方式弥补手写教案的不足。新的备课手段介入，但是备课时间基本不变，那么教师就会抛弃一些重复、无意义的工作，投入具有创新性的工作中。如此一来，手写教案就会慢慢被教师们"抛弃"。

现阶段我国的课程标准也明确提出教师要整合网络资源、利用网络资源进行教学工作。《普通高中语文课程标准（2017年版2020年修订）》明确提出"跨媒介阅读与交流任务群"的学习目标与内容，强调要让学生了解常见媒介与辅助工具的特点，学会利用不同媒介获取信息并处理信息，要求学生能对多样信息来源进行独立判断、关注当代网络文学和网络文化以形成正确价值观念，建设跨媒介学习共同体，丰富语文学习手段。

新课标中对学生学习提出要求，实际上对教师备课也提出了要求。不仅要求教师能够利用网络搜集教学资源，还要能辨别各类教学资源的优劣、优化整合网络教学资源。

（二）更新教案管理评价体系

首先，学校的管理不仅是为学生服务，更要为教师服务，要在服务教师的同时对教师进行监督。教案的管理可以采取多元化手段，对于教案的存档、检查等问题可以利用技术手段进行解决。教师的教案可以是手写的，也可以是电子版、简化版等，学校要更多地关注内容而非形式。

其次，教案检查是学校对教师课堂教学进行考核的一项内容，具有合理性。但也应该清醒地看到，课堂教学的效果受到教学环境、教学内容和教学对象等诸多因素的制约，这些因素在教学过程中起着决定性作用。评价课堂教学不应以教案的质量高低来评判，教案可为教师评价提供参考。对课堂教学的监督与检查，可与时代结合、与个人结合、与课堂结合。对课堂教学效率较高的教师来说，可以用简化教案代替手写教案；对课堂教学不太熟练的教师，可认真检查其教案内容；对习惯手写教案的教师可继续用手写形式，而对习惯使用计算机写教案的教师可以提交电子版；设计多种检查和管理的策略，由个人按习惯挑选教案或者课件中的一个。我们要根据实际情况对日常教学管理进行改革：一方面要支持教师们平时多形式地备课，在教研活动中要鼓励和组织教师们经常进行教学心得交流；另一方面要不断强化听课方式并结合自己备课的形式对教师们的课堂教学进行评价。

最后，案例中教案的管理问题是普遍性问题，教案的问题属于教师的日常问题，学校的管理要到位就要充分了解教师的想法、尊重教师的意见，在互相理解的基础上寻找最优解。

"双减"之后，学生真的减负了吗

【案例正文】

2021年7月，旨在减轻学生过重的课业负担和校外培训负担、提高学校教学质量和规范校外培训机构的"双减"政策正式落地。随着"双减"政策的颁布，全国各地中小学纷纷响应国家号召，将"双减"工作作为学校的"头等大事"来落实。

X小学在解读相关文件的基础上，制定相应规定，成立"五项管理"责任小组，对全体教师进行培训以深化教师对政策的理解，推动政策落实。学校为提高作业质量，减轻学生作业负担，实施了一系列措施。例如，X小学为学生布置分层作业，实施作业"晚九熔断机制"；创新作业类型；认真指导学生的作业；保证作业总量适当；坚持作业公示制度。通过教研组长、学科分管领导层层把关，运用公示作业布置情况、纳入绩效考核和教师评优评先条件、违反规定按违反师德处理等方式加强管理。

X小学政策学习和制度管理双管齐下，学校和老师严格执行相关要求。然而随着"双减"政策的实施，学生们的感受却大有不同。

学生小林认为"双减"很好。小林在"双减"之前经常补课，每天都被安排得满满当当。在这样高强度的学习中，他感到疲惫不堪。面对父母的高期待，他的压力很大，重复的刷题使他顾不得寻找合适的学习方法，导致学习效率低下。然而"双减"实施后，通过课堂学习便可以基本掌握知识，课后服务可以完成当天学习任务，睡眠时间充足，学习压力小了，学习效率也比之前高了。

小海的境遇较之小林却"大相径庭"。小海说："我觉得'双减'不如'不减'。""双减"后，他的父母担忧学习时间的压缩与课外辅导的限制会导致孩子学习成绩下降。此外，学校考试频率大大降低。失去了具体的参考量尺，小海的父母总担心他成绩落后。于是要求他大量刷题，甚至超前训练还没有讲授的内容。小海几乎每晚都在10点以后才能休息，第二天还要早起。在长期高压学习环境下，小海上课开始走神，学习效率降低。老师察觉后，多次和小海的父母进行沟通，但效果并不明显。

家长们对"双减"有着怎样的看法呢？"双减"政策实施后，家长过度的教育焦虑是否真正得到了缓解？学校进行了一定范围的调查。赵先生说："'双减'后，我们家长的负担也减轻了不少。在'双减'前，我们下班后，不仅要做家务，还要指导孩子写作业，感到很累。"但是现在，孩子作业量减少，赵先生可以在指导孩子完成作业后，与孩子做些亲子游戏。李女士有一儿一女，小女儿明年即将入学一年级。"双减"之后，李女士退掉了早前报名的"幼升小"补习班，转而培养女儿的兴趣。然而，对待即将升入初中的儿子，李女士却"画风突变"。在"双减"前，她给儿子报了补习班。而随着"双减"政策落地，大批教培机构受到整顿，去哪里补课成了困扰她的新问题。

事实上，在众多家长心中都有着一个疑问："双减"，敢减吗？中考高考都在优中择优。对于新政策，大家不是在观望，就是继续走以前的老路。李女士说，她女儿所在的班级有过半家长希望老师能增加作业量。在义务教育阶段进行"双减"，孩子如何过中考关，如何承受高考"千军万马过独木桥"的压力？这些都是未知的。家长们更想知道后"双减"时代教育的方向。

【思考题】
1. "双减"政策出台后，案例中 X 小学推行的措施合理吗？
2. 案例中 X 小学在落实"双减"的过程中，遇到了哪些问题？
3. 怎样才能帮助学生真正实现减负？

【案例分析】

长期以来，低质重复的作业和不合理的校外辅导，像压在学生身上的"两座大山"，大量挤占他们的时间，剥夺了自由生长的空间。为了学生的健康成长，党中央、国务院坚持以人民为中心的教育发展理念，发布了"双减"政策，旨在建设高质量的基础教育体系，促进我国儿童健康发展。但由于这一政策的高度复杂性，在具体实施中面临不小的挑战。正如本案例中呈现的那样，随着"双减"政策的逐步落实，给学校、学生、家长都带来了不同的影响和挑战，"双减"的落实仍然任重道远。我们需要理解"双减"政策的本质，才能真正地落实"双减"。

一　我们应该如何理解"双减"？

在学校层面，"双减"的实施旨在减轻学生的课内作业负担和课外辅导负担。在国家层面，"双减"立足新阶段国家战略转型需要，彰显基础教育公益性的本质特征，是保障教育公平的重要举措，旨在构建良好的教育生态。

首先，以人民为中心是"双减"的根本导向。党始终坚持为人民服务，"双减"是为人民服务的宗旨在教育方面的表现。随着我国经济社会的发展，我国社会的主要矛盾已经转化为人民日益增长的美好生活需要和不平衡不充分的发展之间的矛盾。接受公平的、高质量的教育是人民美好生活需要的重要组成部分，"双减"必须坚持人民至上的指导思想，始终把人民对教育的需求放在首位，降低教育成本、缓解教育焦虑，从而增强人民群众的获得感，满足人民对美好生活的需要。

其次，立德树人是"双减"的根本任务。教育是国之大计，培养德智体美劳全面发展的社会主义建设者和接班人是我国教育的努力方向。让学生德智体美劳全面发展，必须牢牢抓住立德树人的灵魂。然而，学生不仅要学习课堂知识，还要参加校外辅导班，导致学生负担过重，这种现象折射了教育的功利化和短视化。因此，"双减"强调严格整治校外培训机构，保证其教育性质。这也反映了"双减"在立德树人上的坚守，有利于解决教育功利化、短视化的问题，从而营造良好的教育生态。

最后，教育公平是"双减"的重要战略。习近平总书记指出，教育公平是社会公平的重要基础，要不断促进教育发展成果更多更公平惠及全体人民，以教育公平促进社会公平正义。教育应该始终坚持公益性，给更多的人接受教育的机会。"双减"强调整治课外培训负担，减轻校内作业负担，提高学校教学效率和质量，实质上是为了保证学生在校内学好，不需要参加重复的学科类辅导班，也推进了教育公平。

二　X小学在落实"双减"的过程中遇到了哪些难题？

"双减"减的是学生负担，但"减量"是为了"增效"，对学校教育提出了全新的挑战。在案例中，X小学采取了强化理解认同、课堂提质增效、制度保驾护航等一系列措施，助力"双减"政策落地。但是根据案例中对学生和家长的采访，可以看出X小学落实"双减"的效果并不是很理想，遇到了一些难题。

首先，家校缺乏"双减"共识。正如案例中呈现的那样，小海的父母担心孩子的成绩下降，就给小海增加了过重的负担。并且有家长认为，课外辅导班的整治让他们失去了提高孩子学习成绩的途径。另外，大部分家长认为学生面临着中高考的压力，"双减"难以真正落地。因此，部分家长不愿意配合学校的工作，甚至"反其道而行之"。政策的落地需要在思想上形成共识。教师作为知识型群体，有自由的工作权利、各具特色的教学方式。学校管理只有获得教师的认同，才能指导教师的教学行为，最终使学生获益。但"双减"并不是局限于学校内的孤立存在，应有全方位、综合性的考虑和设计。因此，更需要家长、社会对"双减"政策的认同。家长、学校对"双减"的看法存在分歧，导致"双减"的落实动力不足。

其次，评价方式难以转化。本案例中，由于考试频率的降低及过程性评价的实施，家长失去了评价孩子的具体的参考量尺。因此，小海的父母总担心小海学习落后，要求小海大量刷题、学习超纲内容。然而，学习任务的增多不但没有提高小海的成绩，反而导致学习效率降低。老师和小海的父母沟通，希望能用科学的方法保证小海的学习效果，但小海的父母仍然固执己见。忽视实际情况、违背教育规律，一味地增加孩子的学习任务，这种做法是不可取的。甚至，有些家长仅仅用考试成绩来评价孩子，却忽视了身心健康、正确价值观、学习能力等的重要性。然而，在短时间内，"唯分数论"的观念难以转变，单一的评价方式成了阻碍 X 小学"双减"落地的一个因素。

最后，教育焦虑更加多元。本案例中的李女士给儿子报了补习班，然而随着"双减"落地，校外辅导机构受到整顿，去哪里补课成了困扰她的新问题。对于部分家长来说，"双减"的实施并没有减轻他们的教育焦虑，反而使教育焦虑变得更加复杂。家长们在"双减"之前，既担心孩子学习跟不上，给孩子报补习班，又担心孩子学习压力过大，不利于健康成长。"双减"的落地，既减轻了学生的学习负担，也缓解了家长对孩子身心健康的忧虑，但是家长对孩子学习的担忧不减反增。校外培训机构被整改，如何提高孩子的学习成绩成了家长的新困扰。另外，"双减"减少了考试频率，家长们不知该如何检验孩子的学习效果，教育焦虑更加严重……以上种种都是家长教育焦虑更加多元的真实表现。

X 小学面临家校缺乏"双减"共识、评价方式难以转变、家长教育焦虑更加多元的难题，X 小学在落实"双减"的过程中遇到问题，究其根源，是家校社协同育人的机制没有健全，学校教育、家庭教育和校外教育的责任没有厘清。因此，应该加强家校社合作，完善多元共治，推动基础教育质量稳步提升。

三　怎样才能真正落实"双减"政策？

本案例中 X 小学遇到的难题表明落实"双减"政策是一个系统化工程，要想真正地在类似 X 小学的学校中去推进"双减"，需要学校、家长、社会多方协同合作，才能推动"双减"工作系统改进，从而推动"双减"落地。家校社的合作需要加强各部门的分工合作，严格督导并及时反馈整改。家庭教育、学校教育、社会教育既要厘清各自的责任,又要多方联动、合作共治。最终充分发挥教育培根铸魂、启智润心的作用,将"双减"政策真正落到实处。

(一)以学校教育为主,提高教学质量

"双减"政策明确要求,要强化学校教育主阵地作用,提高课堂教学质量,让学生在学校就可以基本满足学习需要,让学生的学习回归校园。

首先,需要提升课堂教学质量。全面深化教育改革,转化教学方式。遵循教育规律,注重学生的个性化需求。因材施教,满足不同学生的学习需要,为学生定制个性化的学习方案,引发学生的学习兴趣,帮助学生养成良好的学习习惯,转变学生的学习方式,让学生自主式、探究式学习。

其次,提高作业质量。作业应该是巩固学习效果的手段,作业总量并不是越多越好,作业的质量更应该是教师要考虑的因素。另外,教师必须做好作业反馈工作,作业只留不批改,只会浪费学生的时间,学生并不能很好地巩固知识。

最后,要合理安排考试。考试是了解学生学习情况、帮助学生改进学习的工具,然而过多的考试不仅会导致学生压力过大,还会影响正常的教学。考试是教师用来调整教学、学生用来查缺补漏的,而不是用来增加学生心理负担、扰乱教学进度的。要保证考试试卷的质量,充分发挥考试的意义。

(二)以校外教育为辅,转化机构定位

随着"双减"政策的落实,校内减负、校外增负的现象却逐渐突出。校外教育并不是学校教育的另一个实施主体,而应当是学校教育的有益补充。[①]对待校外培训机构不应该"一刀切",而是要加强管理,转变定位,让其回归教育的公益属性。

首先,严格审批校外培训机构。对于新的非艺术类校外培训机构不予受理,对违规机构进行严格整治。

其次,规范培训机构服务。严格监督培训内容、严格把控培训人员

---

① 张志勇:《"双减"格局下公共教育体系的重构与治理》,《中国教育学刊》2021年第9期。

素质、规范收费标准。

最后，加强运营监督。保证培训机构的教育性质，防止资本过度进入培训机构。校外培训机构必须找到适合自身的教育阵地，比如在兴趣培养、社会实践、爱国主义教育等方面发挥其独特的优势，利用有益的校外资源，促进学生全面发展。

（三）以家庭教育为本，完善教育观念

父母是孩子的第一任老师，家长错误的教育观念，不仅给自身增添焦虑，还会带给孩子压力。就像本案例中的李女士一样，她早前给女儿报了"幼升小"辅导班，让人感受到了其"望女成凤"的心理。家长过重的教育焦虑和错误的教育观念，都会影响到孩子的健康成长，因此父母应该转变教育理念。

首先，严于律己，为孩子做好榜样。身教重于言传，父母要严格要求自身，用自己的言行教育孩子。有些父母认为，把孩子交给学校就万事大吉了，这是很不负责任的行为。家长需转变原有的观念，认识到自身对孩子的深远影响，让孩子在一个轻松、健康、充满爱的家庭氛围中成长。

其次，自然发展，给予充足的生长空间。卢梭提倡自然教育，认为成人不能过多干预孩子的成长，应该顺应其天性发展。家长应该遵循孩子身心发展的规律，过多的干预不一定起到好的作用。案例中小海父母的不当干预就起到了事倍功半的效果，使小海的学习效率大打折扣。

最后，培养个性，让孩子全面发展。接受教育，应该是为了找到自身的长处和兴趣，不断学习和进步，从而成为更好的自己。父母应该尊重孩子，注重培养孩子的兴趣，破除"唯分数论"的传统观念，既要重视孩子的个性化需求，又要让孩子德智体美劳全面发展。

（四）厘清三方责任，完善多元共治

"双减"政策要求完善家校社协同机制，推进协同育人共同体建设。建构完善的家校社协同育人体系，需要厘清学校教育、家庭教育、校外教育三者的责任，优化合作方式，实现多元共治。

首先，拓宽合作方式，加强监督与管理。随着社会的发展、家长素质的提高，传统的家校合作方式已经满足不了新时代的要求。案例中X小学建立了多样的家校社合作方式，比如开展了一系列推进家长培训的工作；通过开通热线电话加强家长与社会对学校工作的监督和反馈。X小学还可以探索新的合作模式，比如由家长和教师共同组成家委会，既可以拓宽教育资源，又可以激发家长参与家校协同育人的积极性。

其次，厘清各方责任，杜绝互相推脱。明确的责任划分是家校社合作的基础，要明确各方责任、防止角色外溢，保证各司其职的同时又能协同育人。案例中的X小学实施了一系列措施减轻学生作业负担，并加强家长与社会对学校工作的监督和反馈。但是X小学没有明晰责任划分，部分家长要求增加作业量，这其实是家长角色的外溢。另外，家长把孩子全盘交给学校，忽略了自身对孩子的影响。在落实"双减"的过程中，必须明确学校教育、校外教育、家庭教育各个教育主体的责任。对于责任重叠的部分，更要划分清楚，且各方应该互相理解、保持联系，这样才能共同促进孩子的发展。

总之，为减轻学生过重的学习负担、提高基础教育质量、促进教育公平，实施"双减"政策刻不容缓。然而在落实"双减"的过程中，会遇到很多阻碍。要想真正落实"双减"，需要发挥学校教育主阵地作用。整治校外教育的不良现象，发挥家庭教育的独特优势，并弄清楚三者的功能定位，防止角色外溢，通过多元合作，全面落实"双减"，促进学生全面化、个性化、多样化发展。

李校长的苦恼和困惑

【案例正文】

李校长在一所教研方面较弱的高中任职，他认为教学实践与教学研究同等重要，一线教师基于自身教学实践进行的教学研究具有针对性和实际指导意义。教学研究能够带动教育教学质量的提高，影响师生的成长，进而让学校获得更长远、更高层次的发展。因此李校长经过深思熟虑后，决定着手解决该校教育科研活动形式化的问题，希望通过一些措施改善学校教学研究现状。

考虑到该校与当地高校之间有合作关系，是高校一些项目的试验基地，该校教师与高校专家保持一定的联系。李校长认为可以充分利用这一资源，进一步为高校专家与该校一线教师牵线。通过双方的合作交流，让高校专家的学术研究更有实用性和指导性，也能让一线中学教师在教学实践中发现的具体问题升华到教育研究的层面，同时帮助该校教师构建严谨的学术思维，促进实践和理论的相互作用，进而推动该校教学的专业化和科学化。

李校长制定了一个计划：将每周二、周三下午分别定为理科组和文科组开展教育科研会议的时间，要求相应学科的教师必须到场进行教研活动。老师可以针对教学中存在的疑惑、发现的问题以及各学科前沿的教育理念和教学方法等进行交流探究。要求教师们进行头脑风暴、积极发言，总结出一些值得研究的教学问题点。同时有人专门负责做会议记录，将会议交流的内容进行总结梳理，并上交存档。此外，要求各年级各学科的老师组成课题小组，积极进行课题申报。各个课题小组要与高校专家保持联络，如果在课题研究方面有疑问或者困难，可与高校专家进行沟通以获得有效的指导。

王老师在该校任高三物理老师，拥有20年教龄，同时也是一名优秀的班主任。由于教学成绩优秀，担任该校物理教研组组长。对于校长要求的教研活动，王老师虽然表面上认同，但实际上并不太上心。由于精力有限，王老师只能对学校要求的课题研究任务敷衍了事。在一次市级课题申报中，由于王老师平时班级事务太多，就让他的实习生直接套用几年前的一个政治学科的课题，内容照搬，只是将"政治"改为"物理"，并把参考文献以及作者改了一下，竟然用了一个多小时的时间就"创造"出了一份课题申报书。

对此，王老师也表示很无奈，一方面，课题研究是学校的硬性要求，不做不行；另一方面，他又得兼顾自己的教学和班主任工作。他认为学生的成绩才是衡量教师能力的重要标准，在完成教学任务之后，已没有余力进行教学研究，只能潦草应对。虽然他也认为高校专家提出的教学理念很新颖，但是总觉得不接地气，并且受制于应试教育的压力以及长久以来自身形成的教学习惯，王老师难以将高深的教学理论和自己的教学实践进行有效融合。他运用自己熟悉的传统教学理念和教学方法，上课时得心应手，学生能够听懂也能够考出好成绩，所以更觉得教学研究可有可无，因此对教学研究没有任何兴趣。

胡老师是一名刚研究生毕业两年的语文老师。他有良好的学术修养和新颖的教学理念，并且经常关注学科前沿问题，也有一定的学术研究经验。他从入职以来就积极与老教师们一起申报课题，投放大量精力在教学研究上，对待教学研究的态度十分踏实诚恳，语文学科课题组的任务甚至都是他一概包揽。虽然累，但是胡老师乐在其中，愿意把做研究当作提升自己的机会。也许是教学经验不足，胡老师所带班级的语文成绩总是年级倒数，其他教师虽然佩服胡老师对教学研究的热情，但都觉得胡老师有些本末倒置，认为只顾着搞研究而落下学生们成绩非常不值得。校长也关注到这个问题，希望胡老师能够多学习和借鉴其他老教师的教学经验，改善教学方法，尽快让学生们的成绩有所提高。胡老师感到很迷茫，明明是校长要求老师们积极进行教学研究，但是其他教师的参与积极性并不高，自己按照校长的要求参与了教学研究，但教学成绩不如其他教师，即使他为课题组做了很多贡献，也好像都没有什么用。他开始怀疑自己是否还应该继续为教学研究投入精力，既然教学成绩才是评价一个教师能力好坏的标准，那就全身心地投入教学中。于是语文组的课题研究也基本处于停滞状态，没有老师真正主动地投入精力。

后来，该高中的老师们普遍都是这种敷衍了事的状态，由于并未充分利用高校的专家资源，学校的教研不仅没有取得什么实质性的成果，反而让老师觉得麻烦事儿多，还不如以前教研组一起备课来得实在。李校长也意识到教学研究根本就是徒有其表，因此也曾多次在学校例会上强调和要求，希望老师们能够做真正的研究，希望老师们用长远的眼光看待教育研究这一问题。老师们表面上没有提出任何反对意见，但是私下仍然没有把教学研究放在心上，教研活动依然是原地踏步。

对此校长十分苦恼，他觉得老师们集中精力在提高学生成绩上是没有错的，但是"教不研则浅"，该校教师对教学研究的认识太浅薄片面了，不利于学校获得更长远的发展。即使学校成绩好，也只能处在比较低层次的发展水平上，不能够激发学校的发展潜力和活力。如何才能让老师们在保证教学成绩的同时，更积极地投入进教学研究中去？如何才能解决教学研究形式化的问题？这让李校长感到十分苦恼和困惑。

【思考题】

1. 如何激发教师对教学研究的实际兴趣和参与度？
2. 如何解决教师在教学研究中面临的时间和精力分配问题？
3. 如何优化学校与高校专家的合作，确保教学研究成果的实际应用？

【案例分析】

这则案例在当下中小学教育科研与教育管理方面非常具有代表性。王老师拥有20年的教龄，因此具备丰富的教育教学经验，虽然他不注重教研，但是依然能够取得一定的教学成绩。胡老师是一个新手教师，他积极对待教育科研，但是不能取得较好的教学成绩，同时又受到校长和同事的"批评"，这一连串的打击挫伤了胡老师对教育科研的积极性。这种教与研的矛盾如何被理解认识并得以正确解决，有着极为重要的意义和现实价值。

一 厘清教学与研究的关系

目前教师教育科研大致分为三种态度。一是不愿意参加。如王老师这种教学经验丰富的资深教师，或许在他们的认知里不论哪种教学或研究方法，只要学生能获得好成绩，就是好方法。因此，他们往往对于参与研究活动的积极性并不高。二是没有时间参加。比如一些班主任，不仅教学任务重，还要参与班级管理，即使对教学研究有一定的兴趣，但限于时间精力有限，难以有效参与。三是不知该不该参加。比如胡老师作为新教师，还处于教学经验的摸索期，尚未具备成熟的教学技巧，在面对提升成绩这种现实问题时，容易对自己的选择产生怀疑。教育科研的重要性早已成为教育领域的一种共识，但现实中一线教师的教育科研参与程度和实际研究状况却不尽如人意。这三种态度在一定程度上体现了当前中小学教师在现实教育科研环境中的真实感受，表现出教育科研的现状依旧不容乐观。

案例中该校拥有丰富的高校资源，因此能够为老师提供一定程度的教育科研指导。如果能够有效利用高校资源，为学校教师的专业发展提供理论性指导，就有可能促进教师的教育教学往深度推进。从本质来看，研究和教学是相互融通、相互促进的关系。中小学教师是基于教育实践行动对教育活动进行研究，教育科研是教育研究的高级形式。没有一线教师参与的教学研究，教育科研的成果就会缺乏生命力，容易停留在纸上谈兵的阶段；同时，没有教育科研融入的教学研究，教学活动也失去了充足的养分，研究结果会显得十分单薄。只有厘清教学与教育科研的关系，学校的教育科研之路才会更顺畅。

　　教育科研不仅仅是课题申报，它既关乎教师的成长，也关乎学校的稳定发展，这往往渗透于常规教育教学工作中来体现。相较于理论丰富的高校专家，工作在教育一线的教师具备的教育教学实践经历更具有巨大的优势。因为一线的教师每天可以接触到各种教学事件，往往拥有非常丰富的实践资源，他们可以通过反思教育教学事件、开展课题研究等来提升教育教学水平。但是就当前教育功利性的现实情况来说，教师对待教育科研的意识还不强烈。这对于教师个人的职业发展以及对学校教育科研之路，甚至于国家教育的长远发展都是不利的。实际上，参与教育科研工作对提升教师的教育水平有很大的帮助，能够丰富教师的教育理论素养，不断提高教师的教学能力，为成为专家型教师打下坚实的理论研究基础。教育科研既应成为教育管理者的一种追求，也应成为教师个人的一种追求。教师在教育实践与反思过程中应该以科学的研究态度对待教育教学问题，与高校专家就问题进行研究探讨，以专家们最前沿的研究成果来指导实际的教育实践，不断调整教育行为以深化教育研究，不断提高每个教师的教学智慧，使教学研究成为该校持续创新的实践性活动。

二　找到解决中小学教育科研问题的关键

　　案例中李校长苦心探索教育和研究相结合的道路，这是因为他深知教育要发展，科研必先行。教育科研工作做得不到位，学校难以获得持续深度、高质量发展的动力支撑。教育科研能力是教师专业发展的需要，也是提高教育教学质量的必然要求。作为中小学教师，如果仅仅是各类教学研究成果的浅层参与者，就容易使自己囿于经验的藩篱中难以自拔，从实践自觉到理论自觉的突破将难以实现。因此，如果要确保教育工作持续健康地发展，应该引导教师走专业化发展之路，成为一名专家型教师，让教育教学研究成为一种生命状态，从研究中获得灵感，提升自我价值感，重塑教学形象和教学行为。然而从案例中呈现的内容来看，"该高中的老师们普遍都是这种敷衍了事的状态，并未充分利用高校的专家资源，学校的教研不仅没有取得什么实质性的成果，反而让老师们觉得麻烦事儿多，还不如以前教研组一起备课来得实在。"这些内容反映了教师对科研定位的认知、高校与中小学协同价值的认识还存在较大偏差。这种问题在现实中并不鲜见，一些教师认为，上好课、管理好班级是自己的本职工作，把这些本职工作做好就可以了，做不做教育科研并没有多大影响；也有部分教师认为，教育科研就是日常的听课、说课、评课、写论文；还有部分教师认为，教育科研只是"纸上谈兵"，不能解决实际问题，只是增加了教师的额外负担。

进一步来看，为了解决教师在科研方面的认知偏差，提高学校教师的科研水平，李校长有意识地引入高校力量，试图形成高校与中小学协同发展的科研路径。这种思路很契合当下中小学科研变革的发展路径。高校通常具备一支专业化的研究型团队，能够在研究问题的精准定位、研究框架的有效设置、研究方法的合理选择、研究实施的规范推进、研究报告的深度撰写等方面，为中小学教师提供专业的指导。中小学教师往往实践经验丰富，积累了大量的经验体悟。双方在理论与实践结合方面，有着广阔的协同空间。但正如这个案例所揭示的那样，中小学和大学的协同实践中，长期存在两相割裂、联而不动的突出问题。正是这一问题的突出存在，才使得案例中学校的教师并没有从高校与学校的协作中充分受益，抑制了教师参与科研的积极性。因此，要突破教育科研的瓶颈，就需要转变思路，勇于创新教师教育模式，从传统封闭型的教育研究向多元开放型教育研究转型。就目前来看，深度运用"U-G-S"（大学—地方政府—中小学校）模式这一合作开放的教研形式，使众多教育主体从中受益，能够在很大程度上提升中小学教师教研能力。

三　如何化解该校目前的教研难题？

案例中，刚毕业的胡老师有良好的学术修养和比较新颖的教学理念，对教育科研有着比较浓厚的兴趣，而且把每一次的研究内容都当作提升自己的机会。该校的校长也多次在学校例会上强调和要求，希望老师们能够做真正的研究，希望老师们能用长远的眼光看待教育研究这一问题。可以看出，该校校长有坚定的教育科研的信念，新老师也有诚恳的教育科研的态度。但是，该如何化解该校的教育科研执行不下去的问题呢？以案例中的学校为例，本身具备与高校联动的基础，真正将大学的研究力量与中小学的实践智慧进行深度联动,打造有机联动"U-S"研究共同体,充分发挥1+1>2的作用,是化解李校长的苦恼,推进学校科研高水平发展的必由之路。

(一)构建"U-S"共同愿景

案例中高校和高中之间没有进行系统性的沟通和交流,导致双方之间的合作无法深入开展。因此,应构建共同的愿景,帮助主体之间建立共同的发展目标,提高各方协作的积极性,实现真正的"U-S"合作。

构建共同的发展愿景,是促进合作主体之间有效合作、激发多方协作积极性的根本措施。[①] 大学是承担促进教师专业发展任务的主要机构,其显然在协同培养关系中占主导地位,其作用主要体现在把握教师教育发展前沿、统筹教师教育学术资源、研究并解决教师教育实际问题。而中小学是教师教育改革的主阵地,教师教育的发展要以基础教育中出现的难题为导向,教师教育的质量要以其在基础教育中发挥的作用为检验。

(二)落实专家团队保障

案例中,该校长可与高校进行深度的沟通,提议由高校发起与高中的优秀教师组成优秀教师培养计划委员会,从整体上负责计划的制定、指导、咨询服务等工作。"一线优秀教师+高校教育专家",共同构成教师培养的复合型智慧支持力量。高校也可借助同地方教育局、外部专家等的力量,通过优秀教师培养标准和考核标准,形成教师培养质量学期和年度报告制度。这样才能确保各方的职责落到实处并发挥效能,并不断优化该培养机制。

(三)树立教师科研意识

对于案例中该高中校教师们来说,若要提升其科研能力,有以下3个步骤。(1)增强教师教育科研意识。以任务驱动的形式鼓励教师多读书,形成学习的成长共同体,通过阅读增强教师教育科研意识,并引导教师进行教育叙事。高校教育专家指导教师从教育叙事中发现问题,以此激发教师专业发展的自觉性,拓展教师教育科研知识的深度与广度,提高教师的教育科研素养,使教师深刻认识到教育科研存在于教学之中。

[①] 朱华琴:《"U—G—S"模式下中小学青年教师教研能力研究》,《教育观察》2020年第3期。

（2）提高教师教育科研效率。丰富的教育科研理论是提升中小学教师教育科研能力的基础，能提高教师教育科研的效率。为了把这个基础打好，要引导教师学习教育科研理论知识，丰富教育科研理论知识。（3）提升教师教育科研能力。教师在高校教育专家的引导下经过教育叙事凝练选题、文献综述的撰写，了解自己的选题在国内已有的研究状态，再申报课题，做小课题、深研究，选择自己身边的、与自己切身体验相关的问题，同时要从教育教学实际出发，选择急需解决且便于实施、可行的课题。

专题四

教师专业发展的案例分析与实践

青年教师专业发展几多愁

【案例正文】

C 小学校长最近很犯愁，他所在的这所小学 40 周岁以下青年教师占全校教师总量的半数以上。这些青年教师尚处于职业生涯发展初期，在专业化发展方面存在许多问题。最近，接二连三的问题被反映过来……

李老师是该校的一名六年级英语老师，在讲授课内阅读时，有学生对课文中出现的慕尼黑、阿拉斯加等地点进行询问。李老师一下被难住了，一时无法解答，只好让学生课下自行查阅资料。这种"尴尬"的情况已经不是第一次出现了，在讲评难度较大的阅读理解时，常出现个别生词不认识、选项答案拿不准的情况，李老师都需要参考习题答案、查阅资料后才能为学生解答。对此，李老师认为自己教几年级，就是几年级的英语水平。即使她已经明显感觉到自身知识更新缓慢、知识面狭窄，但也只是归咎于："日常值班和延时服务等占据了太多时间，家里还有一堆事情要处理，哪里有时间给自己'充电'。"

再一次听完新入职的孟老师讲授的公开课——《两位数减两位数（不退位）》后，低数组老师们纷纷指出问题：一是这节课在导入新知识时创设的情境与学习内容脱节，白白浪费了 6 分钟时间。二是孟老师在讲授本节课重点知识——不退位减法时，仅仅列举了 56、22、18 这几个数字，学生一时难以理解抽象的知识，导致课堂气氛有些沉闷。教研组长周老师在总结时一针见血地指出："孟老师的这堂课相较于之前的公开课仍然没有很明显的进步，脱离数学课堂本位去创设情境，教学流程设计趣味性不强，学生参与度低，未有效达成教学目标，亟待改进。"

曹老师是一位新手班主任，尽管学校给她指定了师父，但是她也不好意思时时、事事去请教。面对学生不理会自己的管教、吵闹嬉笑、违反纪律的情况，她感到束手无措。班主任工作繁杂而忙碌，有时需要多任务并行处理，加之各种突发问题，曹老师感到更加焦虑。一天，曹老师正急着上报学校要求的统计数据，班里的两个"调皮大王"又打起来了，她再也控制不住情绪，不分青红皂白地对两个学生进行了"吼叫式"的批评。事后曹老师也很后悔，但她不知道该如何改善自己这种工作状态和心理状态。

面对接连出现在青年教师身上的问题，到底该如何帮助他们走好专业发展之路，帮助他们更好更快地实现专业化成长？C小学校长陷入沉思……

【思考题】

1. C小学青年教师存在怎样的发展困境？
2. 什么原因阻碍了C小学青年教师的专业提升？
3. 如果你是校长，你将如何帮助青年教师走好专业发展之路？

【案例分析】

对于青年教师而言，教师专业发展是其在职业发展初期必须逾越的一大难题，要破解这一难题需要明确教师专业发展的内容构成。教师从教时所具备的专业知识和专业能力是教师专业发展的两大基础，案例中列举的实例较为典型地反映了青年教师在相关方面的缺失和不足。

一 青年教师专业化发展难在哪？

其一，知识结构缺失，青年教师专业水平停滞化。案例中的李老师作为一名英语教师却对课本中出现的知识点"拿不准"，和教师专业角色身份并不匹配。从教师的知识结构来看，教师专业知识由本体性知识、条件性知识、实践性知识和文化性知识四大类构成。案例中的李老师在教学过程中常出现"个别生词不认识、个别选项的答案拿不准"的情况，是典型的本体性知识不够扎实、学科知识未能及时更新的表现。长此以往，学生会对教师的专业性产生怀疑，影响教师权威和教育教学工作的正常开展。条件性知识是关于教学的知识,回答"怎么教"的问题;实践性知识是源于实践和反思的、最能集中体现教师教育机智的知识。从案例中孟老师在公开课上的表现来看,缺乏必要的教学技巧和教育机智是抑制其授课水平的关键因素。文化性知识凝练于教师的个人文化气质与内涵修养,案例中李老师对国外城市和当地文化习俗了解不足的情况,反映出其作为一名英语教师在关联性文化知识上的欠缺。尚处于职业发展初期的青年教师在专业知识结构上的漏洞直接导致其专业发展水平停滞不前。

其二,教学经验缺乏,青年教师教学实践程式化。案例中的孟老师在公共课上暴露出来的诸多问题在青年教师中具有一定普遍性。案例中的低数组教师们对孟老师的公开课进行点评和剖析是一种很好的教学研究活动,有助于帮助孟老师更直接、全面地审视自身教学行为中存在的不足。通过评课结果可知,无论是导入新知识环节还是重难点知识讲授,孟老师未能结合学生的学习特征和接受能力,做出良好的教学设计。同时,由于教学技能欠缺,孟老师也未能充分调动学生积极性,以致课堂氛围低沉、教学效果欠佳。把这些不足简单地归因为孟老师刚入职、缺乏教学经验是不够的,结合低数组的点评看,孟老师已不是第一次被指出教学存在问题,但他仍然依循原有的教学程序,并没有明显的改进。教师得到持续的专业成长,不仅需要长期实践经验的积累,教师自身的反思、学校充分的指导和培训等因素也缺一不可。① 由此观之,孟老师的问题可能源于其对自身教学行为缺乏反思,对教学程序和课堂教学环节形成程式化、固定化的路径依赖,由此遭遇"教学瓶颈期"。

其三,工作事务繁杂,青年教师职业倦怠常态化。像案例中的曹老师这类新手班主任,常会面临班级管理、教学活动、家校协作等多重复杂任务群,陷入"忙得不可开交、管得一塌糊涂"的尴尬境遇。对于处在职业发展初期的新手教师而言,尽快熟悉工作环境、实现身份转型,以应对学生各类问题是初入职场的关键。课堂教学、学生成绩、工作绩效、非教学性工作、家校关系等诸多挑战与职业压力在不同程度上对新

---

① 缪佩君:《从职业生涯理论看教师的成长》,《福建论坛》(人文社会科学版)2007 年第 1 期。

手教师的自我调节能力提出更高要求。面对繁杂的工作任务和"不服管教"的学生，如果不能及时地调整心态、正确地疏解职业压力，极易出现曹老师这种压力过大、极度焦虑和情绪失控的行为。当这类行为演化为教师的工作常态，职业倦怠也将长期滋生于青年教师群体当中，这将会演变为青年教师专业化发展过程中的一大风险隐患。

二 青年教师专业化发展为何难？

以上现象揭示出青年教师专业化发展过程中常见的问题，出现此类问题的成因可做出如下溯源。

首先，自我提升意愿不强，低职业认同感会制约教师学习力的提升。像案例中的李老师这种"当一天和尚撞一天钟"的心态在青年教师群体中并不鲜见，他们常以工学矛盾、事务繁忙、自制力差等理由推脱自主研修，即使"被迫"参与其中，也是报以应付性、表层性的学习样态敷衍了事。教师学习作为一种教师用来获得与提升其教学能力的活动，在实现教师专业化发展过程中扮演重要角色。教师学习力对驱动青年教师的职业发展起着至关重要的作用。学习力高的教师，不但有自我引导的学习能力，还能积极地寻找学习机会，主动参与学习，并在教学中实现自我发展、自我超越。[①] 较强的教师学习力以端正的学习态度为前提，但纵观不同场域下的教师学习，在培训课堂上玩手机、打瞌睡；在教研活动中闭口缄默、把听评课当作"观赏课""走过场"的行为比比皆是。青年教师群体尚未实现职业成熟，加之社会对教师群体常报以"半专业化"的界定，导致其难以树立较高的职业认同感，对教师职业的情感、信念和意志等方面难以形成深刻的认识，所以在面对专业发展提升的要求时，青年教师常常缺乏学习动力，自我提升意愿并不强烈。

其次，自我反思意识不足，低教学学术能力影响教学成效。"教学学术"是"教与学的学术"，是一种教师基于本学科的认识论，探究自己在教学过程中产生的有关教与学的问题，并在同行间分享，尝试进一步建

---

① 朱莉萍、蒋立兵：《中小学教师学习力的结构要素及其发展策略研究——基于结构方程模型的实证分析》，《中国成人教育》2021年第1期。

构的学术活动。① 置于中小学教育场域中,其主要表现形式为教学研究活动,也就是俗称的"教研"。案例中的孟老师进行公开课展示并接受评课即是一种教学学术活动。在实际操作层面,大部分青年教师囿于自身受教育经历,在现实教学中难免依从经验,延续传统教学思维,缺乏主动深入的研究和反思。这种路径依赖导致青年教师教学学术敏锐度下降、灵活性受限,是造成青年教师缺乏对自身教学行为深入反思的直接原因。倘若孟老师能够认真汲取公开课中的经验和教训,与低数组教师们针对本课中存在的教与学的问题进行深入交流讨论,或是通过观摩其他优秀教师的教学样态进行细致学习,对自身教学过程中存在的"教学程序固化"等问题有针对性地调整改进,相信他一定取得较为明显的进步。

最后,自我调节能力不强,多重因素催生青年教师职业倦怠。案例中的新手班主任曹老师,每日疲于应付各类突发问题,高压状态下导致其沉浸于焦虑情绪中,无法专注于自身专业化发展,这是青年教师在入职伊始常会面临的角色调适难题。职业发展初期阶段的目标是了解、接受组织规范和组织文化,逐步适应工作环境并融入组织氛围,随后深入学习和提升工作技能,以提高胜任力。倘若青年教师在这一关键阶段未完成组织社会化过程,极易导致其深陷职业倦怠的旋涡。具体而言,包含以下几方面。一是大量的非教学性任务加重青年教师负荷,出现不同程度的教师过劳现象。二是教学、管理经验的匮乏导致青年教师在处理突发问题时处置方式欠妥,常付出更大代价的情绪劳动,消耗较多时间和精力。三是教育教学是一项极其复杂的工作,教师需兼顾多个环节、胜任多重角色,但长期的付出与物质获得不对等,加之社会地位不高、家校共育难以推进等问题都在不同程度上加剧教师职业倦怠的滋生,致使教师无力专注教学实践的反思。

三 青年教师专业化发展之路该怎么走?

青年教师具有经验不足但成长潜力巨大的特征,针对以上问题审视与成因剖析,可从以下方面对教师专业化发展提出针对性建议。

首先,激发学习动力,树立职业目标。学习内驱力是促进青年教师

---

① 周海涛、于榕:《高校青年教师教学学术能力提升的瓶颈与路径》,《国家教育行政学院学报》2022年第5期。

发展的主要动力，激励青年教师超越自我是促进专业成长的前提。针对职业目标定位过低、缺乏学习动力的症结可以从以下方面入手。第一，帮助青年教师建立职业认同感、树立职业目标。青年教师自我提升意愿淡薄的主要原因在于其对教师职业认同感不高，对职业生涯缺乏规划，缺少明确的职业目标。助力青年教师的专业成长就要帮助其设定分阶段的成长目标，形成持续的进取风气，以保持青年教师队伍的生机与活力。第二，成立学习型组织，注重优质平台的集体力量，提供更多的职业发展空间。如建立名师工作室、教师成长联盟等，采取顶岗置换、数字化课程、送教下乡等方式，提供交流成长的机会。第三，激发青年教师荣誉感，为其树立典型榜样。青年教师本人对学习及学习价值的高度认同是学习力提升的首要前提[1]，在青年教师中宣传张玉滚、张桂梅等典型榜样，使青年教师认识到教育工作的重要意义，激发青年教师的教育情怀，从而实现"要我学习"到"我要学习"的转变。

其次，加强学习培训，提升专业水平。教师的成长离不开学校组织有意识的培养。低数组通过听评课的方式对孟教师进行指导，这对促进青年教师改进教学方法、提升教学技能有积极影响。另外，建立长期有效的培训机制以提供充足的学习机会是促进青年教师专业成长的重心，可从以下方面着手。第一，灵活调配学习培训名额。面对名额有限的问题，学校可以灵活调整，适当向青年教师倾斜，为其专业发展提供充足平台。第二，加强多样化的学习培训方式建设。互联网技术的快速发展为教师培训学习提供了更多选择途径，青年教师信息技术素养具有相对优势，因此可以充分利用国家智慧教育公共服务平台等线上资源，构建校际合作、交流展示、资源共享机制。同时，也可通过师徒结对、校本研修等方式促进青年教师教学学术能力的提升；通过构建专业发展学校，推动大学和中小学互助合作，建成发展共同体。第三，开展有针对性的实质性学习。青年教师欠缺的专业知识和专业能力各有不同，因此有必要对青年教师的专业学习进行需求调查分析，更好实现因材施教，纠正其"学习培训就是走过场"的错误认识，满足青年教师实质性学习需求。

---

[1] 黄晓茜、程良宏：《教师学习力：乡村教师专业发展的重要驱力》，《全球教育展望》2020年第7期。

最后，重视情绪管理，提高职业韧性。教师是身处社会环境中的鲜活的个体，随现实情境产生各种情绪感受是一种本能。因此，曹老师在情绪驱使下"爆发"出"吼叫式"教育的行为不难理解。但教师的专业素养和身份的特殊性规定了其在表达情绪时，需要对情绪表达的内容、时间、场合等加以考量，即教师在教学实践中需要依据不同的现实情境，表现出适宜场合的情绪以符合教师职业的要求，这便是教师情绪劳动。[①]做好情绪管理工作是青年教师在完成情绪劳动中的必修课，在面对复杂的教育教学情境时，青年教师不妨尝试自我调节和外部疏导相结合，以便更好地适应角色压力、提升自身职业韧性。从学校层面来看，应当培育关怀协作的学校文化，为新手教师提供情感和专业支持。像案例中学校为曹老师配备"师父"的做法是值得肯定的，但还需要进一步考虑新手教师与"师父"间的亲疏关系。要改变曹老师这类新手教师"不好意思时时、事事去请教'师父'"的心理，学校可以通过适当予以"师父"们以奖励或补贴，激发其指导积极性和工作热情，或定期召开"师徒交流会"，促使师徒双方建立起紧密交流和联系。另外，作为"文化建设者"的校长在学校所有关系中处于中心地位，在建立信任协作的组织关系、发展支持新手教师的学校文化方面发挥关键作用。因此需要做到：关注新手教师的情感需求，营造和谐友善的工作环境和同事关系；为新手教师提供资源和搭建成长平台，提升他们的组织支持感；畅通沟通渠道，建立校领导关怀帮扶机制。尤其像曹老师这类新手班主任，上岗伊始尚未适应角色，工作压力接踵而来，亟须得到领导的信任和指导，校领导不可简单依凭考评成绩就对青年教师工作武断定性，应与教师加强沟通，为其专业化成长提供有益建议。

总之，青年教师要走好专业化发展之路，需要学会运用技巧和方法，学会高效管理自己的时间，统筹规划工作安排，将自我生活管理从观念落实到具体行动。学会关注自身的身心健康，达到专业生活与个人生活之间的动态平衡，增加自我能量、强化韧性，以应对更多新的挑战。

---

① 辛晓玲、魏宏聚：《乡村初任教师情绪劳动的影响因素及调节策略》，《教育科学研究》2022年第9期。

新手班主任修炼手册

【案例正文】

张老师是师范类专业毕业的一名数学老师，也是新上任的小学班主任。张老师在高校通过专业学习已具备教育教学理论知识，但教育实践经验较少，对学生的了解多限于理论知识以及个人生活经验，再加上平时很少有机会接触到小学年龄段的孩子，担任班主任不久，她就遇到了许多问题。

张老师在回忆时谈道，当初她信心十足、热情洋溢，和班里的学生配合得非常默契。在课堂教学方面，开学第一周班级课堂纪律很好，无论是课堂互动还是学生的学习状态都不错，见此情形，她决定用学生们喜闻乐见的方式来上课。于是，张老师常在课上跟孩子们一起做游戏，准备形式多样的环节来互动。但没多久张老师发现有些学生和自己讲话时没那么"客气"了，有个别同学的言谈举止有些不恰当，但张老师心想："孩子嘛，有些淘气和顽皮也很正常。"于是她就沉浸在这种"融洽"氛围中对学生的一些行为得过且过了。

除了课堂教学方面，张老师还对树立怎样的班主任形象感到苦恼。一开始学生们很好相处，教学也进行得比较顺利，于是她秉持着一以贯之的理念，在进行班级管理的时候也采用了较亲和的态度。但不久，这样的方式导致的问题逐渐显现出来……

原来，开始是因为学生对张老师还处在好奇阶段，不清楚她的作风，当学生发现张老师性格温柔，对学生亲切，他们就认为张老师没脾气、好讲话。慢慢地，张老师发现越来越多的学生跟刚开始的时候不太一样了。原来课堂上学生总是活跃交流，现在虽然从表面上看课堂依然"热闹""积极"，但根本不受自己控制，还有很多学生在做小游戏时交头接耳、打打闹闹，更有甚者会趁张老师不注意跑到教室外，美其名曰"我刚刚跑去上厕所了！"

张老师自认为责任心很强、备课认真、上课热情，但学生总心不在焉，或做小动作或讲小话或发呆，需要她不断地强调纪律。一次上课期间，有位男生总是交头接耳，第一次的时候张老师暂停讲课，用眼神示意他，在班里同学的提醒下，他停止了说话；没过一会儿，张老师发现他又继续说话，于是她走到学生身边；第三次，张老师直接用语言提醒他。但在之后的课堂中，这名学生依旧如此，连带着周围的学生也变得浮躁起来。每节课张老师都感觉很难上下去。

张老师沮丧地感受到自己作为班主任的威信还不如体育老师。"我真的适合当班主任，适合教小学吗？""是我对学生不够严厉吗？我认为现在自己已经很凶了啊。现在该批评的也批评了，可学生怎么一点也不听了呢？"张老师深知自己当班主任的方式出现了问题，但是已经错过了第一次树立严格班主任形象的机会，现在还有办法挽回这个局面吗？

【思考题】

1. 新手班主任入职初期应做好哪些事，才能树立起自己在班级中的威信？
2. 班主任如何在奖惩有度的前提下，帮助学生改正不良的习惯？
3. 如果你是张老师，你将如何面对学生注意力不集中、只有部分同学听讲的情况？

【案例分析】

案例中的张老师是师范专业毕业，具备专业的教育教学技能，也有较为丰富的相关理论知识。但是透过案例我们可以看到，在面对实际的教育教学环境时，张老师不能有意识地将已有的理论知识应用于实践中，其教育教学活动依然主要靠经验执行。此外，张老师虽具备一定的教育教学技能，但缺乏班主任管理思想，对如何成为一名小学班主任知之甚少。对此，张老师还需进行自我提升，把握班主任工作的领导本质。

班主任是思想道德教育及学生管理工作的关键推进者。尤其对小学生而言，班主任工作就是学生进入集体生活后的第一块基石。如今越来越多的年轻教师走上班主任岗位，担起学生初期人生导师的职责。像张老师一样的年轻教师怀揣着无限热情从老一辈教师手中接过这个担子，但上手后不久就遇到了一盆又一盆的"冷水"。那么，班主任工作究竟该如何做？该从哪里下功夫呢？

一　班主任核心职责：会教学也应更懂管理

小学时期是学生个人发展的关键阶段。张老师虽是新手班主任，面临着经验不足的困难，但这并不能成为工作失误的理由，反而应更严格地要求自己。作为一名班主任，张老师的言行举止、管理方式等都有可能对学生未来的发展产生重大、深远的影响。因此，即使作为一名新手班主任，张老师也应该明白班主任的意义和价值，对班主任岗位的重要性有深刻的理解。

首先，张老师应认识到班主任是学生教育工作的第一责任人。班主任作为班级事务的第一责任人，其工作不仅是学科上的教学任务，更大一部分的工作内容其实是解决班内学生成长过程中学习、生活遇到的种种问题。且小学生处于心智快速发展阶段，教师的行为举止对学生的思想观念也更易产生深远的影响。班主任因跟学生交往的时间更久、交流也更深入，对学生产生的影响也更大。

其次，班主任是"集体教育"的主要实施者。正如苏联教育家马卡连柯提出的平行教育原则所言，对个体的教育会影响到集体，反之，对集体的教育亦会对个体产生影响。班级作为一个"集体"，班主任对其中某位学生的态度和行为都会对整个班级产生影响；反之，若班级整体形成了某种氛围，那么作为个体的学生亦会被整体影响，做出相应的反应。班级除了作为"集体"，同家庭关系有相似之处，管理班级和管理家庭的原理有其内在一致性。班主任岗位的特殊性使其成为"集体教育"的执行人。学生们在班级这一"小型社会"中通过交流、协作、逐步建立规则意识等来实现个人与集体的协同发展。因此，班主任在实施教育教学活动时应记得自己面向的不仅是学生个人，还有整个班集体。案例中的张老师在进行班级管理工作时，对个别学生的一些行为在一开始采取了较为纵容的态度，当其他的学生看到张老师的态度如此温和时，就容易相继出现"越界"行为，当数量从零到一，再慢慢影响到更多学生时，张老师的班级管理工作就变得困难重重。如果在一开始张老师对学生的这些行为敏锐一些，采用严肃的态度亮明自己的底线，该学生就会认识到自己行为的不妥之处，其他学生也会在不知不觉中受到影响，明白自己不该做什么。

最后，班主任是实现立德树人根本任务的关键。作为教育教学工作的最终实施人，其一言一行都会在潜移默化中影响着学生。中国自古就强调言传身教，在小学阶段"身教"其实常常比"言传"更具影响力。现实中由于功利主义思想的影响，分数导向成为一些班主任的准则，出现了班主任只关注学生学业成绩而忽视学生人格品质培养的现象，实际上这有违班主任的核心职责，也不符合教书育人的内涵，无论时代如何发展，学生的道德品质培养都应是学校教育和班主任工作的核心任务。

二　班主任学会管理的关键：提升核心素养

班主任承担了以上三项职能也就意味着其需要具备相应的专业素养。一般而言，班主任专业素养由"基础素养"和"核心素养"构成。教师需要的一般素养被称为"基础素养"，而班主任还需具备超出普通任课教师的专业素养则被称为"核心素养"。[①]

核心素养一般指班集体建设能力、学生发展指导能力及沟通协调能力。这三种能力是班主任岗位的应有之义，也是班主任在职业生涯中努力发展的方向。班级建设包括日常管理、集体建设、班级活动等，具体内容有维护良好教学和生活秩序、日常行为习惯养成教育以及教师应对突发事件的教育机智、制定班级公约、建设班级文化等。学生发展指导内涵较为丰富，包括学生价值观教育、学习生活以及心理健康指导等内容。沟通协调则包含教师间沟通、家校沟通以及校社合作三方面。作为班主任，不仅要注意和学生的交往，更要注重和其他教职工的交流，利用课间、学校组织的活动等主动获取任课教师、有班主任任职经验的教师的支持，同时，发挥好家庭和学校的桥梁作用，学生在学校里的行为习惯等反映出来的个人问题要及时和家长交流，在教育合力下帮助学生形成良好行为和学习习惯，从而为学生更长远的发展打好基础。

三　班主任做好管理的第一步：上任烧好"三把火"

俗话说"新官上任三把火"，心理学上称为"首因效应"，新手班主任面临的班级管理问题根据首因效应，需烧好"三把火"。

第一把火，树立教师威信。近年来，"辱师""殴师"事件被频繁报道，一定程度上反映了师生关系的异化。"尊师重道"是中国自古以来的

[①] 耿申、魏强、江涛、王薇：《班主任的专业素养：基于实证研究的体系建构》，《中国教育学刊》2020年第12期。

传统，但随着时代发展，社会对教师的要求愈加严格，信息爆炸的社会让学生变得更"早熟"的同时更容易受不良文化影响，教师威信在这样的背景下被解构，愈加式微。但没有教师威信，教育教学工作就难以顺利开展，可以说这一点是师生关系融洽的桥梁，也是一名优秀教师不可或缺的能力。对新手班主任而言，树立教师威信就如一本书的目录，目录是读者读书的初印象，而教师威信亦如是。

案例中的张老师较年轻、思想开放、教育观念先进、易受学生们的喜爱，看似很快就"完美"融入其中，但在融入过程中，张老师为满足学生，常选择性地忽视学生的错误和过失，通过迁就的方式进行班级管理。这一管理方式容易造成开始时学生尚可以表现得"听话"，但时间一长就会发现教师已经丧失了应有的威信，学生对教师缺乏敬畏和尊重之心。久而久之，张老师无论是在课堂上还是在班级日常事务管理上，都陷入了无助的境地。但要注意的是，教师威信的树立是为了让学生与教师的相处有一定的边界感，是为了教育教学活动能够顺利开展，教师应谨记，树立教师威信的目的并非要让学生"怕"老师。若教师一开始没有把握好教师威信的"度"，就会让班内学生走向另一极端——学生一看到教师就如临大敌，不愿意和教师交流，隐瞒自身的情绪和各种学生间的问题。用控制类型的高压手段让学生畏惧的管理方式并不会在真正意义上树立教师威信，容易产生学生表面上"乖巧""听话"，内心却产生不满和抗拒的情绪，这样既不符合教师要进行长期教育教学管理工作的内在逻辑，也不利于学生正常的身心健康发展。

那么究竟如何树立好教师威信呢？至少需要做好以下三点：第一，为人师表，德性为先。"为人师者，必先正其身，方能教书育人，此乃师德之本也。"教师"正己身"是赢得学生尊重、爱戴的重要前提，是教师的根本。班主任作为一个班级的第一负责人，与学生朝夕相处，更有责任要不断提高自身修养。在工作中，班主任可以结合阅读与实际教育教学经验，加强自身对教师职业的认同感，在加强思想认识过程中也能更好地开展科学教育工作。除了做好日常教学工作，更要关爱学生身心健康，尊重学生人格，尽全力克服个人偏见和个人喜好，真正做到平等地对待每一个学生，相信每一个学生都有其闪光之处，而不是用单一的标准评判学生。在班级奖惩机制方面始终秉持奖惩有度、赏罚分明的原则，实施奖惩都尽可能不在情绪激动的情况下进行，保证决策的理性，亦不要为了笼络学生而刻意放纵或偏袒。班主任的人格魅力和一以贯之的教育理念能在很大程度上感染学生，也更能获得全体学生的信任和尊重。第二，学高为师，提升专业素养。"为人师者，应以责任育人，以智慧育人。"具有深厚专业知识、广博学识或优越教学技能的教师更易得到学生的敬仰和信任。如果说师德是成为一名教师的准入门槛，那么提升专业素养就是成为一名合格乃至优秀教师的发展路径。第三，角色认知，明确班主任的领导本质。由于肩负教育下一代的重要责任，社会对班主任有着较高的期待。此外，教育教学外的工作也日益繁重。在繁重的工作中班主任更要明确自己的工作本质和工作目的。若班主任只会"管理"学生，势必会将工作重点放在维护秩序上，用绝对的权威进行管控，容易让学生产生逆反和消极心理。但如果转向"领导"学生的观念，师生有了共同目标，在各类学校和班级活动中，班主任只需进行方向性的指引，学生就可以凭借自身强大的积极主动性做好许多事务。班主任将自己作为班级的"领头人"来领导班级，让学生成为一个集体，使其学会过集体生活，让班级成为学生的班级，而不只是班主任的班级。"领头人"的角色定位是指导他人成长的"导师"，而不是只会自己冲锋陷阵的"武士"。因此张老师需要有意识地培养班级干部，也要让尽可能多的学生参与和管理班级事务，既可以锻炼学生自我管理能力，又有了管理班级的"小助手"。

第二把火，建立和谐师生关系。师生关系作为小学生生活中的重要人际关系之一，影响着其学习、情绪、自我等各方面的发展，并且对学生的其他亲密关系如亲子关系、同伴关系等都有着重要影响。同时，和谐的师生关系也是开展长期有效日常教学以及日常管理工作的重要前提条件，张老师的教学对象是小学生，正处于心智发育初期。因此，张老师需要以身作则，在潜移默化中带给学生更多积极、和谐的理念，有利于帮助学生用更健康的方式认识社会和世界。本案例中，看似张老师与班级学生的关系为亲密型，但稍加分析就会发现这并不是一种健康、积极的真正的亲密关系。一方面体现在张老师对班级中的学生个体不够了解，跟学生的交流并不深入，思想停留在"方便管理和教学"的层面上，并没有认识到作为一名教师，更作为一名班主任具有主动深入了解学生的责任，并需要在这一过程中逐渐建立和谐健康的师生关系。此外，师生关系的建立并非一劳永逸。因为小学生自身处在快速发展阶段，其认知能力不断发展，在发展中也渴望得到成人的尊重。因此教师要明确自己在学生发展过程中的重要价值，积极主动地了解和分析学生的心理需要，不断地调整师生关系以保持和谐。

第三把火，制定班级公约。低年级学生或许尚不具备制定完整班级公约的能力，但班主任可以通过轻松易理解的方式在合适的契机下有意识地让学生们参与其中。经验表明，依靠学生的思考和实践来制定班级公约可行且有效。班级公约是学生们和教师平等协商后达成的自治契约，对班主任而言，在制定过程中把握好指导的"度"是关键问题，既不可过度放权、完全放手，也不能专权独断。那些班主任自己敲定、未经学生讨论商定的"班级公约"会失去其内在约束力，其本质也就丢失了。

互联网究竟教会了老师什么？

【案例正文】

2022年6月，某中心学校举行教师课堂大比武活动，教师全员参赛，要求教师熟练运用信息技术手段获取备课资源、了解学情、激发学生兴趣、创设课堂情景，启发学生展开想象和联想，以此辅助教学，提高课堂效率。大比武通知下发后，全体教师开始备课，教导处对本次活动的全过程进行了跟踪指导与督促，最后的结果却让人出乎意料。学校通过调查发现教师利用信息技术手段辅助教学、提高课堂效率的做法不够深入，没有起到好的效果。

首先是备课环节几乎没有老师采用技术手段。由于学校要求所有教师上课必须提前了解学情、以学定教，很多教师设计了纸质的前置研究，复印后提前让学生在家自学，到校后教师对前置研究进行检查批改，归纳总结学生自学的情况，然后课堂上有针对性地进行教学。但是纸质的前置研究的批改大大加重了老师的教学任务，部分老师工作责任心不强，对前置研究不检查、不批改，直接上课，把先学后教、以学定教的要求抛之脑后。

其次是课堂呈现环节信息技术手段单一。在绝大部分老师的眼里，信息技术手段就是在上课时使用PPT，但是并没有让PPT发挥辅助教学的功能。在听课过程中学校发现大部分教师是从网络上找的教学资源PPT，也不考虑学生的学情，修改后直接运用。这造成了资源浪费。

再次是PPT的制作与使用方面问题百出。调查过程中发现教师制作PPT的水平参差不齐，但是总体处在一个较低的水平，PPT制作不熟练，无法将PPT与课堂教学相融合。比如，一位五年级的语文教师想把从网络上找的视频插入PPT中，在办公室播放正常，到了教室却播放不了。一位年轻教师想在PPT上插入自己的班级文化，结果一节课都没有摆弄完，因为他一个一个复制，每次复制，位置都需要重新调整。就连学校的计算机教师，对PPT的各种功能也不能熟练运用，当有教师遇到问题需要解决的时候，往往不能给予指导和帮助。

最后是信息技术手段的使用频率不高。调查发现，当有人听课的时候，教师能够运用部分信息技术手段辅助教学。但是当没人听课的时候，不少教师甚至连一体机都不打开。大部分教师，尤其是年龄较大的教师对学校要求使用信息技术手段改变课堂教学模式的建议有抵触，认为加重了教师的负担，容易打乱教师的思路，把教师搞得手忙脚乱。大部分教师只会利用PPT展示一个课题和学习目标或者几个问题，并没有体会到信息技术手段的好处，在脑海里也没有类似的概念，最主要的是没有使用信息技术改变课堂教学的能力和动力。

大比武反映出来的问题不禁让人深思，技术促进了其他领域的飞速发展，却没能给教育教学插上"腾飞的翅膀"？从大比武的过程来看，教师们并没有熟练地掌握技术手段并将其应用于教育教学中，更多的是"学用脱节"的现象，那学校应当采用什么方法激励教师提高信息技术应用能力以实现现代化教育教学？

【思考题】
1. 教师把运用信息技术手段改变课堂教学当作一个负担，原因何在？
2. 如何提高教师的信息素养？
3. 教师应该如何使用信息技术提升课堂教学效果？

【案例分析】

2017 年发布的《教育信息化"十三五"规划》提出要将信息化与教学相结合,优化教学方式。信息化教学已经成为当前教育发展的重要趋势。教师的信息素养能力和技术领导力能否胜任现代化的教育教学需要,是提升教育质量的关键因素。但是目前我国教师信息素养水平偏低,信息化教学推进存在许多问题。

一 教师信息素养提升道阻且长

教师信息技术 1.0 培训面向全国中小学教师,旨在促进中小学教师信息技术素养提升以适应课堂,实现教育现代化。但是案例中反映出来的问题不由得让人深思,信息互联网究竟教会了老师什么?教师不会使用信息技术备课,PPT 制作方面问题百出,课堂呈现手段单一,且教师对信息技术不信任,课堂上的使用频率不高等问题都在告诉我们:我们的教师信息素养不足以支持现代化教学,其信息素养提升道阻且长。

(一) 学习动力不足,缺乏对信息技术的正确认识

从案例呈现的大比武内容,可以看出学校的教师信息素养亟待提升。而造成这种现象的原因是部分教师在认识和运用技术方面存在一定的误区。教师是教学活动的主体,教师自身的信息素养水平决定着教师如何利用现有的信息技术去改造课堂,打造技术与教学融合的课堂信息化新模式。目前教师信息技术水平较低的主要原因是个体的学习动力不足,不能充分调动其主观能动性进行信息技术的相关学习;同时教师个体本身缺乏教师专业终身学习的理念,忽视了教师的专业成长,对技术产生了抵抗和恐惧心理。

首先是教师的学习动力不足,学习信息技术的主观能动性较差。教师工作任务烦琐,工作时间长已经成为教师职业的普遍缩影。当烦琐而无效的各类形式性任务占据了教师的大量工作时间,教师自身进行教学任务准备的工作时间就要被大幅压缩,效果自然要大打折扣。同时教师自我专业成长的意识也被大量的烦琐工作湮没,教师没有时间和精力再去提升自身的专业能力,由此产生了学习动力不足的问题。

其次是教师对信息技术产生了技术恐惧。技术恐惧是指人类拒绝控制新技术的主观因素,以及技术自身快速更新的特点,导致人们在运用技术时产生畏惧心理。教师作为课堂教学的主体更应该响应教育信息化

的政策，提升自己的信息化教学能力，熟练掌握信息技术并将其应用于课堂实践过程中，以适应新时代教学变革的要求。但是如果教师出现技术恐惧，就会表现为教师对信息技术的不认同和不信任，教师自身心存顾虑，就会出现难以将信息技术充分融入课堂等现象。尤其是习惯了传统课堂教学模式的老教师在面对信息化教学这一新鲜事物时，其对新事物的接受程度和学习新事物的积极性以及职业发展水平还需要进一步提升。与其他老师相比，他们更容易对技术产生畏惧心理，而老教师在教师群体中往往具有较高的声望和尊重，这将会影响到其他教师对信息技术的学习态度，进而形成"技术恐惧"的恶性循环。

（二）技术知识匮乏，教师对技术知识的认识不足

除了思想认识方面的漏洞，更多的教师则像案例里呈现的一样，缺乏信息技术的基础知识，连PPT的制作都不能熟练完成，足以见其技术知识的匮乏性。Mishra 和 Koehler 提出了TPACK理论，对教师应当具备的知识内容进行了新的扩充，特别是对技术知识在教师的知识结构中的作用进行了阐述。[1]

教学知识（PK）、学科知识（CK）和技术知识（TK）是TPACK的基本要素。在学科知识（CK）、教学知识（PK）和技术知识（TK）。对于教师来说，开展信息化教学是为了使TK、PK和CK三个核心要素相互融合，以达到技术知识、学科知识、教学知识三者的有机融合，即复合成分的整合技术的学科教学法知识，即TPCAK。由此可见，当教师的技术知识匮乏，其与教学知识融合的技术教学知识、与学科知识融合的技术学科知识、技术教学知识和技术学科知识相融合的整合技术的学科教学法知识会受到严重的影响，导致信息化教学无法展开，而变成传统意义上的学科教学法知识。

但是目前教师面临的主要困难是缺乏对技术知识的正确认识，其观念仍然停留在"人技分离的教学者"阶段，只会机械模仿他人使用技术。这种情况导致了教师无法自由应用各种技术，技术不能被教师熟练掌握，由此出现了教师与技术两者之间相互独立的分散状态。而教师应当掌握

---

[1] Koehler, M., Mishra, P., *The Handbook of Technological Pedagogical Content Knowledge (TPCK) for Educators*, Mahwah, NJ: Laewrence Erlbaum Associates, 2008, p. 89.

技术，使技术服务于教学工作，将技术应用于教学，实现"人技合一"。正如海德格尔提出的"上手"和"在手"的概念，在"上手"的状态下，教师和技术理应融为一体，教师是感受不到技术的存在的。教学和技术应当完美而充分地融合为整合技术的学科教学法知识，只有在教师和技术两者相互独立、教师无法掌控技术时，才会出现"在手"的人技分离的状态，如案例里大多数教师认为技术会干扰教学的现象。

（三）缺乏专业指导，学校过于重视"硬件"建设而忽视"软件"

正如案例里所呈现的那样，部分教师缺乏基本的信息技术知识，甚至无法独立完成PPT的设计与制作，教学一体机、希沃白板等内容对教师来说更是难以使用，更不用说将其作为教学环节的一部分融入课堂。同时，学校还缺乏专业的信息技术指导教师，"当有教师遇到问题需要解决的时候，往往不能给予指导和帮助"。

时至今日，大部分学校的信息化设备已初步符合教育信息化的需要，但是"硬件"的升级和资金的投入却并没有带来更高效的教学。学校一味追求信息设备的硬件升级，忽视了真正发挥作用的"软件"的维护。大部分学校认为信息技术指导教师和计算机教师应当是一个岗位，但实际上，计算机教师并不等同于信息技术指导教师，信息技术指导教师更接近于信息技术培训和维修人员，对信息化设备了解清晰，可以在教师课堂上发生故障时及时出现并解决问题。当教师缺乏技术知识和信息素养而学校又缺乏专业的信息技术指导教师时，硬件设备在教学里便难以发挥其应有的效果，成为教师进行教学设计时首先放弃的工具。

二 破除障碍，提升教师专业信息素养

（一）坚持理念先行，提升教师专业自信

教师具有独特的人格魅力，其持有的理念是影响教师能否实现信息技术融合于学科教学、服务于教学的重要因素之一。作为信念维度的组织内容，专业自信不可或缺。因此，中小学应当关注和增强教师在教育教学方面的专业自信，激励其尝试将信息技术应用于学科教学，引导教师对自身TPACK能力的发展持有积极态度。可以通过建立完善的指导体系和同伴群体的交流互助，提升其学习的自信心和成就感，以此激发其学习动力，提升自我效能感。

同时聚焦于教师个体，要积极消除教师的技术恐惧。教师的技术恐惧多半是由于学校对信息技术不够重视，或者其自身对新鲜事物的接受程度不高。因此学校要实现教育信息化首先要提高对信息技术的重视程度，大力倡导将信息技术融入教学环节，以此提高教师的技术感知。此外，教师自身要具备专业成长的终身性学习思维，及时更新专业知识储备，对陌生事物保持探索的乐趣和勇气。

（二）确定培训内容，培养教师技术领导力

教师技术领导力是指通过整合已有的信息技术素养、能力和技术资源，促进教师和学生的技术学习，并运用信息技术提高教学质量。基于 TPACK 理论框架模型，我们可以发现阻碍教师提升其技术领导力的核心是当前我国大多数教师都缺乏技术知识，尤其缺乏由技术知识、学科知识和教学知识三者复合而成的整合技术的学科教学法知识，因此要加强对教师关于 TK 和 TPACK 的培训，建立合理的培训制度，引导教师循序渐进地进行学习。

整合技术的学科教学法知识属于教师技术领导力的核心结构要素。因此，教师技术领导力的提升要以学科教学知识培养为核心，兼顾技术知识培养。从技术知识培养的角度而言，目前大部分教师的技术知识储备水平低，尤其是缺乏系统的信息化培训的教师。针对这种情况，学校应以学科教研室为核心，带动教师研讨信息化、教学设计新内容，尝试将新的教学方式融入课堂，真正做到资源的充分利用。从学科教学法知识培养的角度而言，学科教学法知识是教师自身教学能力的专业知识的核心，理应在教师进行职前培训时由培养部门加大专业培养力度。当技术知识和学科教学法知识得到有效提升，整合技术的学科教学法知识才能得到提高，教师的技术领导力才能增强，以实现教师对课堂信息化教学的有效控制。

（三）完善培训制度，重视"软件"作用的发挥

学校不仅要注重"硬件"的升级，还要重视"软件"作用的发挥。为充分调动教师学习的积极性，提升其信息化教学的自我效能感，学校应建立完善的学校信息化教学培训制度。培训制度的设计应当采取"整校推进"的策略，在学校层面形成浓厚的研讨学习氛围，发挥教师的自我效能感，力求共同进步。培训从整体而言应当分为两个部分，即网络研修和校本研修。

第一阶段是网络研修,即由学校根据教师关于技术知识的学习需求,选取特定的课程让教师开展网络学习。首先,教师可以通过网络课程加强对信息技术知识和整合技术的学科教学法知识的学习。其次,教师要围绕近期教学活动内容,制作并使用融入信息技术元素的教学课件,围绕近期课堂教学内容,运用信息技术,设计制作微课作品。最后,教师在进行初步的信息化教学的基础上观摩点评精品课教师的信息化教学课堂,及时对本人应用信息技术支持课堂教学的情况进行总结。

第二阶段是校本研修,即由学校内部的教研组来组织教研活动。学校应重点明确本学期的教研活动计划和目标,在保证教师休息的基础上进行研修活动,充分调动教师自我效能感,将网络研修与教研组教研相结合。

专题五

中小学班级管理的案例分析与实践

迥异的班级，照搬的文化？

【案例正文】

随着校园特色文化的建设，班级文化也成为学校文化必不可少的一部分。学期伊始，X小学要求每个班级都建设好"文化"，并在两至三周后检查、评比。班主任们接到通知后便如火如荼地开始"文化建设"。"硬"文化上，部分老师开始策划班级布置，购买星星、评比栏等张贴物品；在"软"文化上，开始搜索班级管理的条约、班规班纪、评比制度等，继而打印张贴。很快，每个班级就有了"文化"。

班主任L老师很庆幸，自己的班级文化既不需要购买材料、也不需要搜索和打印，在学校还没有要求创设班级文化时，他已经有了一整套的材料。原来前几年他新接手的班级里的学生十分调皮捣蛋，虽为班主任，但他的学科作业第一天就有好几个学生不上交，还出现了上交空白本的情况。开学初，班主任L老师就被数学等其他几个学科的老师告知，说学生上课说话现象不断，课堂纪律差，高年级了还需要浪费大量的时间维持纪律才能上课。其实，班主任L老师也有发觉，自己的课堂也有学生趁老师板书的功夫说话、传递纸条，甚至在一次批评某位男同学后，他把老师和其他同学反锁在了教室里……出现的种种问题给L老师带来了很大压力，他不得不开始思考治理这样一个班级的办法。

首先，L老师阅读了大量关于班级建设和心理学方面的书籍，阅读过程中，他把可圈可点的地方与班级情况进行对比，并且特别注重观察班级每个学生的动向,尤其是在上其他学科课的时候,L老师经常从后门或窗外观察学生的上课状态,下课与任课老师及时沟通,出现问题及时联系学生家长,用家校合力来管理学生和班级。除此之外,L老师有意识地把班级学生经常出现的问题罗列出来,时常组织学生在班会课上开展"辩论赛",每次最终胜出的都是"正能量"言论。L老师趁热打铁,及时将相关问题描述成条文,成为大家公认的班规。于是在辩论过程中班规班纪一条条成形,L老师也与班级学生的关系变得更紧密了。就这样,班主任L老师将班级出现的一个个问题在学生们的共同讨论和见证下归纳成了完整的班规班纪,并商讨了一系列的奖惩措施。

L老师心想:"虽然之前花费了不少时间在这些条文规定上,但好在后来来找自己'投诉'的任课教师越来越少了,班级出问题的频率也慢慢降低。甚至班级内学生的学习成绩整体也有所提高,就连运动会上班级学生也赢得了不少荣誉。看来这一套班级文化还是非常管用的。多亏了之前的工作,我现在手里有一整套的班级管理资料,而且这套资料已经有了成功的先例,这下我就可以省去很多重复性的工作了……"

于是,L老师拿出当年的这份资料,稍加修改就用来管理今年的新班级,在其他老师还在探索的路上的时候,L老师暗暗自喜,迫不及待地在开学第一天便在班级宣读了班规班纪,但学生们听得迷迷糊糊,也没什么反应,似乎是接受了。但接手新班级第一周过完,L老师就发现,这些班规班纪对本班学生来说根本没有什么用,因为这个班级学生的作业几乎每天都全部上交,绝大多数学生对学习非常认真踏实,对老师布置的任务也很上心。班里时常很安静,很少出现骂人、打架的事件,可以说,原来的班规班纪就像摆设,贴在墙上甚至和班级有些格格不入,更不要谈是班级文化的一部分了。班主任L老师对此十分苦恼,不得不重新"研究"新班纪……

【思考题】

1. 学校新学期伊始检查班级文化建设这一行为你认为是否合适,为什么?

2. 你认为班主任L老师苦恼的原因是什么?应该如何解决?

3. 除了班主任L老师的方法外,还有哪些方法可以更好地构建真正意义上的班级文化？

【案例分析】
一　建设班级文化，促进学生健康发展

　　表面上看，案例中的 X 小学仿佛非常重视班级文化的建设，但是在学期伊始就要求每个班级都有自己的"文化"，并开展检查和评比，这一做法并不妥当。班级文化建设需要全体班级成员共同、长期的参与，只有在长时间的共同实践里才会形成真正的有灵魂的班级文化，只是忙于应付检查、评比形成的班级文化只是停留在表面的物质文化，检查评比完毕后这一部分物质文化就成了班级的"摆设"，无法发挥实质性作用。X 学校开展评比检查的出发点无可厚非，但这样急于求成的方式并不能达成建设班级文化和校园文化的目标。

　　班级文化是建设一个班集体的核心工作，是班级有凝聚力的重要前提，想要抓住这一核心工作，首先要明晰班级文化的内涵并深刻理解建设班级文化的重要性。班级文化是班级在各项行动中逐渐形成的具有本班特色的文化，是全体班级成员普遍接受、共同遵循的行为规范和价值观念的总和。建设班级文化不仅可以调动班级学生的积极性、形成良好班级氛围、塑造积极向上的班级整体风貌，而且能切实从思想道德、知识技能、审美能力、身心健康等各个方面帮助学生养成良好习惯，潜移默化地影响班级学生，促进其健康成长。首先，认知方面，班级文化主要以班级公约为载体，告诉学生能做什么、不能做什么，是一种正式的、理性的诉诸文字的规则条例。如今是一个信息爆炸的社会，良莠不齐的信息充斥着学生生活，在学生还没有建立起一套正确的认知体系时，学校有责任对此做出努力，引导学生辨认道德知识，促进其道德判断能力的发展，防止学生道德认知失调。其次，班级文化蕴含着丰富的情感因素。其中的扬善抑恶具有情感激励作用，班级学生做出与之相适应的行为时，更易获得同伴和教师的肯定，若依照制度规定对其进行奖励，则强化作用更明显，学生的情感能获得极大的满足，更利于激发学生内在的向善性，受辐射效应影响，同伴群体也会受此激励。最后，学生良好道德习惯的形成过程常伴有反复性的特征，因此班级文化的一以贯之至关重要。教师须以身作则，抓住教育契机，引导学生加深对班级公约的理解，强化学生对班级文化的认可，形成更为稳定的行为方式。将教育寓于班级管理中，将班级文化融入自身的教育行为中，让学生不仅知"何为善"，更懂"如何为善"，最终达到能够主动自觉"行善"的目标。

班级文化并非为展示和摆设而建设，教师要明确建设班级文化的出发点和落脚点都是学生，因此无论是班级的环境布置、制度规定还是精神文化的形成都要秉持"一切为了学生"的态度，建设适合自己班级学生健康成长的班级文化。

二 依托显性文化，营造班级多彩环境

环境对人的发展是潜移默化又深刻长远的。对学生而言，学校的环境能在悄无声息地感染着他们的言行举止。显性文化一般包括物质文化和制度文化，是班级文化和学校文化中表层的、能够被轻易捕捉到的部分。

案例中 X 学校的教师建设班级文化的第一步也是从显性文化开始，无论是"购买星星、评比栏等张贴物品"，还是"在班级内打印张贴制度条例"，都属于显性文化的建设范畴。

物质文化确实是实际建设班级文化过程中的首要步骤，如教室的美化。对于班级文化来说，教室的布置不仅最为直接地体现一个班级的精神风貌，也在潜移默化中影响学生的心理健康。案例中 X 学校的教师虽然意识到了要在显性文化上下功夫，但并没有认识到显性文化并不是为评比和展示，其最终目的不能仅仅停留在张贴到班级墙这样的行为上，应将落脚点放在学生身上，让学生充分参与其中。举例来说，物质环境的布置，要发挥学生的自主性和创造性，不要让学生产生"事不关己"的感受。不同学生有不同的特长和爱好，有的动手能力强，有的思维跳跃富有想象力，有的细心耐心……不同特点的学生都可以在布置班级环境这件事上找到属于自己的位置。作为班主任，要做的是积极调动全体班级成员的积极性，起到引导统筹作用。

除物质文化外，显性文化还包括制度文化。班级是学生共同学习生活的场所，要进行有效管理势必需要一套文本条例对其成员进行基本规范，也就是说需要一套科学的班级管理制度，有力地约束着班级成员，保障着班级各项活动的进行，如班规、卫生管理制度等。

案例中该学校在学期伊始就开展班级文化评比检查，导致教师们手

忙脚乱，这一过程中，班级制度文化建设没有学生参与的影子，教师没有充足的时间来思考要建设怎么样的班级，只是匆忙拿出一套"班级文化"应对检查和评比。如此形成的制度和文化能对班级产生多少积极影响呢？从案例中L老师的实践管中窥豹，可以发现哪怕是曾经实践成功的一套班级文化在新的班级也并不能发挥效用，L老师虽然曾经阅读了班级建设和心理学方面的书籍，并在第一次班级文化建设中取得了成功的经验，却没有在真正意义上理解学生参与管理的重要性。

班级是学校管理的基本单位，现实中常常自然而然地将学生看作需要被管理的人，但实际上学生具有双重身份，他们不仅是被管理者，更应是管理的主体，在实践中要谨防学生成为单纯的"被管理者"而失去其主体地位。

班级制度文化建设中班级公约是班级制度文化建设的核心部分，合适的班级公约是学生实现自我管理的制度依托，也是班级管理文化在个体中的表现。一般的制度条文给学生带来的是束缚感而无认同感，要想学生主动遵循规章制度，那就必然要真正民主地让学生参与制定班规。这样制定的班级公约才是有效的班级制度，才能促成学生的自我管理，由他律变自律，成为班级的"小主人"，班级管理文化才会彰显在班级的每一个学生身上。

案例中的L老师其实在第一次建设班级文化中有一点做得很有创新性，对于班级制度建设工作非常具有参考意义——调动学生积极性，开展"辩论会"对班级公约的条文进行具体的、充分的讨论。L老师的这种做法不仅让学生成为制定班规的主体，更让学生对"为什么要制定这样的规则""违反相应规则应如何惩罚"等问题有了更为深入和具体的思考。如此一来，教师在后续教育教学工作中的管理有"法"可依，也能大大减少学生不服气或是惩罚过重的问题。

三 重视隐性文化，关注学生个性成长

除显性文化之外，隐性文化——精神文化才是班级文化建设的内在灵魂。精神文化指观念文化，如班级认同的文化思想、奋斗目标等，主要以"班风"形式表现。如果说一个优秀班级的物质文化和制度文化是一件让人挪不开双眼的外衣，那么它的精神文化就是让人产生无限遐想并为之倾倒的灵魂。

上述案例中我们可以看出，L老师第一次进行班级文化建设提前做了大量功课，整个班级文化建设中不仅让自己学习了更多知识，也让班级学生在这一过程中得到了充分的锻炼，最终得到了不错的结果。但在第二次班级文化建设工作时，L老师做出的行为与第一次大不相同，她试图将第一次建设好的班级文化套用在另一个班级上。这一行为展现出L老师没有理解班级文化的灵魂在于精神文化。同一个班级中学生与学生的性格和兴趣爱好都会大不相同，更何况L老师带的两个班级的学生风貌如此大相径庭。班集体需要通过建设才能展现出一种独特的班级精神，但班级精神也应与班级学生的自然形态相适应。也就是说，教师想要塑造本班独特的班级精神文化，就要加深同本班学生的交流，加强了解。总体而言，要开展精神文化建设应以交往为基础。所以，有时评价班级，无须听教师的口头汇报，也无须看学生的作业与课本或其他各类文本资料，只需观察教师与学生的互动和交流。

班主任作为班级精神文化建设的领导人、培育者的同时，也是班级精神文化建设的成员之一。班主任岗位需要的不仅是教学能力，班主任开朗、自信、和善的个性在很大程度上对班级精神文化的形成助力极大。班主任若能够以做研究的心态做班级管理工作，理解班主任岗位的核心和要义，自己在其中起指导作用，把文化建设的主动权交到学生手中，从心底里相信每一个学生的独一无二，相信学生的向善力、思考能力和自我控制能力，让学生有做选择的空间。所以，要构建科学、有效的班级精神文化，必然也要遵循一定的原则。

第一，遵循以生为本原则。以生为本，就是以学生的成长需要为着眼点。因此教师应始终遵循学生发展的内在自然规律，以平等耐心的态度来倾听学生，关注学生的内心世界。劳伦斯·库比（Lawrence Cooper）在《教育中被遗忘的人》中指出，教育的根本目标是帮助人成为一个人，成为一个符合人性的人。因此，班级文化建设过程中一切活动的开展都要以满足学生的身心健康发展需求为宗旨，尊重每一个学生的个性特点，切忌班主任一言堂，要以学生的实际为出发点，全员参与，找到适合学生发展的起点，促进其健康成长。

第二，遵循正确导向性原则。班级文化建设必须突出正确的育人导向，要落实立德树人根本任务，重视学生素质的发展。社会教育、学校教育、班级教育及家庭教育，都必须把学生的品德教育、爱国教育提到首位。学校教育要始终坚持正确的育人导向，认识到学校的功能不仅仅是传授知识，更肩负培养什么样的人的责任。

第三，遵循系统性、持续性原则。班级文化建设是一个持续的动态过程，不仅在一开始时要精心设计，而且需要坚持。班级文化建设不能一阵风式地搞形式，做表面文章，这样不但不会产生班级文化，还容易适得其反。一些班主任"兴致勃勃"地开展班级文化建设，当这些外在的"硬文化"建设完成后，便认为具有特色的属于本班的班级文化建设就大功告成了，但这实际上只是班级文化建设工作的开始，而非结尾。班主任应明确的一点是，班级文化建设是一项持续的、系统的、动态的工作，切忌一蹴而就，亦忌一劳永逸。

真正的班级文化一定是以学生的幸福成长为出发点和落脚点，学生在其中易有充盈的幸福感，也更易对集体生活产生认同。可以说，班级文化是非常有效的潜移默化又影响深远的教育。良好的班级文化能为学生的知识学习创建良好的氛围，能使学生明辨是非。在班级文化建设中我们要坚持以人为本的原则，坚决避免班级文化建设的误区，那些在短时间进行突击式检查评比、将班级文化标签化处理的行为都是不正确的，是错误理解班级文化功能和意义的表现。此外，不同班级在长期实践中自然会形成不同的班级文化，不同的班级文化本身没有高低之分，对其进行打分等行为也并不妥当，更合适的做法是不同班级间互相参观、学习，教师有意识地借鉴学习其他班级优秀的班级文化，形成"各美其美，美美与共"的文化氛围。

座位风波

【案例正文】

某学校八年级的考试成绩出来了，八（3）班的成绩非常不错，但是最近八（3）班的班主任张老师很烦心。原来，按照所在学校的惯例，期中成绩出来之后要对学生的座位进行调整。这次，当他在班级里宣布要按惯例排座位后。第二天，小明的妈妈就来到学校找张老师。小明的妈妈是这样跟张老师说的，说小明本来就是那种成绩一般的孩子，而且最近发现视力有所下降，眼睛越来越看不清黑板了。这就导致上课时小明总是跟不上老师的讲课。但由于小明不善于和老师沟通，看不清黑板也不敢和老师说，所以小明妈妈这次来学校，是希望张老师能照顾小明，这个请求合情合理，张老师没有什么理由拒绝。

于是，到了班会的时间，张老师专门在班里了解了所有近视而没有配眼镜的学生，先把他们调到班里的前两排，然后其他学生仍旧按照成绩从高到低依次到班里进行挑选座位。一周后，小钱的爸爸来到学校找张老师。虽然小钱爸爸是一个大领导，但是小钱的成绩不太好，一直是班级垫底。为了公平起见，张老师并没给他搞特殊，所以小钱的座位就一直在后两排。小钱爸爸此行的目的非常明确，就是希望张老师能够把小钱调到前排中间的位置，并且能和成绩好的孩子坐在一起，这样能让小钱得到老师们更多的督促和关注。过了不久，班里"混世三魔王"之一的小剑的妈妈来到了学校。小剑妈妈此行来的目的也相当明确，她觉得自己孩子的学习水平可以更上一层楼，所以想让张老师不动声色地分解这个"混世三魔王"小团体。小剑的妈妈走后，张老师感觉她说的非常有道理，所以在一个班会上，他把这三个人尽量地分列在班级的三个方位角上。

就这样，一个多月后，他发现调了座位的小明听课明显更加认真了，成绩也有些许的提高。三个"混世魔王"在分开坐之后，小剑和其中一个成员都与周围的同学相处得很好，学习态度逐渐端正，学习成绩有显著的改善。但是另外一个成员，在调完座位后貌似和周围的同学很难相处，成绩也有明显的滑落。至于小钱，各位老师都反映说上课是很认真了，但是不知道为什么，成绩波动明显。

张老师发现，调完座位后，并不是所有问题都得到改善。最近，又有家长不断地来找张老师给自己孩子调座位，不少家长更是通过送礼、充话费等不正当途径给张老师"打招呼"，希望张老师能够把自己的孩子调到班级中的"黄金地段"，并且要求尽量和学习好的孩子坐在一起，以帮助自己家的孩子更好地学习。这下，张老师终于坐不住了，他感觉有必要重新进行一次科学的全班范围内的座位调动，不然调座位这件事会把自己搞得精疲力尽。此事使张老师陷入了异常的焦虑中，于是，他找到其他班级的班主任，咨询他们的意见。他们分别提出了以下不同的建议（见表1）。

表1　　　　　　　　　　座位编排建议

班主任	排位方法
赵老师	按身高编排座位
钱老师	按考试成绩编排座位
孙老师	男女交叉编排座位
李老师	动静搭配，个性互补
周老师	一帮一方式编排
吴老师	自愿组合编排

张老师通过分析，发现各个方法都存在利弊，不够科学。最终，他综合其他班主任的意见制定了自己的排位策略——轮流编排座位。

首先，张老师收集全班学生的身高数据和学习成绩等相关信息。其次，把全班48人，根据成绩按照"S"形分布依次分入12组内，这样每组就包含了四个层次的学生，再把每横排的学生在各层内按从低到高、从左往右依次排列。再次，在不破坏每一组四个层次的情况下，在组间进行小组男女的调整，尽量保证每组内男女各两人。最后，把个别近视严重的学生安排在第一排。此后，每两周把除个别近视外的每排学生进行前后轮转，每一个月把所有列的学生进行左右调换。

张老师这样设计的原因有如下几点。一是按成绩进行分组，保证每组分布相对均匀，有助于在小组进行讨论时，成绩好的学生带动成绩差的学生一起讨论，学生之间互相帮助，共同进步；二是每组保证男女比例相对均衡，让男女生相互之间充分交流了解，有助于其性格的完善发展，减少早恋的风险；三是每列学生按高低顺序排列，能保证每一列的学生的身高大致相同（一般男女生分布在不同列），这样可以尽量避免出现前排学生遮挡后排学生视线的情况；四是定期进行前后左右调换顺序，这样可以保护学生的视力，避免出现近视或斜视的情况；五是所有的座位都是变动的，座位调整对所有人都是公平的，有效减少了家长的投机烦扰行为；六是座位不断变动有利于全班同学相互了解，促进学生之间的交流和了解，营造积极的班级氛围，进而建立团结一致的班集体。

这样的调座位方式相对科学化，通过对学生个人信息的综合考量和定期调整学生的座位，不仅解决了从前调座位时遇到的困难，也得到了许多学生家长的理解与支持，解决了张老师心里的一大焦虑。

如今，张老师依旧沿用这种座位模式，并且不断地进行调整和完善。

【思考题】

1. 各位老师的排法建议都有什么优缺点？
2. 张老师的新排法有什么优势？存在哪些潜在问题？
3. 如果是你，你怎么安排座位？

【案例分析】

目前中国各阶段的教育主要采用班级授课制。由于中国人口众多，学生数量庞大，许多学校仍处于较大班额的授课制状态。因此，班级座位排列多采用"秧田式"排位方式，即黑板和讲台居于教室的前部，教师在黑板和讲台形成的中心位置进行授课。学生以纵横排列的形式面向教师和讲台，犹如"秧田"一般，故而称为"秧田式"。由于教师授课区域位于教室前部，不能兼顾每个座位上的学生，教室的座位排列方式牵扯着教育资源，是利益的象征。座位应当如何编排成了教师、学生和家长共同关注的焦点，其背后往往牵扯着各种主体之间的博弈。建立具有公平性、正义性、科学性的座位编排机制是解决教师、学生、家长三方主体矛盾的核心，要弱化"秧田式"座位带来的标签效应，克服功利主义、权力压制等非正义的现实倾向，依据平等自由、差别对待、公平公正原则，建立弱化标签效应的座位动态流动机制。

一　"秧田式"座位的标签效应

"秧田式"座位的排列方式是教师处于中心位置，拥有绝对的权威，控制课堂；从空间高度上来看，学生位置低于教师所在的讲台，学生处于教师掌控的位置，只能被动接受教师的"讲授式"教学；从师生交互范围来看，学生所处的位置受到现实和交流空间的限制，唯有教室前2—3排的中间位置能与教师在课堂上获得交流与互动的次数较多。而升学压力导致的"应试教育"也迫使教师不得不采取竞争"奖惩"机制，充分利用教室座位的先后和边缘与中心的教育资源"隐性倾斜"的特点，发挥其"奖优罚劣"的功效，由此形成了班级座位不同分区，即"学习黄金区""特殊管教区""普通忽视区"。为了激发学生学习的动力，大部分学校以成绩为座位排列的第一标准取代了传统的身高和视力的排列标准。教室2—3排为"学习黄金区",主要排列学习成绩较好的学生;教室的第一排和靠后几排的位置为"特殊管教区",主要排列学习成绩较差、不服从管教的学生,方便教师对其进行监控,以免干扰课堂;其他区域则为"普通忽视区",主要排列成绩处于中等水平且较为听话的学生。通过这样的座位编排方式,学生的成绩成为其人格的主要参考依据,将学生划分成了不同的等级,小小的座位成了学生优劣的代表。

"标签效应"是由美国心理学家贝科尔提出的,用于形容行为主体被另一行为主体用一种标签性的形容词限定其行为规范时,他就会依据标签的特点对自我的行为和心理进行自我管理,从而达到自己的行为方式与标签内容相契合的状态。当教室被无形中划分为"学习黄金区""特殊管教区""普通忽视区"时,学生也相应获得了"优""中""差"的标签,其也会在这种环境和心理的暗示之下对自身的行为和态度进行管理,使其与标签的含义相一致。因此这种标签效应会加剧教学不平等,影响学生的自我认知,优秀的学生会更优秀,差生会变得更差,中等学生的成长则是中规中矩。

(一)"标签效应"导向加剧教学不平等

"标签效应"把学生分成了三六九等,与此同时人们会受自己生活经历的影响,对具有某种共同特征的人或群体持有一种具有概括性的带有偏见色彩的印象。这种印象使其在遇到具有相同特征的个体时会把他归结到自己已有的偏见中,这就是社会刻板印象。刻板印象在学校里的表现:人们会普遍认为学习成绩好的学生就是好学生,而成绩不好的学生就是差学生。教师作为教学活动的主体和基层执行者也难免受这种刻板印象的影响,会根据学习成绩的高低来判定学生,给学生排序。把他们安排在不同的座位上,正如案例中张老师按照学习成绩的高低让学生依次进班选择座位的做法一样。作为奖优罚劣的基本方式之一,这种排座位的方式使学生依照学习成绩对座位进行排列,会导致教室靠前的位置通常为好学生的聚集区,而在教室边缘或后面的座位则是差生的根据地。这种座位排列方式会让教师、同学,乃至家长对其印象存在标签导向,对其产生有差别的认识评价,从而加剧教学不平等现象。

（二）"标签效应"导向影响学生自我认知

初中学生处于青春发育期，也是在成熟感和半成熟状态的相互矛盾中，这个时候的他们心智还没有成熟，还需要父母、师长与同龄人的观念来渐渐填补自己关于周边与自身看法的空缺。也是因为这样，带有标签色彩的"秧田式"座位模式，会使学生的自我认识与标签所预示的内容相吻合。处于学习黄金区的优等生则会在这种自我暗示下获得更好的学习效果，而差生的负面标签会使学生产生自暴自弃的心理，丧失学习的信心和动力继而进一步加大学生之间的差距，这种具有心理暗示的标签可能会伴随学生的成长甚至一生，就相当于提前为学生的人生进行了人为的干预。除此之外，依照成绩对学生的座位进行编排只照顾到了学习成绩较好的优等生，但是忽略了中等生和后进生的感受，会引起学生的逆反心理，使教师权威受到挑战。而教师对后进生的监控和对中等生的漠视可能会对学生的身心产生负面影响，进而可能引发学生的越轨行为。此外，正如家长通过送礼、充话费等不正当途径为学生调整座位，会给学校教育带来腐败性色彩。虽然学生的身心发展尚未成熟，但是这种微小的教育腐败形式会在潜移默化中对学生的价值观和行为方式产生影响，损害其心理健康。

二 座位编排"非正义"的现实倾向

（一）身份压力的冲突妥协倾向

学生座位编排是班主任进行班级管理的重要环节之一，当学生刚进入学校时，这些座位表大多有一个共同特征，高层领导和教师的孩子往往处于学习黄金区，而非领导、教师子女又与班主任没有提前联系的学生往往位于教室的边缘区。事实上，学生家长的身份是班主任依次排座位的首要因素，家长身份地位较高的学生自然处于班级的学习黄金区，获得更多的教育教学资源倾斜。而家长身份地位较低的学生只能被动地接受处于边缘位置的命运。这是身份压力导致的排座位的方式，其非正义性不言而喻，是社会不平等在教育上的映射。而我国的人情社会使班主任迫于利益和压力，在排位置时为了讨好地位、财富上占优势的学生家长，将其子女安排在位置较好的座位。但这种做法违背了教育最基本的平等性，损害了学生的受教育平等权。社会的不同分工导致了社会的分层，社会分层本身不具备非正义性，但阶层固化导致人们难以通过平等劳动实现阶层跃迁，进而产生了社会不平等。但这种社会不平等不应该体现在教育中，身份压力的冲突妥协倾向更加剧阶层固化。案例中张老师迫于小田爸爸的身份压力为小田调整座位也是向身份压力妥协的非正义。

（二）成绩优先的功利主义倾向

大部分教师也会意识到"秧田式"座位编排存在其不合理性，座位背后映射的是社会不平等的利益纠纷，因此会采取在很多人看来较为公平正义的方式，正如张老师采用的按成绩对座位进行编排。因为大部分教师认为学习成绩是判定学生在班级里的地位的首要因素，由学生依照成绩自主挑选座位也在一定程度上尊重学生的意愿，给予其自主权。而在这种编排方式中，优等生通常会选择学习黄金区，差生通常会选择教室边缘区。可以实现优等生的互帮互助、差生的自娱自乐，避免其干扰课堂，从总体上来说有利于班级学习成绩的利益最大化，但这是功利主义在教育领域的缩影。根据利益最大化的原则以能最大限度地提高多数人的利益作为资源分配的准则。因此根据成绩编排座位的方式虽然符合利益最大化的原则，但是也牺牲了部分学习成绩较差的学生的利益。而这与教育的初衷是相悖的，因此成绩优先的功利主义倾向是非正义的。

三 科学化座位编排

为了打破"标签效应"，避免迫于身份压力的冲突妥协倾向和成绩优先的功利主义倾向，班主任应当建立弱化"标签效应"的座位动态流动机制，依据正义理论对座位进行编排。

（一）弱化"标签效应"的座位动态流动机制

张老师设计的座位流动机制合理调整了学生的座位问题，使学生之间达到互帮互助的效果，协调了男女比例，加强了学生之间的了解与沟通，营造了良好的班级氛围。与此同时，张老师通过对学生个体差异性（包括性别、身高、成绩、视力等因素）的综合考虑，充分尊重每一位学生的个人权益，使学生通过座位调整，寻找到合适的位置，进而有效地促进学习与成长。

（二）基于正义理论的座位编排原则

罗尔斯的正义理论对西方过去的正义理论进行了批判、总结与继承，并且超越了之前的正义理论，概括起来分别是平等自由原则、差别对待原则。

1. 平等自由原则

在编排座位的问题上，按照罗尔斯正义理论中的平等自由原则，对于所有的学生来说，每一个学生都有平等的资格选择座位。也就是说，班主任并不可以按照自己的利益或想法来排座位，应该让学生经过自由的商讨达成一致，按照学生自己的意愿来排座位。座位是属于学生的，而非班主任，也正是因为这样，决定座位怎样排定的应该是学生，而不是班主任。学生可以自由地表达对于如何排定座位的想法，最后在达成一致、不违背他人意愿的前提下确定座位，这样才是座位编排的平等自由原则。

2. 差别对待原则

在罗尔斯的正义理论中，除了平等自由，还需要遵从差别对待。这一原则同样可以用在编排座位上。运用差别对待原则来分配管理教育资源，可以改善最不利者对于长远的期望；如果可以因为更重视天赋比较好的人来达到这一原则，那么这一原则就是可以实现的。而在班级中，学习成绩较差、学习能力没有那么强的学生就是上述中的最不利者。在差别对待原则中，如果在排座位时存在一定的不平等，那么这种不平等应该是为了改善他们的学习环境，为了使他们可以更加进步，通过改善他们的学习环境来提高他们的学习成绩。

专题六

家校协同育人的案例分析与实践

家校协同育人创新实践中的喜与忧

【案例正文】

X 小学始建于 20 世纪 50 年代，家长学校已开展 30 多年，长期以来形成的这一传统使得该校家长总体综合素质较高。随着时代的发展，为进一步凝聚家庭、学校、社会的力量，推动家校合作工作走向纵深，更好地为每一个孩子的健康成长服务。2015 年 12 月，立足学校实际，X 小学在家校合作方面展开了新的探索——各班建立了"家长·教师委员会"。"家长·教师委员会"有如下目标：一是建立"家"的概念，班级是一个由教师、家长、孩子共同组建的大家庭；二是为家长提供切实可行的教育指导；三是有效利用家长资源为孩子成长服务；四是解决教育过程中出现的实际问题。

与以学校为单位的家委会不同，"家长·教师委员会"是各班级老师和家长共同参与的一个组织，每个班的"家长·教师委员会"成员共 7 位，由两位班主任和 5 名家长组成。经过第一批、第二批试点班级的摸索和经验积累，学校结合家长的意见，修订完善班级"家长·教师委员会"制度，明确家长各项权利，推动"家长·教师委员会"在学校各班全面实行。"家长·教师委员会"在全校推行的过程科学、民主。学校通过全校家长会充分宣传了"家长·教师委员会"的定位、权利和义务等，同时也向全体家长传递一个理念：学校高度重视家校合作。接着，各班按照学校安排的相关程序，民主选举和自愿申报相结合，组建"家长·

教师委员会"并举行了隆重的聘任仪式，为成员们颁发聘书、学生为成员敬献红领巾等，被聘用的家长们纷纷表示对开展好班级家委会工作充满信心。

"家长·教师委员会"成立后，积极探索多种类型的活动。各班充分发挥学生家长的作用，开展形式多元的班级活动，比如，举办跳蚤市场、劳动实践、读书交流会、班级手拉手、志愿服务、夏（冬）令营、健身俱乐部、红色之旅、"迎新年"联欢会等活动。不少"家长·教师委员会"利用每周一节的特色课创新家校合作融合教育模式，自主创设班本课程，开发"家长大讲堂"。有的班级为培养学生良好的学习和生活习惯，"家长·教师委员会"根据班级实际情况，主动发起"21天读书计划""我是家务小能手"等倡议，班主任和"家长·教师委员会"的成员们共同商议评价方式，共同帮助孩子养成良好习惯；还有的班级尝试举行"家长沙龙""家长讲座""经验交流会"等指向家庭教育的专题性小论坛。从报备到学校德育处的活动情况来看，各班的"家长·教师委员会"活跃度较高，班级活动开展得有声有色。

本着让更多家长参与学校和班级管理中的目的，"家长·教师委员会"章程规定，成员两年换届一次。但是随着时间的推移，"家长·教师委员会"在换届选举中出现了一些问题：只有少部分班级按要求更新"家长·教师委员会"组织结构，推选一批新的成员上岗，但大部分班级的成员固定不变，近半数班级的家长报名参加"家长·教师委员会"的热情持续消减，个别班级甚至出现需要教师私信"邀请"家长报名的情况，各班班主任也对这些情况感到困惑和苦恼。

对此，学校组织各班班主任沟通交流，分析出现这些情况的原因。有的班主任认为，自己所带班级的生源和别的班级比相差大，家长素质相差也大。有时间的家长缺失资源、有资源的家长缺少时间，还有一部分家长既缺少时间也缺少资源。有的班主任认为，一二年级的课程知识比较简单，学生学业成绩相差不大；三四年级的孩子在学业成绩方面有了一定差距，部分家长非常看重学生学业成绩，存在攀比心理。因此，高年级家长在孩子学业成绩不突出的情况下，参与"家长·教师委员会"组织活动的积极性也较低。

还有班主任反映，受新冠疫情影响，学校实施封闭管理，家长·教师委员会的成员到校交流的机会减少，组织学生外出实践的机会也骤减，其工作多集中于协助收费、传达学校通知等琐事，这也在一定程度上造成家长参与热情的降低。

班内学生存在差异，家长综合素质也各有不同，这种差异客观存在，如何提高家长的参与度，使其保持为班级服务的热情，切实发挥"家长·教师委员会"应有的作用，成为 X 小学在推进现代学校制度建设、促进家校工作深度融合中遇到的新难题。

【思考题】
1. 班主任应如何调动并发挥"家长·教师委员会"的作用？
2. 如何规避外部环境影响，维护家校合作的稳定性？
3. 如何通过制度化建设，推动"家长·教师委员会"可持续发展？

【案例分析】

家校协同是学校教育有效推进的关键要素之一。诸多学校将其作为学校的重要工作内容，通过各种形式积极推进。但是，受制于多重因素，家校协作在具体实践中遭遇不少的问题与阻碍。案例中所提到的 X 小学高度重视该项工作，起初建设成效良好，在家校合作、协同育人方面都发挥了显著的积极作用。然而，随着时间的推移，家长参与积极性降低，外出实践、家校合作的活动也骤减。这一过程也折射出中小学家校合作的典型问题，在多个方面值得反思和改进。

一　家校合作——班主任有话说

班主任作为"家长·教师委员会"的参与者和重要领导者，承担着指导"家长·教师委员会"工作、协调矛盾冲突、鼓舞斗志、提高效能的重要任务。班主任应提高专业素养、恰当运用管理手段，提高自身领导力，发挥"家长·教师委员会"协同育人的重要作用。

第一，提升专业素养，提高影响力。本案例中，当"家长·教师委员会"成员出现懈怠、参与活动的积极性下降时，部分班主任只是私信家长，"邀请"其报名"家长·教师委员会"的换届活动，这样即使家长同意，也是被动的、表面的，这种做法并不能从根本上解决问题。班主任作为"家长·教师委员会"的重要参与者和首要领导者，应发挥好领导作用,通过监督和改进"家长·教师委员会"的工作等来激发"家长·教师委员会"的活力。班主任在"家长·委员会"及班级家校合作的工作中,具有较大影响力。一方面,其影响力来源于"教师"这个职业带来的光环和"班主任"角色赋予的权力。家长认为班主任教育教学经验丰富,并且家长与班主任联系较为紧密,家长对班主任相对了解和信任,因此会自觉地配合班主任的工作。另一方面,班主任的影响力和个人专业素养决定了做好"家长·教师委员会"工作的能力。在"家长·教师委员会"的工作中,班主任不仅是参与者,更是领导者,班主任的一言一行都会影响着家长参与"家长·教师委员会"工作的积极性以及处理工作的态度和方式。因此,班主任应提升专业知识、专业能力等专业素养,以提高自身权威和影响力。班主任在实际工作中,应该树立专业道德、专业理想和专业自我,立德树人、以身作则,以自己对学生的关爱和与家长的密切联系,获得家长的尊重和信任。此外,班主任应学习教育理论知识和管理学知识等,在科学理论的指导下做好班级管理和"家长·教师委员会"管理等工作。

第二,提升管理能力,提高领导力。本案例中,当"家长·教师委员会"出现发展动力不足的问题时,班主任应及时找到原因,并使用科学策略进行治理。班主任作为"家长·教师委员会"的领导者,不仅需要影响力,更需要具有专业管理知识,有较强的领导力。班主任要通过理论学习、案例观察等提升自身领导策划能力、领导组织能力以及协调组织能力。在"家长·教师委员会"的实际工作中,极有可能存在多方矛盾冲突、家长参与积极性低等问题,班主任要善于把握领导本质,实施目标引领与持续激励,为"家长·教师委员会"的可持续发展加油助力。班主任还需要掌握领导策略,以尊重和信任为核心,与"家长·教师委员会"成员密切联系,避免出现班主任在"家长·教师委员会"中唱独角戏的现象,引导家长形成行动自觉,强化每个成员的角色感和主人翁意识,发挥成员特长,集思广益,激发家长的主观能动性,增强家长的责任感,从而推动"家长·教师委员会"持续运转。

二 面对挑战——"家长·教师委员会"有事做

在类似新冠疫情一类的不可控外部因素的挑战下,"家长·教师委员会"应该主动承担起责任,为家校协同育人持续发力,这就要求"家长·教师委员会"具有敏感性和灵活性,对特殊情境要敏锐觉察、积极应对、专业引领。

首先,家校联手,安抚人心。本案例中的"家长·教师委员会"为班级增添了独特的"家"的氛围,与以学校为单位的家委会不同,"家长·教师委员会"是各班级老师和同学家长共同参与的一个组织,共7位成员,由两位班主任和5位家长组成。在"家长·教师委员会"的带领下,班级变成了一个由教师、家长、孩子共同组建的大家庭。疫情之下,孩子们的日常生活节奏被打乱,或是延期开学,或是线上教学,他们无论从生理和心理上都会出现各种各样的变化。因此,教师和家长都需要正视疫情,对孩子进行心理辅导,家校携手共同安抚孩子内心的不适与恐慌。"家长·教师委员会"可以针对线上教学效率、学生心理健康问题安排具体工作,研究出高效的线上教学方法、举行心理辅导班会等保证孩子高效、健康地学习。由于疫情,孩子在家的时间增多,父母需要主动承担更多的教育孩子的责任。"家长·教师委员会"可以引导家长首先调整好自己的心态,保持积极向上的精神状态。家长可以多与孩子进行交流,和孩子一起运动、做家务等,共同营造绿色、健康的家庭生态。

其次,创新活动,丰富形式。本案例中的"家长·教师委员会"创设了多种活动,创造力强。"家长·教师委员会"成立后,各班广泛利用家长资源、社会资源,开展丰富多彩的实践活动,创新家校合作育人模式,自主创设班本课程;也有"家长·教师委员会"根据班级实际情况,主动发起"21天读书计划""我是家务小能手"等倡议,助力孩子形成良好的学习和生活习惯。当部分需要到校举办的活动受到空间限制时,"家长·教师委员会"可以积极探索其他形式的活动,以线上的方式展开,例如线上知识竞赛、线上沙龙等。值得注意的是,活动开展前必须做好充足的准备,设计有趣、有益的互动环节,助力孩子成长。在参加活动过程中,家长和孩子会增进对彼此的了解,根据孩子需求、教学内容等自主开展有益于孩子发展的校外拓展活动。"家长·教师委员会"的创立让家长与班主任成为"合伙人",可以促进家校合作,帮助孩子在良好的环境下健康成长。

最后,积极沟通,丰富资源。"家长·教师委员会"充分利用家长资源，给家长上台演讲的机会，带动了学生上台分享的积极性，在一定程度上拓展了教学资源，也增加了家长在"家长·教师委员会"中的参与感和成就感，这就彰显了"家长·教师委员会"的一大特色。"家长·教师委员会"应积极与学校进行沟通，让学校知道孩子遇到的困难以及当下的需求；并积极行使决策权、参与权以及监督权，通过教代会、师德评价等形式参与学校部分决策，在学校管理中发挥家长的重要监督作用；主动参与校本课程、班本课程的开发，丰富教学资源。家长的经历可以转化为独特的教育资源。"家长·教师委员会"应充分了解各位家长的特长，把家长作为教育资源的重要来源之一，充分发挥家长的作用，形成丰富多彩的校本课程。

三 持续发展—制度化建设

家委会的持续发展，需要制度来保驾护航。激励具有心理效应，可以调动家长的参与积极性，增强集体荣誉感。面对家长参与"家长·教师委员会"的热情逐渐降低、"家长·教师委员会"良性运转受阻的现象，应加强制度化建设，合理利用激励和评判机制，促进家委会可持续发展。

第一，完善激励机制，内外协同保障。在案例中，家长参与"家长·教师委员会"工作的积极性逐渐降低，家长也很少主动参与换届，甚至需要教师去"邀请"家长，这些情况映射出了"家长·教师委员会"激励机制的不完善。要想促进"家长·教师委员会"持续发展，需要内外激励共同发力。一方面，要发挥外激励的作用。班主任要看到"家长·教师委员会"的辛勤付出，要通过多种方式及时给予表扬和肯定，让各位委员们有"为"也有"位"，感受到荣誉与尊重。比如，在家长活动上对做出突出贡献的委员进行表彰，评选优秀家长，发挥榜样的示范带动作用。此外，合理利用目标激励。设置班级学生的学期成长目标，教师和家长共同发力，促进学生达成目标、不断进步。另一方面，要合理利用内激励。班主任要引导"家长·教师委员会"成员心中有大爱，眼中有班级的每一个孩子，增强家长以及"家长·教师委员会"成员的认同感和责任感。对于家长来说，参加"家长·教师委员会"竞选，大多是为了深度融合学校教育，为教育做实事，实现更好的家校共育。但也有部分家长是带着私心去参与竞选，特别是低年级的学生家长，担心自己的孩子不受老师重视,害怕孩子在学校受欺负,希望通过给学校、班级出点力,来换取老师对自己孩子的关注。虽然这是为人父母的天性使然,但既然成为"家长·教师委员会"成员,就要努力摒弃"小我"的私心,用大爱之心为孩子们的健康成长服务,班主任需要在日常的交流中,潜移默化地帮助家长摆正心态,净化他们的参与动机。

第二,建立评判和督导机制,保障"家长·教师委员会"实现高效、良性运转。要想让"家长·教师委员会"高效、良性地运转下去,应建立并完善合理的评判和督导机制。评判的标准要看是否把促进孩子的发展作为首要目的。每一位家长都希望自己的孩子可以健康成长,如果家委会可以切实地推动孩子的发展,那么家长的积极性也会有所提升,案例中没有家长愿意报名参加"家长·教师委员会"的状况也会有所缓解。"家长·教师委员会"组织存在的首要目的就是促进儿童健康成长,正如教育家杜威所说:"组织是为了一个目的而存在的,它们本身并不是目的。如果缺少适当的组织,那问题在于目的以及为了目的所发生作用方面。"①

第三,建立匿名评价制度,倾听孩子们的声音。"家长·教师委员会"就像家校合作的桥梁,存在的价值在于促进孩子身心健康发展,如果开展的各项活动,违背了孩子们的意愿,只站在家长的角度去思考、去谋划,那么就偏离了教育孩子的初心。因此,不妨听听孩子们的意见,站在儿童的立场上开展"家长·教师委员会"活动,让"家长·教师委员会"的各项工作更加科学化、系统化、专业化。从孩子的角度去思考问题,可以促进师生、家长共同受益,不断提升对教育的认知和理解,形成合力,促进孩子们主动的、生动的发展。

总而言之,家校协同的有效推进离不开制度的保障,正如案例中的X小学出现的家委会失去活力的问题一样,正是因为缺乏制度化的保障才导致家校合作出现了可持续发展动力不足的问题。只有通过班主任提升自身专业素养,发挥自身的领导力和影响力,指导家委会的各项工作,建立并完善激励机制、评判和督导机制以及匿名评价制度,才能够为家

---

① [美] 约翰·杜威:《民主主义与教育》,王承绪译,人民教育出版社2001年版,第124页。

校合作提供强有力的保障，为促进其可持续发展奠定坚实基础。

真是手机惹的祸？

【案例正文】

随着科技的发展，手机在人们的日常生活中扮演着十分重要的角色，中小学生拥有手机的现象十分普遍。但自从中小学生拥有手机之后，随之而来的烦恼让许多老师和家长束手无策。

李老师有 25 年的教龄，教过各种各样的学生。她以渊博的知识和个人魅力赢得了家长和学生的尊重。但最近几年，学生沉溺手机等电子产品的现象却让她一筹莫展。

她有一个成绩特别优异的学生昊昊，他思维活跃，知识丰富，乖巧懂事。然而，所有改变却从手机开始。2020 年春节过后，全国中小学生开始走进网课时代。刚开始上网课，同学们还很新鲜，但李老师很快发现网课教学的效果并不是很理想，随之而来的是班里面出现了一批视频迷、游戏迷。其中昊昊的表现最为反常，每天上网课时旷课，布置的作业也不交，老师打电话他也不接。李老师只好联系家长，家长无奈地对老师说："孩子每晚通宵不睡觉打游戏，我们想把他手机拿走，他就以死相逼，是手机毁了孩子呀！"就这样，四个月网课结束后，昊昊的学习成绩由班级前三名下降到班级 40 多名，上课打不起精神，目光呆滞，一直到期末昊昊还没有恢复过来。其实像昊昊这样沉溺于手机游戏的孩子，班里还有 20 多个。李老师软硬兼施，但效果并不明显。她和家长也一直没有找到很好的解决方法。

除了昊昊，近期一名家长也因为手机问题想寻求李老师的帮助。那位家长的孩子已经是一名八年级的学生了，从小到大都是别人眼里的优等生，学习成绩优异，非常懂事听话，但这一切都被一部手机改变了。

由于暑期孩子预习要听网课，他理所当然有了一部旧手机。在家长面前，孩子除了听课，基本不玩游戏看视频，因此也很放心。直到有一次，家长看见孩子写的一篇作文明显应付了事，简直连五年级的孩子的作文也不如。家长顿时火冒三丈，准备找孩子算账，可没想到孩子竟然比他更有理，"我的作业谁让你看了，以后不许进我房间。"孩子一边大吵，一边把妈妈推出了房间，反锁上房门。为了避免双方关系进一步恶化，孩子妈妈无助地妥协了。家长发现孩子玩上了王者荣耀，她不明白这是一款什么样的游戏，但孩子开始说谎话，屡次给游戏充值，半夜12点还在玩游戏……马上要开学了，孩子妈妈盼着开学，幻想开学后一切就会正常了，可又害怕开学，如果孩子一直这样，那他上重点高中就没有一点希望了。身边家长对于手机的控诉以及孩子不断下滑的成绩让李老师不禁产生了疑惑，真的是手机惹的祸吗？

【思考题】
1. 家长责任缺位的传统教育弊端有哪些？
2. 手机是学生学习的最大阻力吗？其背后折射的深层原因是什么？
3. 如何通过家校协同解决手机问题？

【案例分析】
据《第47次中国互联网络发展状况统计报告》显示，到2020年年底，我国青少年网络用户数量十分庞大。对处于身心发展中的中小学生来说，他们的三观尚未成型，难以有效地辨别是非。近年来，我国中小学生因沉迷手机导致成绩下滑的现象频发，为了解决其沉迷网络游戏、轻信不良信息、进行不良社交等突出问题，2018年教育部发布《关于加强中小学生手机管理工作的通知》，2020年《中华人民共和国未成年人保护法》修订，增加了网络保护专章。2021年6月颁布的《未成年人学校保护规定》再次强调，中小学校应该加强对手机的管理。同时，由于学生家庭因素而诱发的手机问题也容易受到忽视。2022年出台的《中华人民共和国家庭教育促进法》将家庭教育作为一项重要的法律制度。学生手机管理的问题也应当通过家校协同合作进行防控管理，学校和家庭形成合力共同解决手机"顽疾"。

一　家长错误的角色认知致使手机频频"背锅"

案例中两位学生家长对手机的控诉不由让我们思考，真的是手机惹的祸吗？家长难道没有一点责任吗？其中昊昊的父母在昊昊对其手机管控的行为"以死"抗拒的时候表示无奈，但是其无形中在教育里成了"局外者"，这种妥协与默许也助长了昊昊沉迷手机游戏的不良习惯。第二位家长则是一种"督学者"的角色，他对孩子的强制监督与管控使其产生了叛逆心理。而两位家长都属于传统型的家长，在面对孩子玩手机的现象时都扮演着一种高高在上的"专断者"形象，与学生的沟通出现问题之后随即表示无能为力。这种"局外者""督学者""专断者"的形象其实是家长的错误认知，他们不愿承认是自己的教育方式不恰当，反而归咎于手机。

（一）"局外者"

首先，家长缺乏自我归因能力。受传统教育模式的影响，家长普遍认为"教育"是学校应该做的事情，而自身仿佛是学生教育的"局外者"，把教育视为家庭的必要支出，而自身则是教育这一产品的消费者，认为学生的学习出了问题必然是学校的错、老师的错，从而造成了其在学生学习教育过程中的责任缺位现象。其次，父亲在教育中成为"隐形人"。我国传统的"男主外，女主内"的家庭责任分工模式以及男性承担家庭的主要经济压力的现实原因，导致父亲在学生教育过程中消失，成为影子人物，较少参与或者基本不参与学生的教育。最后，家长缺乏家庭教育的理论和经验。家长对孩子的学习内容一无所知，无法对孩子的学习和教育形成有力的指导，久而久之，家长在孩子的学习过程中就处于一种透明的状态，成为一个"局外者"。案例中的第一位家长就是较少参与孩子的教育活动，是一个"局外者"，在孩子以死相逼的情况下，家长表示自己束手无策。其实，家长对孩子进行教育和引导的方式很多，家长从未主动思考过自己应该如何做才能引导孩子减轻对手机的依赖，反而一味地认为是手机的错，和自己的教育方式无关。

（二）"督学者"

中小学阶段的学生，自制能力相对较差，对学习的抵触心理也较强，没有积极参与学习活动的内在动力，在面对手机游戏等娱乐项目的诱惑时，无法进行自我约束，因此会出现学习倦怠的现象，学习的效果难以得到保证。大部分家长在学生进行学习的过程中通常扮演着"督学者"的角色，监督与指导学生认真学习，但自身并未给学生塑造一个学习榜样。家长自身也缺乏自制力，其作为父母的"榜样性"和权威将受到挑战，从而导致对学生的手机管理与约束受到反抗，学生认为这种"双标型"规则不值得遵守，从而会对家长产生一定的抗拒，家长在面对学生的手机管理时常感到无能为力。正如案例中所表现出来的那样，家长遭到学生的反抗便束手无策，无法协助教师对课堂进行控制。同时这种通过监视、抽查的督学方式带有很强的强制性，容易使正在成长发育中的学生产生叛逆意识，加大家长对学生的教育难度。

（三）"专断者"

由于我国长期存在的传统思想，认为子女是父母的"所属物品"，更有现在盛行的"为你好"的行为借口，认为无论父母对孩子怎么样，孩子都不能对父母产生不敬和反抗的心理。受这种异化的家庭教育思想的影响，父母和孩子在生活中一直处于不平等的地位。父母以一个"专断者"的姿态为处于弱势地位的学生制定各种规则和束缚，要求学生必须遵守，试图以这种方式避免孩子走弯路，可以顺利地走完一生，却忽视了孩子也是有思想的人，并不是所谓的"附属品"。

二 家长如何实现高效手机管理？

案例中两位学生家长都发出了对孩子使用手机的问题无能为力的感叹，认为是手机毁了孩子。但是手机在某种程度上是一个学习的辅助工具，高效的手机管理可以使手机为孩子的学习助力。

家长要实现高效的手机管理，首先要提高其在学生心中的权威。家长要转变其角色认知，改变其外部归因的行为习惯，要从"局外者"转变为"参与者"，从"督学者"转变为"导学者"，从"专断者"转变为"对话者"。其次，家长要建立权威民主型亲子关系，良好的亲子关系是教育的基础。最后，家长要提升自身的家庭教育素养，更新家庭教育理念。

（一）转换角色认知

当前家长的教育角色仍停留在传统"家长制"教育模式，对学生进行强力的管制和监督，即家长对孩子是以一种居高临下的态度进行沟通，在学生行为习惯的养成上面临一些挑战。例如，家长对子女教育的参与度不足；以强制力监管子女的教育；在家庭中家长拥有绝对的话语权，无法协商。这些在孩子看来是"局外者""督学者"和"专断者"。家长必须转变这些传统角色，回到与学生平等的沟通方式上才能体现家庭教育的效果。

1. 从"局外者"到"参与者"

从案例中我们不难发现第二位家长的控诉中有一位"隐形的存在"

即孩子的父亲，在母亲对孩子进行教育的过程中，孩子的父亲未尽到其作为家长的责任，更多的是一个"局外者"。要让孩子学会控制手机仅靠一位家长和学校的力量是不够的，要使家长都成为孩子教育中的"参与者"，共同助力孩子学习与成长。

第一，要转变思维方式，清楚地认识到学生的教育不仅仅是学校的责任，身为家长也应承担家长的家庭教育责任。家长是子女的第一任教师，在子女的成长过程中，家长起着不可替代的作用。第二，父母双方都要参与学生的教育，尤其是作为学生眼中的权威型父亲，有时父亲的教导和督促会比母亲的温柔鼓励更有用。父亲也要更加积极地参与学生的学习，避免成为"隐形人"。第三，家长要积极利用空闲时间学习与家庭教育有关的理论知识和经验，为学生提供更加正确的教育理念。第四，家长要对孩子的学习状况以及学习内容有所了解，掌握孩子的学习程度，方便更好地参与孩子的学习和成长。家长也可以更好地对孩子的学习进行指导，从而对孩子的学习造成积极的影响。

2. 从"督学者"到"导学者"

家长唯有通过改变监管式的督学方式，在孩子学习的过程中，以"陪同者"的身份同孩子一起学习，才能缓解孩子的学业倦怠感。首先，要陪伴同学营造良好的学习氛围。在学习期间，孩子更易被外界干扰，因此良好的学习环境可以帮助孩子更快地进入学习状态。在孩子学习过程中，家长要尽量保证孩子不会受到外界噪声或者琐碎小事的干扰，不但要使孩子在学习时不玩手机，也要做到家长在孩子学习时不玩手机。如果在学习时要使用手机，家长也需要正确地监督与指导孩子，使其正确地使用手机进行学习。其次，要培养孩子良好的学习习惯。家长要陪同孩子进行学习或者工作，使孩子拥有良好的学习习惯，督促孩子进行预习和复习，及时完成作业。家长在这个过程中，自身不能处于娱乐或者放松的状态，要陪同孩子一起学习或者进行工作处理，给予孩子充足的陪同感。案例中第二位家长，由于给予孩子较多的自由，缺乏对孩子学习的监督和教育，对孩子过于放心，由此才产生了孩子完全沉浸于网络世界里无法自拔的现象，未能对孩子的不良行为产生及时的干预。

3. 从"专断者"到"对话者"

要想解决案例中第二位家长提到的青春期的孩子不服管教的问题，

就必须要转变这种错误的教育方式。父母要把自己拉下神坛，与子女平等交流，理解他们的内心，倾听孩子的心声，从"专断者"变为"对话者"。首先，家长要制定规矩并且遵守规矩。孩子在思想初觉醒时期需要规矩的约束，而这种规矩表现在在线学习的课堂上则是培养学生的自制力和学习力。家长要与孩子在电子产品等娱乐上达成一致，制定学习和娱乐的时间，并与孩子一同执行，成为陪同者和孩子学习的榜样。其次，家长要倾听孩子的心声，帮助孩子找到学习的内驱力，避免盲目学习，使孩子明白自己想要什么、为什么要进行学习。

（二）建立权威民主型亲子关系

案例中第二位母亲对孩子过于溺爱，其亲子关系更多的是民主型关系，对孩子的放任度较大，孩子表现出错误的行为时无法及时给予教育，其语言上的教育对孩子而言缺乏权威，因而孩子并不把母亲的话放在心上，依旧沉迷于手机游戏。

父母是孩子最好的老师，父母同样陪伴着孩子的整个成长过程。因此，亲子关系也会对孩子的教育造成很大的影响。父母与孩子的亲子关系分为三种：控制型、民主型、权威型。控制型的亲子关系会对孩子造成很大的压力，而通常来说，一直处于控制中的孩子也很难培养出独立自主的人格。所以，权威民主型的亲子关系对于家长与孩子来说都是最好的。权威意味着家长有监督和指导孩子成长与学习的权利。而民主意味着孩子在一定程度上拥有部分自主权，他们不是完全由父母控制的，而是主动地、自由地选择学习的方式。这样的亲子关系下，不必由父母完全控制、要求孩子远离手机远离游戏，而是由父母教导、孩子自主地拒绝手机与游戏的诱惑，成为更加自由自主，也更加乐于学习的人。这样的结果无论对于家长还是孩子来说都是更好的选择。

（三）提升家庭教育素养

案例中两位家长在管教孩子玩手机时所遭遇的无奈，折射了家长在专业素养方面存在的突出问题。在孩子的成长过程中，不但孩子需要学习，家长也同样需要学习。家庭教育指的不单单是孩子，还包括家长，因为孩子的教育始终是需要家校合作的。如果父母缺乏正确的教育观念，父母的教育素质还不完善，孩子的成长必然会受到家庭的不良影响。在孩子的学习中，家长视如洪水猛兽的手机游戏总是会诱惑着孩子，可是否其中也有家庭教育不足的问题呢？是不是家长在家中总是玩手机打游戏，在不知不觉中影响了孩子呢？所以，我们要提高家庭教育的素养，注重家庭文化建设和家庭环境构建，对孩子的成长规律拥有科学认知，更加注重对孩子潜移默化的引导。同时，家庭教育不比学校教育，不必同时教育那么多的孩子，也因此可以更好地因材施教，细心引导。因此，无论从哪一方面看，都需要提高家庭教育素养，帮助父母更好地教育好子女。

如何在家校协作中转化"后进生"

【案例正文】

班级里有这样一类学生，他们时常让老师"头疼"。刘老师就教过这样一名学生，名叫小林，这个孩子脾气暴躁，经常打架斗殴，做作业拖拉，上课时注意力不集中……刘老师多次找小林谈话，希望他能遵守班级规定，做一名优秀的学生。然而，小林对刘老师的话"左耳进、右耳出"，并没有摆正学习态度、改正不良行为。刘老师很无奈，也非常失望。但是刘老师并没有放弃小林，反而更加坚定了转化小林的决心。之后，刘老师通过家访了解到，小林的父母常年在外工作，不关心小林的学习和生活；小林跟随爷爷奶奶生活，老一辈的溺爱使小林过于任性；并且小林的亲戚们大多都年纪轻轻就外出务工，秉持"读书无用论"。

"老师，小林又和同学打架了，您快去看看"，一位同学急匆匆地跑来喊刘老师。教室里，小林和小李两人互相推搡，小李被小林推倒在地。刘老师扶起小李，又仔细检查二人的身体，好在两人都没有受伤。刘老师安排同学们先回到座位上，并对小林和小李进行了简单的安抚。之后，刘老师发现小林趴在桌子上不抬头听课，对任课老师的提醒置之不理。刘老师估计小林无心听课，就把他喊到了办公室。到办公室后，刘老师语气温柔地问道："小林，刚才有没有受伤啊？"小林早就做好了被批评的准备，没想到刘老师非但没有那样做，还关心自己。刘老师看着小林，问他有没有什么想和老师说的。小林小声地问："刘老师，您相信我吗？""当然啊，老师知道你是一个诚实的孩子。"小林虽然比较调皮，却几乎没有对老师撒过谎。小林听到刘老师的话，感受到了刘老师的信任，也向刘老师打开了心扉。

听完小林的讲述，刘老师基本了解了情况：原来是在课堂上，数学老师提问时，小林主动举手回答，并且回答是正确的。小李却不相信小林，直接说他是抄的。因为小林平时表现并不好，其他同学听了小李的话，都向小林投去了诧异、怀疑的目光。小林非常生气，与小李吵了起来。数学老师让小林讲一下步骤，如果是对的就说明小林不是抄的，可是小林磕磕巴巴地说不清楚。因为这道题是小林的哥哥给他讲的，他当时的确听懂了，但在同学面前比较紧张，一着急就讲不清楚了。因此，同学们都认为小林在说谎。刘老师耐心地听小林讲完后说："小林，我知道你被冤枉了，一定很委屈，刘老师会去和大家解释，不要难过了。另外，你主动学习，积极回答问题，太棒了！"小林听到刘老师的话，眼里泛起了泪花，不停地感谢老师。随后，刘老师告诉小林，不可以打架，与同学们有矛盾时，要好好沟通，如果解决不了，就去找老师帮助自己。

小林明白自己不该打架，承诺以后不会这样了。之后刘老师找来了小李，小李的说法和小林一致，刘老师和小李谈话后，小李也意识到了自己不应该用刻板印象去看待同学，也知道了自己冤枉了小林。之后，小林和小李互相道歉，化解了矛盾。紧接着，刘老师开了一次主题班会，表扬了小林的进步和二人的知错就改，班里同学知道自己冤枉了小林，纷纷向小林道歉，同学们也看到了小林的进步，大家共同期待小林的下一个进步。

【思考题】
1. "后进生"形成的原因是什么？
2. 为什么重视"后进生"的转化工作？
3. 在具体实践中，应如何转化"后进生"？

【案例分析】
在中小学中，存在这样一类不容忽视的学生——"后进生"，"后进生"的管理与转化关系到整个班级乃至学校的整体教育质量，转化"后进生"的重要性不言而喻。然而，"后进生"由于整体表现较差、对老师的教导置之不理，很容易受到教师的冷处理，导致其进入恶性循环中。

这就需要教师加大对"后进生"的关注，运用科学策略，助力"后进生"的转化。在本案例中，小林的转化并不是一蹴而就的。刘老师在多次教导无果时，仍坚信自己可以转化小林，与小林建立平等的交流关系，小林才逐渐打开心扉、开始改变。一位学生的改变对整个班级的影响是不容忽视的，因此，教师必须具备分析"后进生"形成的原因和转化"后进生"的能力。

一 班级中的"后进生"是如何形成的？

本案例中学生小林从不听教诲到不断改进正是"后进生"成功转化的一个例子。然而，在班级管理中，如何转化"后进生"是一个让教师十分头疼的问题。想要转化"后进生"，必须因材施教，弄懂"后进生"形成的原因。诸多研究表明，"后进生"通常是受到家庭、社会、学校和个人自身等多种因素影响，才造成其学习落后或者品德不好的现状。教师应当仔细观察并分析后进生形成的原因，对症下药。

在家庭方面，有相当一部分"后进生"后进的原因是家长教育理念偏颇和家庭发生变故，如父母离异、家庭关系紧张等。正如案例中呈现的，父母对小林不关心和爷爷奶奶对小林的溺爱是导致小林学习态度不端正、脾气暴躁的主要原因。有些家长认为"成功即是赚钱"，对孩子的学习漠不关心，甚至要求孩子辍学打工；有些家长对孩子过于溺爱，导致孩子过于任性。案例中爷爷奶奶对小林的溺爱造成了小林任性、暴躁的性格，也暴露了隔代教育的弊端；造成更大伤害的是家庭氛围较差的家庭，孩子失去温暖，导致其看待事情较为悲观。原生家庭的因素对学生的性格等特质影响最大，且难以改善。

在社会方面，一些社会上的不良风气在无形中影响着学生。在本案例中小林的亲友们大多辍学外出打工，"读书无用论"的观念早已在他们心中扎根，小林很难不受到这种观念的影响。另外，在互联网飞速发展的信息时代，学生从小便生活在铺天盖地的信息中。这些未经筛选的信息良莠不齐，正处于青春期的学生三观尚未成熟，有强烈的好奇心，他们会模仿网络上的不良行为，影响其身心健康发展。

在学校方面，学校的教育态度直接影响学生的身心发展。学校一般偏爱学习成绩好的学生，而错误地对待"后进生"，这实际上是将应平等享受教育权利的学生明显地一分为二，学生被分为两种受到不同待遇的

"阶层"。另外，基础教育阶段的学生正处于青春期，渴求他人的关注。该时期的学生容易以自我为中心，如果教师不关注学生的心理健康，反而会加重"后进生"的学困心态，加大教育管理的难度，与教育初衷背道而驰。

在个人方面，"后进生"普遍缺乏学习动机和刻苦学习的精神，自我控制能力差，造成他们学习成绩逐渐落后。本案例中的小林缺乏学习动机、学习态度不端正，这些是小林后进的主要原因。"后进生"认知水平不高，思想上存在一些问题，容易误解教师对自身的教导，各种原因堆积，导致"后进生"性格孤僻。在弄清楚"后进生"形成的原因后，才能对症下药，减少"后进生"的形成。

二 为什么要重视"后进生"的转化工作？

正如案例中呈现的那样，小林的进步不仅激励了班级内其他同学，还改善了师生关系，也利于营造良好的班级生态。毋庸置疑，"后进生"的转化是班级管理的重要组成部分，对良好班集体的建设起着重要的推动作用。因此，我们不能对"后进生"置之不理，需要使用科学的策略去转化"后进生"。

第一，转化"后进生"有利于营造良好的班级氛围。"后进生"作为班级的一分子，需要为班级建设奉献自己的力量。正如本案例中，小林在自身的努力和老师的帮助下逐步转化，推动了良好班集体的建设。首先，老师在全班同学面前解开误会、表扬小林的进步，让小林获得了大家的尊重，也看到了自身的闪光点。其次，刘老师对小林的夸奖也为其他同学树立了榜样，利于营造浓厚的学习氛围。最后，刘老师对待所有同学一视同仁，并给予学生足够的尊重。身教重于言传，刘老师处事公正、尊重他人的良好品质会对同学们在为人处世方面产生积极的影响。因此，转化"后进生"有助于营造良好的班级氛围，促使全班同学共同进步。

第二，转化"后进生"有助于教师的专业发展。教师在教化"后进生"的过程中，对其专业能力的提升有很大的促进作用。本案例中的刘老师在转化小林的过程中迎难而上，最终推动其逐渐进步，这次转化就丰富了刘老师的教育经验，成为刘老师专业发展道路上的助推剂。"后进生"形成的原因复杂，这就需要教师多关注学生，获取有效信息，进行原因判断。在转化过程中，也需要教师理解和鼓励学生，并使用科学有效的策略去教化学生。转化"后进生"能够锻炼教师的教育机智，丰富教师的教育教学经验，教师之后再处理类似事情时，会更加得心应手，从而实现高效的班级管理。

第三，转化"后进生"有利于师生关系的建设。一方面，"后进生"由于成绩落后、行为不当等原因，容易受到老师的忽视；另一方面，教师对"后进生"的管教也容易引起学生的叛逆心理，这就容易导致"后进生"和教师的关系相对紧张。转化"后进生"有利于师生双方互相理解，从而缓和紧张的师生关系，使师生相处更加融洽。在本案例中，起初小林并不在意刘老师对他的教导，并拒绝改正，在刘老师与小林交谈后，小林逐渐打开心扉。小林感受到了刘老师的尊重，也学会了尊重老师、认真听老师的教导，不断提升自身，双方间的关系逐渐缓和。

"后进生"的进步不只是一个人的进步，更是整个班集体的进步。转化"后进生"不仅可以促进同学们"见贤思齐"，还能够促进教师专业素养的提升，以及师生关系的建设，从而推动班级生态的建设。

三 如何才能真正促进"后进生"的转化？

在本案例中，小林起初我行我素，刘老师多次教导却不起作用。但是，刘老师始终坚信自己可以改变小林。在一次突发事件中，刘老师选择相信小林，由此改善了与小林的关系，小林也渐渐地理解老师，不断进步。转化"后进生"对于班级建设、教师专业发展等都起着积极作用，是教师工作的重点内容。因此，掌握转化"后进生"的方法至关重要。"后进生"形成的原因错综复杂，转化"后进生"应当具体问题具体分析，以多种方法灵活对待。"后进生"的形成受到多方影响，其转化应该多方协同发力，由于学生与教师和家长接触时间更多，受到的影响较大，下面主要从教师和家长两方面提出转化"后进生"的具体方法。

第一，坚定教育理念、充满转化信心。本案例中的刘老师在小林坚决不改正的情况下依然没有退缩，反而下定决心转化小林，说明刘老师始终坚定自身教育理念，具有转化小林的信心和维护班级良好生态的决心。在转化"后进生"的过程中，由于学生的逆反心理，教师很可能会遇到困难，坚定的教育理念能够帮助教师克服这些困难、重整旗鼓。另外，教师在转化"后进生"的具体实践中，应当相信"后进生"同样具有良好的本质。人都是在不断变化的，教师应该相信通过不断地教导，"后进生"也是可以被改变的，可以被塑造成为优秀的人。

第二，师生互相理解、增强彼此信任。教育离不开尊重与爱，"后进生"尤为需要教师的关爱与关怀。在本案例中，刘老师的做法就值得教师们借鉴。刘老师在得知小林打架后，第一时间去关心学生是否受伤，然后才去了解事情的原委，最后指出了小林的不当行为。刘老师在处理学生矛盾时，耐心倾听，与学生平等交流。刘老师充满智慧的做法建立了自身和学生之间的信任，为增进彼此之间的理解搭建了坚实的桥梁。因此，教师既应该在学习上给予学生帮助，在生活中关爱学生、给予指导，应当尊重学生、帮助学生养成良好习惯。另外，教师与学生之间的相互理解也是转化"后进生"的重要因素。学生处在变化之中。教师与学生客观上存在理解差异，教师只有经常换位思考，才能及时发现自己和学生之间的误解以及造成误解的原因，进而找到消除误解的办法。同样，学生也应该理解教师，看到教师的付出。只有师生互相理解，建立了良好的师生关系，才有助于促进"后进生"改变。

第三，挖掘学生长处，增强其自信心。每个人都期望得到别人的认可和表扬，尤其是经常被批评的"后进生"。正如本案例中呈现的那样，当学生发生矛盾时，刘老师并不是只看到了学生不当的行为，而是发现其主动举手发言、虚心改正的闪光点。刘老师在班里夸奖小林，这有助于提高小林的自我认同感，有利于其身心健康成长。每个人都有自己擅长的事情，"后进生"也不例外。作为一名教师，要擅长挖掘学生的闪光点，及时表扬，照顾到"后进生"的自尊和渴望得到肯定的心理，以此创造转化契机，帮助"后进生"更全面地认识自我、悦纳自我。另外，增强自信、提升学生的自我认同感是转化"后进生"的重要方式。在日常的教育管理中，教师可以利用学生的长处，分配给他一些任务，让他参与班级管理，从而提升学生的自我效能感。此外，这样还能提升学生的责任感，增加学生的集体归属感，对形成良好的班级氛围、转化"后进生"发挥积极的作用。

第四，完善多元评价、增进彼此了解。在传统的学习过程中，教师对学生的评价大多是依据考试成绩，具有片面性。因此，在评价过程中，教师应当采用多种评价方式。相对于总结性评价，教师和家长应结合生成性评价，更多地关注学生的学习过程，看到他们的进步和不足，给予适当的鼓励和指导，而不只是关注考试成绩。教育评价更多的是为了促进学生的发展，教师和家长应在尊重学生的身心发展规律和个性特征的前提下采用多样化、个性化的评价方式。因此，教师在课堂提问、布置作业等方面都应充分考虑到不同能力的学生。最后，多种评价方式交互使用，使学生既能通过总结性评价了解本阶段的学习情况，又能通过过程性评价及时查缺补漏，为学生持续学习提供动力。教师的权威和光环使学生对教师的认识片面、美化。因此，转化"后进生"必须突破师生间的认识壁垒，让师生平等地交往。

第五，建立家校合作，多方协同共育。亲子关系、父母教养方式等对孩子的影响甚大。然而，本案例中小林的父母对小林的学习并不重视，对小林的陪伴也很少，照顾孩子的爷爷奶奶又过于溺爱小林，这是导致小林落后的一大原因。因此，在转化"后进生"的过程中，一定少不了家长的帮助。首先要和家长保持密切的联系，让家长及时了解自己孩子的情况。其次，要让家长了解自己的计划，并争取家长的理解，同时把孩子的进步告诉他们家长，让家长看到老师的努力和孩子的进步。最后，家长应树立正确的教育观，以身作则，让孩子在潜移默化中形成良好的行为习惯。

总之，转化"后进生"是一个复杂且漫长的事情。然而，"后进生"的转化是学校的重点工作，对良好班级生态的建构和整体的教学质量有着很大的影响。因此，教学工作者必须掌握转化"后进生"的有效策略。首先，需要从多个方面找到"后进"的原因，比如家庭氛围、学校管理、学生个人等。其次，对症下药，在转化的过程中需要教师和家长的协同共育，利用科学方法、相信孩子、帮助孩子，才能帮助孩子提升自身。最后，在家长和教师的耐心教导下，孩子才会逐渐充满信心、改变自我、不断进步。

参考文献

曹长德主编：《教育学案例教学》，中国科学技术大学出版社2008年版。
程凤春主编：《学校管理的50个典型案例》（第2版），华东师范大学出版社2018年版。
陈海滨、徐丽华主编：《优秀班主任60个管理创意》，华东师范大学出版社2013年版。
陈默：《班主任学生管理训练手册》，上海教育出版社2023年版。
靳玉乐主编：《案例教学原理》，西南师范大学出版社2003年版。
李波主编：《教育管理与案例分析》，复旦大学出版社2011年版。
李秀萍主编：《班主任工作的30个典型案例》（小学篇），华东师范大学出版社2014年版。
李镇西：《做最好的老师》，漓江出版社2006年版。
缪和平、杨天平：《学校管理实践哲学》，人民出版社2006年版。
刘洪涛、白君明主编：《名优校长谈治校》，哈尔滨工业大学出版社2005年版。
林志超：《教师艺术应对学生问题36记》，福建教育出版社2013年版。
任长松：《探究式学习——学生知识的自主建构》，教育科学出版社2005年版。
童旭光：《教育管理案例研究》，北京理工大学出版社2018年版。
王铁军等：《校长学》，江苏教育出版社1993年版。
王文静：《情境认知与学习》，西南师范大学出版社2005年版。
魏书生：《班主任工作》，沈阳出版社2000年版。
吴志宏、冯大鸣、魏志春主编：《新编教育管理学》（第2版），华东师范大学出版社2011年版。

吴志宏、杨颖秀、程凤春编著：《学校管理理论与实践》，东北师范大学出版社 2009 年版。

（台湾）张民杰：《案例教学法——理论与实务》，九州出版社 2006 年版。

张万祥主编：《给年轻班主任的建议》，华东师范大学出版社 2006 年版。

郑金洲编著：《案例教学指南》，华东师范大学出版社 2000 年版。

钟启泉编著：《班级管理论》，上海教育出版社 2001 年版。

［德］汉斯-格奥尔格·加达默尔：《真理与方法：哲学诠释学的基本特征》（下卷），洪汉鼎译，上海译文出版社 2004 年版。

［德］马克斯·韦伯：《社会科学方法论》，李秋零、田薇译，中国人民大学出版社 1999 年版。

［美］彼得·诺思豪斯：《领导学：理论与实践》，吴荣先等译，江苏教育出版社 2002 年版。

［美］彼得·圣吉：《第五项修炼——学习型组织的艺术与实务》，郭进隆译，上海三联书店 1998 年版。

［美］赫伯特·A.西蒙：《管理行为》，詹正茂译，机械工业出版社 2013 年版。

［美］Wayne K. Hoy，C. John Tarter：《学校决策者——解决实践问题的案例》，廖申展译，中国轻工业出版社 2005 年版。

［美］凯瑟琳·莫塞斯：《教育管理的案例研究》，刘莉萍、魏彩虹、杨轶译，教育科学出版社 2010 年版。

［苏］伊·谢·科恩：《自我论》，佟景韩、范国恩、许宏治译，生活·读书·新知三联书店 1986 年版。

［美］D. John McIntyre，Mary John O'Hair：《教师角色》，丁怡、马玲等译，中国轻工业出版社 2002 年版。

［美］L. Joseph Matlhews，Gary M. Crow：《今天怎样当校长》，徐益能等译，中国轻工业出版社 2008 年版。

［美］THEODORE J. KOWALSKI：《教育管理案例研究》，庄细荣译，高等教育出版社 2006 年版。

［美］小芳伦斯·E·林恩：《案例教学指南》，郄少健、岳修龙、张建川、曹立华译，中国人民大学出版社 2015 年版。

［印］R·A·沙曼：《组织理论和行为》，郑永年、胡淳、王志民、万峻

青译，广西人民出版社 1988 年版。

白芸：《引导和接纳学生文化：班级文化建设的核心内容》，《现代中小学教育》2006 年第 2 期。

陈东升：《论教师威信》，《华中师范大学学报》（哲学社会科学版）1993 年第 1 期。

成旭梅：《班主任文化价值引导力之建构》，《思想理论教育》2010 年第 22 期。

范国睿、英政、汪一欣：《在自主自律中主动发展——上海市闵行中学学生民主管理实践与研究的阶段性报告》，《华东师范大学学报》（教育科学版）2001 年第 2 期。

范莉莉：《论"学习型班级"建设的理念和策略》，《现代中小学教育》2005 年第 11 期。

房敏：《知识管理视角下公共管理教学法之案例教学刍议》，《教学研究》2015 年第 1 期。

冯建军：《论交往的教育过程观》，《教育研究》2000 年第 2 期。

高向东、罗翰书：《对当前中小学德育工作问题的几点思考》，《吉林教育科学》2000 年第 6 期。

耿申、魏强、江涛、王薇：《班主任的专业素养：基于实证研究的体系建构》，《中国教育学刊》2020 年第 12 期。

郭春甫：《中国公共管理案例教育发展进程评估：1986—2016》，《长春教育学院学报》2016 年第 9 期。

姜子豪：《班级管理中教师权威与学生自治的冲突与融合》，《教学与管理》2018 年第 33 期。

揭水平、马红宇、周宗奎、陈继文：《小学优秀班主任素质结构研究》，《西南大学学报》（社会科学版）2009 年第 2 期。

寇彧、陆智远：《提高学生自我管理能力的心理学方法》，《人民教育》2016 年第 6 期。

李燕凌：《公共管理教学中案例教学法的理论与实践研究》，《高校教育管理》2016 年第 2 期。

刘儒德：《基于问题的学习在中小的应用》，《华东师范大学学报》（教育科学版）2002 年第 1 期。

刘永存：《实践·反思·重构：优秀班主任专业成长路径的个案研究》，《中小学管理》2014 年第 6 期。

鲁洁：《实然与应然两重性：教育学的一种人性假设》，《华东师范大学学报》（教育科学版）1998 年第 4 期。

宁骚：《公共管理类学科的案例研究、案例教学与案例写作》，《新视野》2006 年第 1 期。

史素花：《案例教学的理论基础之探析》，《湖北广播电视大学学报》2014 年第 9 期。

谭晓玉：《教育惩戒权的法理学思考——兼评〈青岛市中小学校管理办法〉》，《复旦教育论坛》2017 年第 2 期。

汤丰林、申继亮：《情境认知的理论基础与教学条件》，《全球教育展望》2004 年第 4 期。

唐世纲：《案例教学的理论基础简析》，《吉林省教育学院学报》2007 年第 9 期。

田汉族：《班本管理：中小学班级管理的新思路》，《中小学管理》2011 年第 7 期。

王文静：《人类学视野中的情境学习》，《外国中小学教育》2004 年第 4 期。

魏华：《教师教学案例分析的实践探索》，《教学与管理》2007 年第 12 期。

魏强：《班主任专业标准的核心内容与基本框架——班主任专业标准研究综述》，《教育科学研究》2018 年第 12 期。

吴高臣、刘爽：《实践导向：案例教学法研究》，《黑龙江高教研究》2011 年第 12 期。

肖川：《论教学与交往》，《教育研究》1999 年第 2 期。

肖甦、宋瑞洁：《新时代教师角色的应然、实然与使然——基于苏霍姆林斯基人学教育思想的审视》，《现代教育管理》2021 年第 3 期。

萧毅鸿、周献中、凌海风、唐建：《案例教学：一种有效的教师教育方法》，《教育理论与实践》2012 年第 32 期。

谢翌、马云鹏：《重建学校文化：优质学校建构的主要任务》，《华东师范大学学报》（教育科学版）2005 年第 1 期。

赵敏：《论班级管理的职能及其意义指向》，《教育理论与实践》2003年第6期。

张建伟、陈琦：《简论建构性学习和教学》，《教育研究》1999年第5期。

张新平：《论案例教学及其在教育管理学课程中的运用》，《课程·教材·教法》2002年第10期。

郑金洲：《案例教学：教师专业发展的新途径》，《教育理论与实践》2002年第7期。

郑金洲：《认识"案例"》，《上海教育科研》2001年第2期。

周勇：《教育叙事研究的理论追求——华东师范大学丁钢教授访谈》，《教育发展研究》2004年第9期。

朱文：《案例教学方法研究》，《西南民族大学学报》（人文社科版）2003年第10期。

王丽乐：《黑龙江女副校长与学生课堂对骂》，https：//www.sohu.com/a/193850526_115479。

辛闻：《网传山东郯城县一小学生被老师打100多棍教体局：已停职》，http：//news.china.com.cn/txt/2019-05/22/content_74811345.htm。

《教育部关于印发〈中小学班主任工作规定〉的通知》，http：//www.moe.gov.cn/srcsite/A06/s3325/200908/t20090812_81878.html。

《教育部等九部门关于防治中小学生欺凌和暴力的指导意见》，https：//www.gov.cn/xinwen/2016-11/11/content_5131211.htm。

《中小学教师实施教育惩戒规则（征求意见稿）》，https：//www.moe.gov.cn/jyb_xxgk/s5743/s5744/A02/201911/t20191122_409278。

Barrows H. S. , "A Taxonomy of Problem-Based Learning Methods", *Medical Education*, Vol. 20, No. 6, 1986.

Carter K. and Unklesbay R. , "Cases in Teaching and Law", *Journal of Curriculum Studies*, Vol. 21, No. 6, 1989.

C. Roland Christensen, *Teaching by the Case Method*, Chicago: The University of Chicago Press, 1981.

Creswell and J. W. , *Educational Research: Planning, Conducting, and Evaluating Quantitative and Qualitative Re-search*, Englewood: Prentice Hall Press, 2002.

Henderlong and Lepper, "The Effects of Praise on Children's Intrinsic Motivation: A Review and Synthesis", *Psychological Bulletin*, Vol. 128, No. 5, 2002.

Judith Shulman, *Case Methods in Teacher Education*, New York: Teachers College Press, 1992.

Kotter and John P., *Force for Change: How Leadership Differs from Management*, New York: Free Press, 1990.

KUHN T., *Structure of Scientific Revolution*, Chicago: Chicago University Press, 1970.

Matthew Dull, "Understanding and Implementation of Case Teaching Method", *Cross – Cultural Communication*, Vol. 23, No. 4 – 6, 2018.

OECD, *Let's Read Them a Story! The Parent Factor in Education*, Paris: OECD Publishing, 2012.

Sameer, *Teaching and Learning with Cases: A Guidebook*, New York: Chatham House Publishers, 2000.

Wassermann S., *Getting Down to Cases: Learning to Teach with Case Studies*, New York: Teachers College Press, 1993.

Wassermann S., *Introduction to Case Method Teaching: A Guide to the Galaxy*, New York: Teachers College Press, 1994.